"十四五"职业教育国家规划教材

微课版

消费者行为分析

（第四版）

新世纪高等职业教育教材编审委员会 组编
主　编　薛长青　金　晗
副主编　张燕平　胡海婧

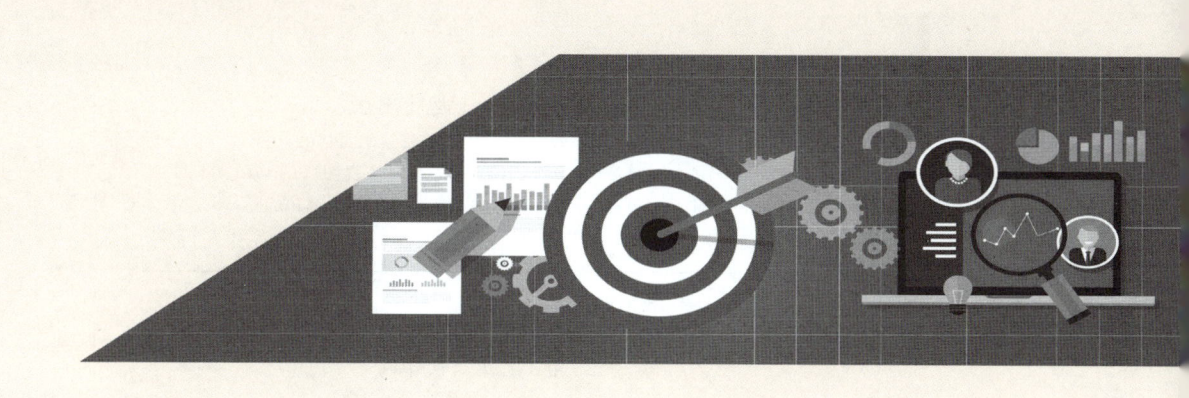

大连理工大学出版社

图书在版编目(CIP)数据

消费者行为分析 / 薛长青，金晗主编. -- 4 版. -- 大连：大连理工大学出版社，2022.1(2025.4重印)
ISBN 978-7-5685-3716-2

Ⅰ．①消… Ⅱ．①薛… ②金… Ⅲ．①消费者行为论－高等职业教育－教材 Ⅳ．①F713.55

中国版本图书馆 CIP 数据核字（2022）第 021807 号

大连理工大学出版社出版

地址：大连市软件园路80号　邮政编码：116023
发行：0411-84708842　邮购：0411-84708943　传真：0411-84701466
E-mail：dutp@dutp.cn　URL：https://www.dutp.cn
大连天骄彩色印刷有限公司印刷　　大连理工大学出版社发行

幅面尺寸：185mm×260mm　　印张：13.25　　字数：305千字
2009年11月第1版　　　　　　　　　　　　2022年1月第4版
2025年4月第9次印刷

责任编辑：夏圆圆　　　　　　　　　　责任校对：刘丹丹
封面设计：对岸书影

ISBN 978-7-5685-3716-2　　　　　　　　　　定　价：42.80元

本书如有印装质量问题，请与我社发行部联系更换。

前　言

《消费者行为分析》(第四版)是"十四五"职业教育国家规划教材、"十三五"职业教育国家规划教材、"十二五"职业教育国家规划教材,也是新世纪高等职业教育教材编审委员会组编的市场营销类课程规划教材之一。

消费者行为分析是市场营销专业及相关专业学生进一步了解消费者行为特点、学习市场营销理论与实务等相关知识的基础课程,也是一门研究消费者行为的应用性课程。它通过借鉴国外先进的基础理论、研究方法和技术,结合我国的客观实际,系统地、有针对性地阐述了消费者行为研究的相关问题,使学生充分了解消费者行为的复杂性、多样性和社会性,牢牢掌握影响消费者行为的因素,深刻理解消费者行为决策的过程。本课程重在概念的引入、基本理论和背景应用的讲解以及典型消费者行为分析工作任务的演练。因此,它是一门综合性、实践性和应用性很强的课程。

本教材发行至今,已伴随我国高等职业教育发展历经数年的使用,取得了良好的社会效果。《教育部关于推进高等职业教育改革创新引领职业教育科学发展的若干意见》中明确提出,高等职业教育必须准确把握定位和发展方向,自觉承担起服务经济发展方式转变和现代产业体系建设的时代责任,主动适应区域经济社会发展需要,培养数量充足、结构合理的高端技能型专门人才。同时也明确指出高等职业教育具有高等教育和职业教育双重属性,要以培养生产、建设、服务、管理第一线的高端技能型专门人才为主要任务。为适应我国高等职业教育教学改革新形势和新任务的要求,我们在保持原有教材特点之外,补充、调整部分内容和更新全书案例,新版教材体现以下特色:

第一,课程思政。本教材全面贯彻落实党的二十大精神,将思想政治元素,包括社会主义核心价值观、行业发展、职业素养以及职业精神等融入知识体系。通过素养目标、案例分析、实训任务等形式引导学生深入社会实践,对团队合作、诚信服务、爱岗敬业、开拓创新等职业素养体会、理解、践行。

第二，定位准确。本教材可供高等职业教育院校市场营销专业及开设本课程的其他相关专业使用。全书分为十个单元，前九个单元都包含"基础知识""应用分析""技能训练""单元测试"四个模块，彻底打破传统教材的编排模式，实现从内容到形式的创新，更符合高等职业教育教学改革要求。

第三，突出实用性。本教材不但求系统，而且求实用。一些概念直接给出定义，原则、原理类知识从简，侧重技能、技巧方面的实际运用。

第四，注重配套性。针对高职高专学生的特点，配有相应的案例分析、技能训练、配套习题及其答案，以满足学生学习要求。

第五，强化技能训练。将所学知识和案例分析总结的经验、方法、技巧，通过设计实际工作任务加以灵活运用，教会学生应该如何做，更加注重职业岗位能力的培养。

本版教材突出基础理论知识的应用和实践技能的培养，尽量舍去抽象的理论说教，突出实战性和可操作性。更新后的章前引例和章后案例更具有时效性和针对性，不仅能够从现实中印证理论，还可以引导学生进行思考和分析，对增强感性认识、提高解决实际问题的能力有一定的积极意义。

本版教材较好地体现了职业教育课程改革的新理念和技能型人才培养的新要求，符合职业教育规律和技能型人才成长规律，注重吸收行业发展的新知识、新技术，对接职业标准和岗位要求，实践教学内容丰富，同时在内容编排上适应项目学习、案例学习等不同学习方式的需要。

本版教材由广东农工商职业技术学院薛长青、金晗任主编，广东农工商职业技术学院张燕平、江苏农牧科技职业学院胡海婧任副主编，广东农工商职业技术学院李虹云、长航凤凰股份有限公司肖湘、山西旅游职业学院王向娟参与了本教材的编写。具体分工如下：肖湘从企业工作实践的角度安排单元和模块的编写思路和提纲，薛长青编写单元二、三、四、五、六、十，金晗编写单元一、九，张燕平编写单元七、八，胡海婧、李虹云、王向娟负责全书案例的更新及部分内容的修订。

在编写本教材的过程中，我们参考了许多专家、学者的论文和专著，在此一并致以深深谢意！请相关著作权人看到本教材后与出版社联系，出版社将按照相关法律的规定支付稿酬。

编　者

所有意见和建议请发往：dutpgz@163.com
欢迎访问职教数字化服务平台：https://www.dutp.cn/sve/
联系电话：0411-84706671　84707492

目　录

单元一　消费者行为与市场营销 ·· 1
　　模块一　基础知识 ·· 2
　　模块二　应用分析 ·· 12
　　模块三　技能训练 ·· 14
　　模块四　单元测试 ·· 15
单元二　消费者的心理活动过程 ·· 16
　　模块一　基础知识 ·· 17
　　模块二　应用分析 ·· 34
　　模块三　技能训练 ·· 36
　　模块四　单元测试 ·· 36
单元三　消费者个性心理与消费者行为 ······································ 38
　　模块一　基础知识 ·· 39
　　模块二　应用分析 ·· 63
　　模块三　技能训练 ·· 64
　　模块四　单元测试 ·· 65
单元四　消费者群体心理与消费者行为 ······································ 66
　　模块一　基础知识 ·· 68
　　模块二　应用分析 ·· 87
　　模块三　技能训练 ·· 89
　　模块四　单元测试 ·· 89
单元五　产品组合与消费者行为 ·· 90
　　模块一　基础知识 ·· 92
　　模块二　应用分析 ·· 115
　　模块三　技能训练 ·· 118
　　模块四　单元测试 ·· 119
单元六　价格组合与消费者行为 ·· 120
　　模块一　基础知识 ·· 121
　　模块二　应用分析 ·· 134
　　模块三　技能训练 ·· 135
　　模块四　单元测试 ·· 135

单元七　分销组合与消费者行为 ………………………………………… 137
模块一　基础知识 …………………………………………………… 138
模块二　应用分析 …………………………………………………… 157
模块三　技能训练 …………………………………………………… 158
模块四　单元测试 …………………………………………………… 159

单元八　促销组合与消费者行为 ………………………………………… 160
模块一　基础知识 …………………………………………………… 161
模块二　应用分析 …………………………………………………… 183
模块三　技能训练 …………………………………………………… 185
模块四　单元测试 …………………………………………………… 185

单元九　组织市场消费者行为 …………………………………………… 187
模块一　基础知识 …………………………………………………… 188
模块二　应用分析 …………………………………………………… 198
模块三　技能训练 …………………………………………………… 199
模块四　单元测试 …………………………………………………… 200

单元十　综合实训 ………………………………………………………… 201
实训一　消费者购买行为分析 ……………………………………… 201
实训二　推销实践 …………………………………………………… 201
实训三　商场服务 …………………………………………………… 202
实训四　营销场景观察 ……………………………………………… 202
实训五　商场商品调查 ……………………………………………… 202
实训六　广告策划与设计 …………………………………………… 203
实训七　营销人员心理调查 ………………………………………… 203

参考文献 …………………………………………………………………… 204

微课索引

微课：消费者行为与市场营销的关系

微课：消费者的一般心理活动过程

微课：消费者的个性心理与消费者行为

微课：消费者群体心理与消费者行为

微课：产品组合与消费者行为

微课：价格组合与消费者行为

微课：分销组合与消费者行为

微课：促销组合与消费者行为

微课：组织市场消费者行为

单元一

消费者行为与市场营销

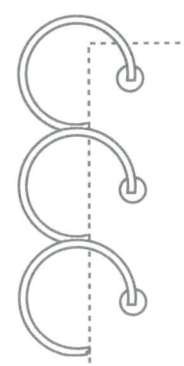

教学目标 >>>

1. 能说出消费者行为和消费的不同之处
2. 能解释消费者行为和市场营销之间的关系
3. 能应用消费者行为的基本观念分析消费者行为特征

素养目标 >>>

1. 培养学生的观察能力和判断能力
2. 引导学生了解消费文化的内涵,把握消费流行文化,培养学生的文化自信和人文精神

引 例

Z世代圈层消费行为新洞察

Z世代是指1995年到2009年的出生的人群,在我国的总人数约为2.6亿,这一成长于信息时代的年轻群体,受到全方位多元文化的熏陶,有着个性而又独特的身份标签。

后疫情时代,随着消费分级的趋势愈发明显,收入和消费水平的巨大差异催生了新中产人群迥异的消费观念。而目前Z世代已经开始逐步迈入了新中产人群的行列。

《2019年Z世代消费力白皮书》显示,22.6%的Z世代表示自己每月的非必要消费不足总支出的1%,认为自己每月的非必要消费占总支出1%~20%的Z世代比例已超过半数,仅13.4%的Z世代表示自己的非必要消费达到了30%。此外,37.4%的Z世代会购买二手商品。在愿意购买二手商品的Z世代中,他们能接受的最低品质基本处于七成新及以上,能接受七成新以下品质的Z世代比例仅为8.1%。

近年来,年轻群体的消费方向出现了明显的转变。《新中产人群消费和媒介行为趋势报告》显示,休闲娱乐、社交聚会和旅行相关消费明显下降,自我和家人的能力提升以及不动产相关的消费成了新中产资金的主要流向;消费品类方面,刚需消费品受到的影响较小,而以奢侈品、护肤品为代表的改善型消费品的销量在新中产群体中遭遇了相对较大的下降。

现代营销理论强调的核心观点是回归客户、回归消费者。企业在开发和推广新产品时,也都在关注着如何满足消费者的需求。然而,对消费者需求的了解和把握程度的不同会直接影响企业的营销决策及营销实施的结果,进而决定其在行业和市场中的地位。聪明的经营者已经明白,研究消费者行为不只是简单地响应消费者的需求,而是需要通过消费者的表现特征去判断消费者潜在的和未来的需求,进而才能令企业真正把握市场的脉搏和走向。

微课:消费者行为与市场营销的关系

经营者需要运用消费者行为方面的知识来发展更有效的营销策略,对营销活动的负面影响予以限制。本单元将主要讲述消费者行为及其特征、消费者行为与消费的区别,并通过许多实例来揭示市场营销与消费者行为之间的密切关系。

模块一 基础知识

一、消费者与消费者行为

(一)消费者的概念

从法律意义上讲,消费者是指为了自身的目的购买或使用商品和接受服务的社会成员,可以是个人或群体。消费者是产品和服务的最终使用者而不是生产者、经营者。也就是说,购买商品的目的主要是用于满足需要而不是经营或销售,这是消费者最本质的一个特点。

(二)消费者的角色

消费者的角色即消费者在整个消费行为中的不同角色。当消费者的某些需要或需求没有得到满足并决定改变这一状态时,就成为"发起者";当消费者有意识或无意识地通过言辞、行为去影响购买决策、购买行为和对产品及服务的使用时,就成为"影响者";当消费者实际执行选择、采购行为时,就成为"购买者";当消费者直接卷入消费或使用产品和接受服务过程中时,就成为"使用者"。研究消费者行为时,如果只顾及其中一种角色是不全面的。但这并不意味着在任何情况下提及消费者都必须涵盖上述所有的角色,也并不意味着研究消费者行为时,不可以只选择其中一个或几个角色来进行。事实上,"购买者"是消费者角色中最主要的角色。

(三)消费者行为的概念

现代营销管理关于消费者行为的界定较之传统观点要更加宽泛。根据美国消费者行为研究专家韦恩·D. 霍依尔和德波拉·J. 麦克依尼斯给出的定义可作如下描述:消费者行为反映了消费者个人或群体选择、获取、使用、处置产品、服务、体验和观念的所有决策及其历史发展。因此,研究消费者行为就是要研究如何满足个体、群体和组织消费者在选择、获取、使用、处置产品、服务、体验和想法等动态过程中的需求,以及由此对消费者和社会产生的影响。

从表面上看,消费者行为就是消费者购买前和购买后的有关活动,但这只是消费者行为的一部分。消费者行为是在人类行为这个大背景下提出来的,因此,消费者行为也是人类行为的重要构成之一,是与市场相联系的人类行为,它与市场营销有着不可分割的紧密联系。当它作为一般的人类行为反映到市场经济领域时,就体现出以下特点:

1. 追求自身利益最大化

消费者利用尽可能少的资源和花费购买尽可能多的消费品,最大限度地满足自己的需要,达到消费的均衡。

2. 偏好和消费能力的多样性

由于地理、人口、心理和行为的差异,人们的偏好是多样的,消费能力也是参差不齐的。尽管经济学家对人的偏好能否得到显示以及如何显示存在争议,但对偏好和消费能力的多样性是基本肯定的。

3. 有限理性

人们在消费活动中总是力争做到理性,但由于环境因素和自身能力的制约,他们不可能知道关于未来活动的全部备选方案,不可能将所有的价值考虑到统一的、单一的综合性效用函数中,也无力计算出所有备选方案的实施后果。

4. 机会主义倾向

机会主义倾向指人们借助不正当手段谋取自我利益的行为倾向,如对未来消费的低估和冲动购买等。

(四)消费者行为的特征

图1-1是消费者行为模型,我们以此模型来描述消费者行为的一般结构与过程。该模型是一个概念性模型,它所包含的细节不足以预测某种特定的消费者行为。然而,它的确反映了我们对消费者行为性质的理解和认识,消费者在内、外部因素的影响下形成自我概念和生活方式。其中,内部因素主要包括知觉、记忆、动机、个性、情绪、态度等方面,外部因素主要包括文化、亚文化、人口统计因素、社会地位、参照群体、家庭和市场营销活动等方面。消费者自我概念与生活方式导致与之相一致的需求与欲望的产生,这些需求与欲望大部分要求以消费来获得满足。一旦消费者面临相应的情境,消费决策过程就会启动。这一过程以及随之而来的产品获取与消费体验会对消费者的内部因素和外部因素产生影响,从而最终引起消费者自我概念与生活方式的调整或变化。

从图1-1所示模型中,可能会得出这样一种印象:消费者行为似乎是简单的、有条不紊的、有意识的,同时又是机械的、线性的。快速审视自己和周围朋友的行为,将发现这种印象或感受是站不住脚的。现实中,消费者行为通常是复杂的、无意识的、杂乱无章的和循环往复的。我们需要不断地将课本里的这些描述与现实世界中丰富多彩的消费者行为联系起来,这样,在进行消费者行为的学习时,对所要学习的内容才不至于偏颇。关于消费者行为的特征,我们需要清楚如下几个概念:

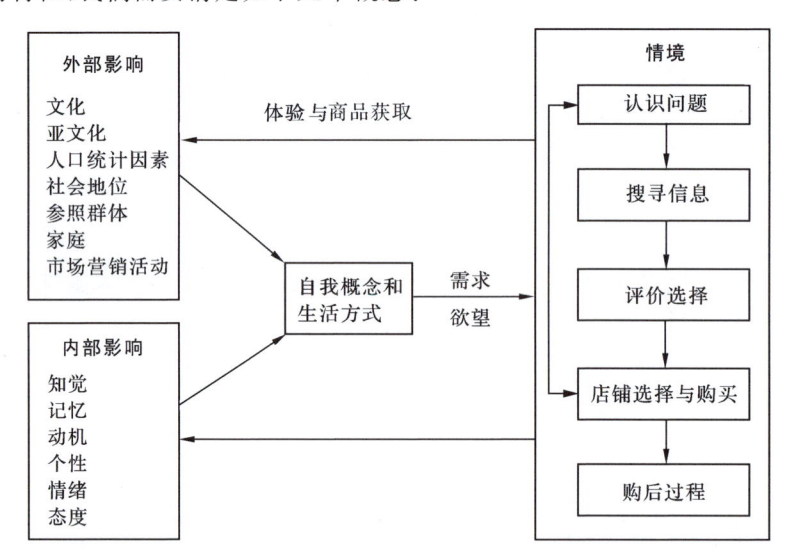

图1-1 消费者行为模型

1. 消费者行为包含产品、服务和理念

消费者行为不仅包含购买有形的产品,如日常生活中的杯子、书包、手机、车子等,还包括服务、活动,如看病、旅游、健身运动等。此外还包括消费者对时间的观念,如吃快餐的时间、看电影的时间、泡吧的时间等。可见消费者行为的涵盖范围很广。

2. 消费者行为是一个动态的过程

消费者行为包括选择、获得、消费和放弃这样一个随着时间发展而变化的动态过程。

而这个过程可能只是一个瞬间或几分钟,也可能是几小时、几天、几周,甚至几年。例如,在中国传统节日消费的烟花、儿童在游乐场消费几分钟的游乐电动驾车等就是瞬间的快乐感受,而某些游乐场将这种本属于瞬间短时的服务项目设计成一票通的形式,延续这种多个瞬间,构成了一天甚至几天的游乐项目,受到了市场的热捧。在这个过程中,得到的信息直接影响是否再选择或放弃,或传播乃至影响周围的消费者实现这项消费的动态过程。此外,消费品的使用性能、品质等都从不同角度体现了消费者行为是一个动态的过程。

3. 消费者行为涉及很多人

消费者的决策和表现可能是个体的行为,但构成其结果的却不是个体行为,也不限于个体的行为。如对于旅游景区,消费者可能充当对所有相同旅游景区不同特色信息收集者的角色,但他的决策可能是其他消费者的影响者。在这个行为中,这位信息收集者可能是群体消费的组织者,也可能是在家长带领和花费下的使用者等。

4. 消费者行为不同于消费,它具有更深厚的内容和特点

(1)消费和消费者行为都是一个动态的范畴,是一个过程。消费是消费主体为满足需要而使用商品和服务的状况或过程。在货币经济条件下,人们要满足自己的需要,就必须有市场交易行为发生,即到市场上购买商品和服务。因而,我们可以说,消费是"使用"和"购买"。而消费者行为的"过程"的含义比这要宽泛很多,如消费者要满足自己的需要,首先遇到的一个问题是,他的需要是怎样产生的?受到哪些因素的影响?即消费者先要认知需要,之后他就要为满足需要去搜集相关信息,并在此基础上做出购买决策,如购买什么、何时购买、购买多少、到哪里购买、用什么方式购买等。决策过程付诸实施后,商品随消费者退出流通领域,进入消费使用过程。但问题并未终结,消费者在使用过程中,会对自己的购买决策和商品质量等进行评价,分析其中的得失,形成满意或不满意的结果,而满意或不满意的结果又导致一个新的消费行为。由此可以总结出,一个完整的消费者行为要经历这样几个阶段:认知需要、信息搜集与评估、购买决策、购买后评价。从中可以看出,通常所说的消费只是其中的两个环节。而且,即使是消费中的"购买"也与消费者行为的"购买"是不同的。前者是指流通过程中的环节,强调的是货币与商品的互换,而后者主要指心理决策过程,强调的是消费者的精神过程。

(2)消费者行为由许多外显行为和内隐行为构成,而消费只是外显行为中的一个部分。消费侧重的是看得见的活动,是身体的动作。如消费者为满足需要而购买消费品、享受消费品。即使再宽泛些,还包括选择、购买等活动。这些活动是一种外显行为。而消费者行为除此之外,还包括许多看不见的心理思维活动,它们属于内隐行为。这种内隐行为包括消费者的决策过程及影响决策过程的各种内部要素,如需要、动机、态度、个性、知识和理解等。需要是消费者身体或情感上的一种渴求和欠缺状态;动机是推动消费者行动的动力源,使消费者知道自己需要的是什么,并为满足需要所做出的行动提供理由;态度是消费者对产品和行为等的基本定向,强烈地影响着消费者的行为和反应,同时它还受到营销人员劝说宣传的影响;个性是导致人与人差异的特质,消费者满足需要的方式因此而不同;知识和理解是指消费者已经学习和掌握到的品牌、公司、产品类别、商店、广告、人员、如何购买、如何使用等知识内容。消费者对产品的联想、购买地点的选择、对问题解决的评估和推理判断等都取决于这些知识和理解。因此,消费者行为是外显行为和内隐行为的复合体,而且更偏重于后者。消费者行为是人类行为的一个组成部分,而消费是社会再生产的一个环节。

二、消费者行为与市场营销的关系

(一)消费者行为研究是开展市场营销的基础

从逻辑上看,消费者行为学应该是市场营销学的先导。因为只有充分了解消费者及其行为,把握他们的需要、动机、个性、态度和学习等内在心理因素,掌握他们的购买决策过程以及分析影响消费者行为的外在因素,才能使市场营销管理建立在科学的基础上。在变幻莫测的市场环境下,营销工作者了解并预期消费者行为对计划和管理尤为关键和重要。例如,每一个营销策略都涉及特定的消费者信息的搜集。在对消费者信息的搜集中,我们常常需要考虑这些问题:消费者怎样看待我们的产品和竞争者的产品?我们的产品实际上解决了消费者什么样的问题?消费者认为我们的产品应作何种改进?消费者如何使用我们的产品?消费者对我们的产品和广告持什么样的态度?他们感到自身在家庭和社会中扮演什么样的角色?因此,成功的营销决策需要大量关于消费者行为的知识。只有了解消费者行为,才容易对影响消费者行为的营销活动有更深的理解,并同时会对企业、个人和社会产生影响。

(二)消费者行为知识在营销工作中的广泛应用

1. 消费者行为与市场营销战略

一般而言,消费者行为既可以帮助营销人员制定具体的产品规划和更为广泛的市场细分、目标制定和定位的战略,同时还可以为产品、促销(营销沟通)、价格和地点(分销)决策提供更多的信息支持。制定以消费者为导向的战略。在市场经济初期,企业实行的是以产品为导向的营销,企业更关注如何提高生产的效率。后来企业转向以销售为导向的营销,企业所做的努力是想方设法销售尽可能多的产品。随着市场持续不断的变化,企业意识到营销活动应当致力于满足消费者的需求。市场营销的这一变化使消费者行为研究在企业市场营销工作中所占的地位越来越重要。为了开发出能够满足消费者需求的产品,营销人员必须关注并收集大量的信息来理解、描述和研究不同细分市场或目标消费群体。以消费者为导向决定着下列营销战略或战术决策中的研究活动。

(1)如何细分市场

市场中消费者的需求和期望不可能完全相同。日本丰田汽车公司就根据不同的消费群体,细分出不同的品牌系列,如针对高端商务知性群体的皇冠系列,针对女性白领的雅力士,豪华品牌的雷克萨斯,经济型的卡罗拉花冠,以及其他细分的威驰、普拉多、陆地巡洋舰、特锐等。细分市场和理解消费者的需求帮助丰田公司真正做到了"车到山前必有路,有路必有丰田车"。

(2)细分市场的获利性如何

了解细分市场的规模很重要,因为营销人员可以通过专注于没有竞争对手的大型市场细分而获利。一方面,消费者行为研究可以帮助营销人员识别尚未得到服务的市场细分,这些市场上的消费者拥有可识别的、未满足的需要。另一方面,研究还可以说明哪些市场细分利润不多。例如,大型商场通过收银系统将消费者选择的产品的品类进行分析,并依据分析所获得的数据对消费者需求进行分析,单位效益低的品种将会被缩小面积,甚至下柜。

(3)每个细分市场中消费者的特性是什么

在明确了市场细分和获利性之后,还需要知道每个细分市场中消费者的特性。这可以帮助营销人员预测这个细分市场的前景是增长还是收缩,从而影响未来的营销决策。例如,大型汽车维修厂清楚,虽然洗车项目在业务中占很小的比例,而且未必是赢利业务,但一旦没有了这个项目,正常业务将会受到明显影响。消费者会因为一项业务的不便利而选择其他的服务机构。再如,中国实施独生子女政策后,独生子女的教育、成长、就业特点和消费习惯都发生了极大的变化。有商家基于此,研发了解决独生子女孤僻、不合群等问题的玩具及衍生品等。

(4)消费者对现有的消费物是否满意

营销人员通常花很大力气研究消费者对当前的产品是否满意。例如,中国邮政快递公司的高管们通过向各类客户调查并获得市场的第一手资料,了解客户感到满意的是什么,以及他们还需要什么。根据各类信息的汇集,不断获得更明确的产品思路,并确定向不同的消费群体推广新的业务。如中国邮政在广东市场专门开展的证件护照速递业务,一经推出即被市场接受;针对有车一族以"自邮一族"俱乐部形式来提供车辆各种缴费等相关服务业务,仅在推出一年多的时间内即拥有了几万名会员;而在中秋推出的"思乡月",广式月饼在全国备受欢迎,使在广东的外地人有了思乡问候的载体。因此,这项业务成为广东邮政的重点业务之一。

2. 消费者行为与目标市场选择

理解消费者行为有助于营销人员确定哪些消费者群体是营销方案中最重要的目标。例如,中国的遥控模型生产占世界同类生产的80%以上,然而只有专业发烧友或具有一定经济实力的人才能去玩这些产品。相关决策人意识到,为了推动该产业发展,只有拓宽市场细分才能吸引更多的爱好者。于是,项目策划人根据年龄和团体来细分市场,包括以企业为团体的成年人市场、以学校为单位的青少年市场,以及以家庭为单位的亲情市场等。通过举办模型大赛和媒体的宣传,从推广的第二年开始,爱好者便迅速普及。运营五年后,遥控模型运动成为一种时尚潮流运动,同时,遥控模型产品的市场也得以扩大。

营销人员还运用消费者行为的知识来识别哪些消费者可能参与购买、使用和放弃决策。正如之前讲到的遥控模型玩具,其主要以少年和青年人为目标,但调查数据显示,家长才是这一市场上的决策者,并且在购买前往往受到学校的科技老师的直接影响,甚至听从科技老师的决策。此外,遥控模型在日后的花费往往比家长们认识到的要多,如遥控模型要不断升级的配置,消耗的电池和燃料等。

3. 消费者行为与产品定位

产品定位是市场营销学中的重要概念。产品定位强调产品应当在消费者的心目中确定企业或产品与众不同的位置,即获得定位。在他们期望的图像中应当能够看到产品的样子以及该产品如何区别于其他竞争产品。例如,对于中国的消费者,提到白酒可能就想到茅台;提到电脑可能就想到联想;讲到篮球可能首先想到的是 NBA。

(1) 如何定位

消费者行为研究可以表明消费者如何对不同品牌进行感受和归类,企业通过消费者行为研究了解新的产品在消费者眼中应当是什么样子的。例如,诺基亚在美国市场投放照相手机产品时就面临着如何定位的问题。通过研究,诺基亚发现,"当我们告诉消费者照相很容易时——只要按两次就好——人们明白我们的意思,他们喜欢这样的设计并且愿意购买"。在这里,产品定位围绕着"便于使用"展开,产品在媒体的推广和在店内进行的演示也围绕于此。

(2) 是否需要重新定位

消费者行为研究还可以帮助营销人员对现有的产品进行再定位。例如,曾以中药凉茶闻名的某凉茶饮料品牌,因发明于清道光年间,被公认为凉茶始祖,有"药茶王"之称。经过对大量的现有用户的调查发现,消费者饮用凉茶饮料主要是在烧烤、登山等场合,用于"上火时先预防",并认为该品牌代表的就是"不会上火","健康小孩、老人都能喝,不会引起上火"。因此,该品牌定位为"预防上火的饮料",即定位在功能饮料上。再如,联想公司随着业务的不断发展,实施了国际化战略。首先,更改原名称 legend,并从上百个备选名称中选择了 Lenovo,其中"Le"代表联想过去的英文名称"legend","novo"是一个很有渊源的拉丁词根,代表"新意,创新",整个品牌名称的寓意为"创新的联想"。再定位的联想,通过对 IBM 的收购,以及对北京奥运会的赞助合作等,全面推进其全球化的进程。

4. 消费者行为与产品或服务开发

开发满足消费者希望和需求的产品或服务是最重要的营销活动。营销人员在许多产品决策中运用了消费者行为研究的成果。消费者需要什么样的新产品?对现有的消费品还可以做怎样的改进?首先,营销人员需要设计出具备目标消费者期望要求的消费品,同时营销人员需要研究何时和如何改进产品以满足新的或现有消费者的需要。例如,集邮在 20 世纪 70 年代虽然流行,但也只是少数收藏者的爱好。而广东天一文化公司就发现了新的思路。天一文化公司的研发者以邮票为核心主题来延展其价值,并运用现代制作工艺和新材料透明薄膜将邮票呵护于画册内页中,将相关内涵作为文化延展并作为邮册内容设计出邮册产品,这种包装扩展了集邮的应用范围,使一项仅用于收藏的精品成为文化礼品,开创了一个全新的邮册产品市场。不仅如此,这种产品还直接扩展到许多领域。又如,洛阳牡丹节通过牡丹主题的邮册宣传当地的旅游;一些城市的形象通过邮册的方式展现,并且把这些邮票作为向重要嘉宾赠送的纪念品;一些设计公司组合了中秋类主题邮册、茶叶和月饼向团体客户推介,以此作为这些企业中秋节具有特色的送礼佳品等。

(1) 如何命名

在产品或品牌命名方面,消费者行为研究发挥了很大的作用。固特异公司在为轮胎起名时做了大量的消费者行为研究,它将一款即使漏了气还能在湿滑路面以每小时 55 英里(约 88.51 千米)的速度行驶 50 英里(约 80.47 千米)的轮胎命名为 Eagle Aquatech EMT(代表强大的机动性)。这种作为品牌名称的词语,因为直接代表了消费者关注的产品利益,因而容易记住、容易理解。作为原材料提供者的杜邦公司则纯粹以所研究开发的产品材料名直接作为产品名称,如"莱卡"就是该公司一种用聚亚氨脂制成的弹力衣料的商标名称。该公司于 1938 年把卡莱斯氏发明的合成纤维定名为 Nylon,目前音译的名称为尼龙,锦纶是合成纤维 Nylon 的中国名称,广泛应用于商业中。

(2)如何进行包装和设计标志

消费者行为研究可以测试不同的包装和标志的效果。越来越多的事实表明,现代社会人们的需求观念已不再仅仅停留在获得更多的物质产品以及获得产品本身上,相反,消费者购买商品越来越多的是出于对商品象征意义的考虑,也就是为了商品的象征功能而购买。资生堂品牌系列的洗发产品 TSUBAKI 不但瓶身设计成上大下小的形状,而且顶端还做成圆球形。资生堂负责人表示,之所以将 TSUBAKI 设计成这种形状,一是为了给消费者留下"山茶花瓣"的印象,以整体包装来体现商品的名称(TSUBAKI 一词在日文中是"山茶花"的意思);二是圆弧形的瓶盖会反射商场里的灯光,使瓶身发出动人的光泽,吸引消费者的目光。在 TSUBAKI 上市以前,资生堂在日本的家化市场一直排名第四,在推出这款包装的产品后,资生堂很快就成为日本家化的第一品牌。

5. 消费者行为与制定促销决策

消费者行为研究有助于企业制定大量的促销决策,包括广告、销售促销、人员销售和公共关系等。

(1)广告的目标是什么

消费者行为研究可以在制定广告策略时集中有限资源达到广告的目标。例如,只有很少人听说过品牌的名称,那么广告就应当注重强化品牌名称的认知。如果消费者听说过品牌但对品牌的内涵一无所知,则广告目标就应当是强化品牌知识。如果消费者听说过品牌但不知道品牌的特性,则广告就应当强调品牌知识和品牌特性。如果消费者既不知道品牌名称也不知道品牌的内涵,广告就应当在目标市场中同时进行这两方面的宣传。

(2)广告的内容应当有哪些

如果希望建立品牌名称认知,就需要进行提高广告记忆的研究。消费者行为研究还可以帮助营销人员理解哪些形象应当体现在广告中。

(3)广告应当投放在哪里

营销人员根据消费者行为知识就能够更好地针对目标选择接触消费者的媒体。当消费者认为石油公司是只会赚钱的机构时,BP(英国石油公司)打出广告主题:我们把绿色的种子,播撒在孩子们的心里。内容:我们从根本做起,BP 与中国教育部门和世界自然基金合作开展为期十年的"中国中小学绿色教育行动"环境教育项目。该项目有助于在全国近 2 亿中小学生中培养并树立更强的环境意识。贯穿标版:这是一个开始,BP,不仅贡献石油。"BP,不仅贡献石油"系列广告推出后,消费者在面对众多石油品牌中,明显提升了对 BP 品牌的认知,进而改善了对 BP 品牌的态度。

(4) 如何确定广告发布的时机

广告是否有效？与气候有关的需求、可自由支配的钱数、假日购买模式等导致了季节性的购买变化。例如，黄金周期间，旅游广告有明显的效果；而在六一节前后，儿童用品和玩具的广告充斥耳膜，这是因为这期间的广告都有着明显的效果。

(5) 销售促销可以有哪些目标和战术

何时进行销售促销？销售促销是否有效？需要多少销售人员来服务于消费者？销售人员最好的服务方式是什么？这些问题都在掌握了消费者行为知识后更加清晰。

6. 消费者行为与定价决策

产品或服务的价格对消费者的购买决策具有关键性的影响。因此，营销人员必须理解消费者对价格的反应，并在定价决策中利用这些信息。

(1) 如何确定价格水平

经济学理论认为，降价有助于促销，但消费者行为研究表明这并不总是对的。低价可能导致消费者怀疑产品的质量，因为高价格通常意味着高品质。事实上，消费者对价格的反应是复杂的。例如，目录购买的消费者能够省下 8 美元邮递费，则他们的购买额将增加 15 美元，这一发现促使一些目录营销企业免收邮递费。邮政 EMS 的中秋月饼速递，由于免收邮寄费，令并不"计划"购买赠送月饼来问候远方亲人的消费者做出了购买行为。又如，某百货商场曾经有过这样一个有趣的测试，对床上用品进行折价促销，原先标价为 980 元的 2 米床上套件、标价为 780 元的 1.8 米床上套件及标价为 580 元的 1.5 米床上套件，在促销期间，不分规格，全部以每套 350 元的统一价格销售。理性上讲，购买者应该按照自己家中床的规格大小来购买，但事实上大多数的消费者选择购买的是 2 米的床上套件或者干脆买两套，即一个尺寸合适的、一个备用或送人的。在他们看来，大规格的产品更为划算。此外，研究发现，消费者在购买时不光考虑产品现在的价格，还要考虑其他相关品牌的价格或此前购买时的价格，因此企业必须掌握这些参考价格。

(2) 消费者对价格和价格变化的敏感程度如何

消费者研究有助于我们理解消费者在什么时候对不同的定价战术最敏感。事实上，消费者对价格的重要性看法不一。某些消费者对价格高度敏感，价格的一个很小的改变就足以对消费者的购买意愿产生很大的影响。例如，因电解水分子而令身体健康的"蓝态"水分解仪始终坚持明码实价。在市场环境低迷时，价格仍上升 30%，然而，其消费者数量不仅未减少，反而有所上升。究其原因，一方面消费者是通过对比同类产品的价格，发现同类产品价格相仿；另一方面，消费者从最早接触该产品到持续观望，看到周围越来越多的人对该仪器使用后的产品效果的评价是正面的。在这种整体信息相互促进的前提下，由于消费者对该类产品的理解是价格上升意味着品牌地位的巩固、品质更加值得信赖，因而做出购买的决策。对于时尚奢侈品，高价意味着高地位。那些追求以时尚奢华用品来显示身份和地位的消费者对价格不仅不敏感，甚至期望该价格被周知，从而显示自己的消费能力和地位。

7. 消费者行为与品牌

由于品牌一直被认为是与消费者进行观念沟通的重要策略，因此，塑造品牌也被众多企业经营者所重视。然而，随着社会环境的不断变化，以单纯强调品牌认知来作为一种市场力量已远远不够。营销者需要确保其品牌确实表达着消费者心中看重的某些东西,因此,品牌的塑造必须把握消费者的需要和这种意识的变化,并通过各种渠道在目标消费者群体中创建一种持久的观念并形成差异化。而这种观念和差异化恰恰对销售和赢利能力而言至关重要。事实已经证明,真正的消费者参与和积极的消费行为是有关联的。消费者参与度能够通过消费者的反应来确定,它是任何一个营销或媒介计划的目标,实质上这些营销活动能够提高一个品牌的品牌资产。而且,随着越来越多的企业为了其产品和服务而努力投身社会公益和环保运动,越来越多的消费者也要求企业提供相关证据并证明其真实性。

8. 消费者行为与分销决策

营销人员通过消费者行为研究找出将产品送达消费者的最佳方法。

(1) 目标消费者可能在哪里购买

营销人员需要了解消费者对时间和便利性的要求,他们建立了在消费者最方便的地点和最方便的时间可以随时买到或使用产品的分销渠道。例如,24小时便利店、健身俱乐部、目录订购和在线订购系统等,都是让消费者可以自行选择购买、使用和放弃的时间。

(2) 如何设计店面

超级市场通常将相似的或互补的产品靠近放置,因为消费者行为研究发现,消费者在思考产品时是按照相似的特征或使用分类来进行的。因此,橱柜清扫用具和浴室清洁服务器可以放在一起,因为它们的用途相似,而且经常同时使用。消费者行为研究还帮助营销人员进行其他店面设计。研究表明,明亮的色彩和高音、快节奏的音乐可以加快消费者在商店内的移动速度。柔和、克制的音乐则适合需要静心品味的咖啡店。研究还显示,过道狭窄、货物堆积拥挤会令消费者期待价格非常优惠等。

单元小结

本单元首先向大家描述了消费者行为的关注价值。在现代营销观念中强调客户回归时,经营者必须通过研究消费者行为来把握企业的营销决策及其营销实施的结果,进而实现其在行业和市场中的地位。

本单元对消费者、消费者的角色、消费者行为的概念做了较为详细的阐述。通过消费者行为模型来了解消费者行为的特征。消费者行为模型也是本书的概念框架。

消费者行为是一个相对较新的研究和应用领域。新形势下,市场环境和消费者变化的压力,已经使消费者行为的研究得到了很大的关注。对消费者行为的分析可以令企业经营获得更大的效益。只有充分了解消费者及其行为,才能使市场营销管理建立在更加科学的基础上。消费者行为知识被广泛地应用在营销领域,本单元从营销战略的选择、目标市场的选择、产品定位、产品或服务的开发、制定促销决策、定价决策、品牌、分销决策八个方面讲述了这种应用。

核心概念

消费者行为、消费、消费者角色、市场营销战略

模块二 应用分析

应用案例

2022国潮品牌发展洞察报告

2022年11月29日,在国潮品牌大会(泉州)暨丝路品牌侨商对接会上,中国国家品牌网发布了《2022国潮品牌发展洞察报告》。多如牛毛的品牌中,哪些才算真正的国潮品牌呢?该报告为国潮品牌划定的范畴包括:中国文化、生活理念、民族特色和中国优势四大特征,至少具备其一,才应纳入到国潮品牌的框架中进行分析。

(1)中国文化。文化是国潮产业的核心驱动力之一,在传统文化进行现代化表达的过程中,产品设计里中式元素、中式审美的展现,产品开发里中式成分、中式工艺的运用,品牌营销里中式概念、中式风格的融合等,都归属其范畴。以故宫食品为例,故宫是坐拥600年历史的超级IP在当代的商业化典型代表,以故宫食品为载体,食饮在古代宫廷文化中的重要地位正在现代语境下逐步复兴。

(2)生活理念。这里生活理念指的其实是中国的产品对国人生活方式的适配。一个非常典型的案例是今麦郎的凉白开,另辟蹊径开创了熟水市场,一炮打响。现在各大水饮品牌也纷纷跟上,推出了喝开水、凉开水、白开水等熟水产品。再比如这两年飞速增长,完全碾压了海外品牌的洗地机赛道。洗地机这一品类创新的原动力即是对中国消费者新生活方式、生活理念需求的精准洞察,目前洗地机已经成为清洁电器第二大细分产品类型。

(3)民族特色。即中国的一些原生产业,比如茶、酒、汉服、粽子、火锅等,中国独有的文化环境下,才诞生了这些中国独有的消费品类。这些独特的品类在与现代消费生态结合之后,也实现了自身的迭代。比如赶上了现代人健康化浪潮的创新白酒——汾酒竹叶青;把自己变成小包装,不断开发新品类的老字号寿仙谷;把最古老的丝绸做成最时尚的产业的万事利等,都是典型代表。

(4)中国优势。即中国新基础设施孕育出的"中国式创新",是在规模、科技和供应链赋能下成长的中国品牌。这些赋能毫不夸张的讲,的确是中国品牌独有的优势。这里我

们不妨把新能源汽车这一行业拿出来进行分析。中国新能源车产业链毫无疑问是领跑全球的,无论是"三电"核心技术、配套技术设施还是智能技术和产业链整合能力,都为新能源汽车大力发展自身业务提供了底气和保障。

教学案例使用说明

【教学目标】

通过对案例的理解,弄清只有以消费者为导向的企业才能获得持续的成功经营。通过对本案例的分析,深刻认识到消费者行为是市场营销策略制定的基础和指导,要了解和掌握消费者行为的特点,明白消费者行为随着社会和经济环境的变化而变化。

【讨论问题】

1. 国货崛起的时代,你认为国潮品牌应具有哪些特征?
2. 调查并列举消费者所关注的国潮品牌。

【本案例所涉及的理论和知识】

消费者需求分析

中国品牌

模块三　技能训练

实训任务: 访问一家企业的市场营销经理。

【任务要求】

了解该经理是如何制定市场营销战略的,并将其战略制定过程与书中描述的方法作比较。

【完成任务的方法】

学习小组成员共同参与访问的过程。

【完成任务所需的资料】

访谈笔记、教科书。

【评价办法】

制作PPT并汇报,小组之间互相给出评语。

实训任务：访问五名成年女性。

【任务要求】
要求她们描述最近三次在餐馆用餐的情景。你能从中得到一些什么结论？

【完成任务的方法】
学习小组成员共同参与访问的过程。

【完成任务所需的资料】
访谈笔记、教科书。

【评价办法】
提交调研报告，小组之间互相给出评语。

实训任务：访问一家或多家销售家私产品的商店。

【任务要求】
对商店所采用的销售技术（卖场陈列、商店布置、营业员等）进行描述。在这样一些策略背后，隐含着哪些关于消费者行为的信念？分别访问三位最近购买了大件商品和三位购买了小件商品的消费者，并讨论这两组消费者在哪些方面的决策过程类似？在哪些方面不同？

【完成任务的方法】
学习小组成员共同参与访问的过程。

【完成任务所需的资料】
访谈笔记、教科书。

【评价办法】
制作PPT并汇报，提交调研报告，小组之间互相给出评语。

模块四　单元测试

【思考题】
1. 消费者的角色有哪些？
2. 消费者行为的特征有哪些？
3. 消费者行为和消费有什么不同？

【判断题】
1. 消费者行为就是指消费者购买产品的行为。
2. 消费者行为就是消费者的外显行为。

3.只有了解消费者行为,才容易对影响消费者行为的营销活动有更深的理解,并同时对企业、个人和社会产生影响。

4.消费者行为在营销工作中应用广泛,是营销战略构成的重要因素。

5.对消费者行为的研究可以表明消费者如何对不同品牌进行感受和归类。

6.消费者研究表明,降价有助于促销。

【简述题】

1.请举例说明消费者行为知识在产品定位方面的应用。

2.请应用消费者行为的基本观念分析家人或朋友对某种产品或品牌的消费行为特征。

单元二

消费者的心理活动过程

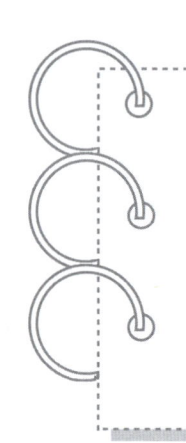

教学目标 >>>

1. 能说出消费者的一般心理过程
2. 能解释或阐明消费者对商品认识过程中不同阶段的各种心理现象
3. 能应用所学知识对某一购买行为进行分析并撰写一份总结报告

素养目标 >>>

1. 培养学生收集信息、整合信息、分析信息的能力
2. 培养学生掌握心理科学的认识论和方法论

引 例

看餐厅如何利用怀旧营销吸引消费者

近年来,情绪消费逐渐演化成一股强大的消费动力。怀旧本身是人的一种情感,当个人怀旧成为一种群体性情绪时,怀旧营销也就有了生存的土壤。怀旧营销就是在营销活动中给予消费者一定的怀旧元素刺激,激发消费者的怀旧情怀,勾起他们记忆深处的共同记忆符号,以此来引发购买倾向。

1. "70后"饭吧

"70后"饭吧在整个装修设计上,采用时尚与复古相融的风格,让顾客仿佛回到了小时候。在这里,你可以自己盛饭、自己倒茶,随手可翻阅书籍,玩一下儿时玩过的飞行棋和跳棋等,随意得好似在要好的朋友家做客。

这里不仅吸引了一大群"70后",更是小资和白领释放心情的好去处。这里特色

单元二　消费者的心理活动过程

的江浙菜、粤菜、川菜，还有让人回忆儿时的妈妈常烧拿手菜，不由你不馋，加上轻松舒适的个性化就餐环境，食客们络绎不绝。

2. 武侠文化特色餐饮

风波庄酒家，以"武侠文化特色餐饮"为立店宗旨，独树一帜提出了"品尝私家菜肴，感受武侠文化"、"有人就有江湖，有江湖就有风波庄"等鲜明主张。风波庄酒家致力于中国武学和华夏美食的完美结合，开创并形成独具风格的武侠主题新餐饮模式，在国内餐饮界影响深远，被誉为"江湖圣地，美食乐园"。

消费者在风波庄酒家内不但可以品尝到特色的美食，而且可以体验到特色的武侠文化，与其说是一场美食盛宴，不如说是一次独特的中国武侠美食体验。

案例充分地表明，消费者在购买商品的过程中，会产生包括感觉、知觉、注意、想象、自觉、意志等一系列心理活动，它们共同构成了消费者的一般心理过程。概括起来，消费者的一般心理过程是指围绕从货币到商品的转化而产生的认识过程、情感过程和意志过程的融合交汇，是三者的有机统一。本单元运用心理学知识，从认识过程、情感过程和意志过程三个方面分析消费者心理活动的一般规律。

微课：消费者的一般心理活动过程

模块一　基础知识

一、消费者心理活动的认识过程

（一）消费者的感觉

1. 感觉的概念

感觉是人脑对直接作用于感觉器官的客观事物个别属性的反应。由于顾客对商品的接触，商品就直接作用于顾客的感觉器官（眼、耳、鼻、舌、皮肤），刺激了顾客的视觉、听觉、嗅觉、味觉和触觉，通过传入神经到达大脑皮层的神经中枢，形成了对这种商品个别属性（颜色、气味、凉热、分量等）的反应，就产生了感觉，这时顾客对这种商品就有了初步的了解。

2. 感觉的种类

感觉分为内部感觉和外部感觉。内部感觉是指机体内部的刺激，反映内脏器官状态的感觉，如饥渴等内脏感觉或肠胃等内脏器官壁的蠕动等。内部感觉反映的是身体位置、运动和内部器官的状态,包括平衡感觉、运动感觉、机体感觉等。

外部感觉是指刺激来自身体外部,如视觉、听觉、嗅觉和触觉等。研究表明,在一般情况下,个体获得的大部分信息都来自外部,而其中大约80%的信息是通过视觉通道获得的,10%以上是通过听觉通道获得的。虽然感觉反映的只是事物的个别属性,是一种最简单的心理现象,但离开了感觉,人的认知活动也就无从开始。感觉为一切认识活动提供了进一步加工的原材料。

小链接

每种感觉都有其独特的性质,营销人员可以利用各种营销刺激来取悦消费者。

1. 视觉

视觉上的刺激主要包括颜色、外形、大小等。颜色可以直接影响我们的情绪感受。例如,红色会使人感到兴奋,蓝色则使人感到放松,因此蓝色背景的广告比起红色背景的广告更讨好消费者。研究发现,黄色的墙壁和装潢使店内的顾客移动较快;橘色装潢使人感到饥饿;医院内的蓝色和粉红色调则可以使病人减低焦虑。

产品的外形往往也会影响消费者的偏好和认知。例如,苹果计算机转变了过去个人计算机给消费者的冰冷呆板的印象,让个人计算机也能展现它活泼轻快的一面,因此吸引了注重计算机外形的顾客。

产品的大小也会影响视觉。例如,同样是330毫升容量的洗发水,放在圆柱形的外瓶和扁平形的外瓶里,整体感觉完全不同。相对于圆柱形的外瓶,扁平形的外瓶让消费者感觉分量较多,价格较便宜。

2. 听觉

音乐和声音也是营销人员常用的工具,透过音乐和声音,可以影响消费者的情绪、感觉与行为。很多广告都使用广告音乐来引发消费者对产品品牌的良好联想,或是强化其广告诉求,如黑人牙膏配上轻快的音乐来强化其"口气清新"的特点。

3. 嗅觉

对于食品和化妆品而言,气味特别重要,因为气味可以引发不同的感觉和情绪。例如,柑橘类的香味可以令人振奋,提升精神;柔和的薰衣草香味能使人镇静,感到松懈舒适。另外,气味也是某些消费者在购买某类产品上的重要抉择因素。例如,有些消费者在购买一些化妆品和日用品(如洗面奶和洗发水等)时,都会试图打开产品来闻一闻它的香味,才做出购买决策。因此,消费者对于一些不能打开的洗发水或洗面奶,往往在购买上表现出相当的犹豫。

4. 触觉

当消费者去购买衣服时,会触摸所要购买的衣服来感受一下质地的好坏,甚至会要求试穿,来感受衣服穿在身上的感觉。消费者在购买家具时也是如此。对于很多的产品而言,触感是非常重要的,消费者往往会用触感来评估产品的品质。

5. 味觉

消费者常在超级市场碰到厂商举办的试吃活动,很多人都有品尝了试吃品后当场便购买产品的经验。对于满足口腹之欲的产品,说得天花乱坠还不如亲身体验一下。很多的酒商、饮料商或食品制造商都会提供免费品尝的样品给消费者,通过说服消费者的"舌头",来说服消费者的"心"。

虽然味觉对于大部分的食用产品很重要,但也不要忽略品牌、颜色和形状等所可能产生的心理作用,而在有些状况下这种心理满足,可能会盖过味觉的满足。例如,西方人常说的吃牛排是吃牛排的嗞嗞声音,而不是吃牛排的味道。

3. 感觉在营销中的作用

感觉是消费者认识商品的起点。在购买活动中,消费者对商品的第一印象是十分重要的。对于商品的认识和评价,消费者首先相信的是自己的感觉。营销者的营销刺激要突出其特点,增强商品的吸引力,刺激消费者的感觉,加深消费者对商品的第一印象,使消费者产生"先入为主"的感觉。例如,多数大型购物中心以豪华别致的装饰、风格各异的布局和丰富多彩的商品,每天吸引着大量的顾客,这些购物中心的环境刺激因素对购买欲望起着重要作用。

小链接

心理学家曾经做过一个实验,在两个月的时间内,在一家超级市场里,每天随机播放两种背景音乐(一种是每分钟108节的快节奏音乐,一种是每分钟60节的慢节奏音乐),或不播放任何音乐。结果发现,播放快节奏音乐时,顾客的平均行走速度比在慢节奏音乐下快17%,没有音乐播放时,顾客的平均行走速度介于两者之间。更让商场经理感兴趣的是,在播放慢节奏音乐的时间内营业额比播放快节奏音乐时的营业额高出38%,不播放音乐的营业额介于两者之间。可见,轻松优美的背景音乐的确让人流连忘返。

(二)消费者的知觉

1. 知觉的概念

知觉是人脑对直接作用于感觉器官的客观事物整体属性的反应。知觉是比感觉高一级的带有主观色彩的认识活动,知觉在感觉的基础上依赖于人的态度、知识和经验对客观事物各种属性加以综合,并对事物做出整体的反应。知觉和感觉密不可分,两者统称为感知。知觉具有多种特性,掌握知觉的特性,对于研究市场营销策略具有重要意义。

2. 知觉的特性

(1)知觉的主观性

人们在感知客观事物的过程中,常常把对事物的知觉与他们的自我想象、猜测及其一定的信念、态度和偏好等混淆在一起,使知觉带有很多不真实的成分,这就是知觉的主观性。例如,一些消费者在购买某种商品之前就表现出倾向某些信息而抵制另外一些信息的现象,因此,在商品选购的过程中,也就容易从主观意志出发评价商品的优劣。

(2)知觉的选择性

人不可能同时感知一切,不可能同时给予全部的反应,而是有所选择的,即人们总是有选择地注意某些刺激或属性,而忽略其他的刺激或属性,这就是知觉的选择性。在商品经营活动中,对于商品的陈列、摆放等应注意将背景与商品衬托,对比明显才有利于顾客选择。另外,新奇独特的商品、标新立异的服务方式也容易引起顾客的优先知觉。

> **小链接**
>
> 人的知觉能力是有限的,当外来刺激超出个体在正常情况下所能接受的程度时,一部分刺激就要受到心理上的排斥。一般来说,人平均每一次所能考虑的项目难以超过7个。一个消费者在对某种商品做出购买决定时,尽管有很多可供选择的商品品牌,但一般也只能考虑5个甚至更少的商品品牌。对广告的知觉也是如此。美国广告公司协会曾与哈佛大学联合进行过一次全国范围的调查,了解消费者在半天内实际看到商品广告的情况。结果表明,大多数接受调查的消费者半天内只注意到11～20个商品广告,而一般成年人半天内遇到的商品广告可能有150个。这说明看到广告和知觉到广告是两码事。

(3)知觉的连贯性

知觉的连贯性是指个体容易根据自己已有的知识和经验来分析当前的事物。表现在消费者的购买行为上就是,消费者根据以前购买商品后的使用经验辨别眼前的商品,决定买还是不买。这种把以往的经验推而广之的特性,就是知觉的连贯性。这种心理现象对市场营销活动有积极的一面,也有消极的一面。一方面,由于消费者不愿放弃已使用习惯的商品品牌,所以,知觉的连贯性可能成为消费者连续购买某种商品的重要因素;另一方面,知觉的连贯性同时也可能成为阻碍消费者接受新产品的重要因素。

(4)知觉的理解性

知觉的理解性指知觉以一定的知识经验为基础对所感知的客观事物的有关属性进行组织和加工处理,并用词语加以说明的过程。知觉理解性的主要影响因素是个人的知识经验、言语指导、实践活动以及个人兴趣爱好等。

在商品经营活动中,顾客对不理解的商品往往不去注意,但通过售货员生动语言的介绍,顿时就会引起顾客的极大兴趣,形成鲜明的知觉。随着科学技术的进步,商品中的技术含量不断增加,在使用时需要消费者具备更多的知识,在购买时顾客往往对操作复杂的商品手足无措,此时售货员帮助顾客对商品进行理解,无疑会提高商品交易的成交量。

小案例

美妆国货品牌之一的"花西子",于2017年在杭州创立,成立团队主要都是来自彩妆行业。花西子先是对彩妆市场进行了调研,发现了国风在彩妆市场很有潜力,于是就把消费用户定在"彩妆＋100～200价格＋喜欢国风＋有一定消费能力"的人群中。

当花西子找准品牌定位后,继续对市场上的产品进行精心打磨,根据市场的需求,不断推出新的产品。对于消费者来说,若是长期见到喜欢的产品不更新,就会产生一种审美疲劳,而长期更新产品的花西子,也更容易打造出爆款。花西子就是以讲故事的形式,来让产品看起来更有"内涵",让消费者更能了解产品的初心和亮点。它把民族文化元素和产品研发融合,打磨出一套推广品牌产品的同时宣传民族文化的故事脉络。

新媒体方面,花西子通过与抖音等短视频、直播平台开展深度合作,逐步在巨量引擎生态内搭建起私域经营阵地,2020年总成交额超过25亿。

(5)知觉的整体性

知觉的整体性指知觉能够根据个体的知识经验将直接作用于感官的客观事物的多种属性整合为同一整体,以便全面、整体地把握该事物。知觉的整体性不仅与客观事物的属性密切相关,也与个体原有的知识经验有关。当客观事物仅有部分属性分别或先后作用于人的感官时,感官所获得的信息实际上是不完备的,但是在主观经验的帮助下能够完整地知觉它,即客观上的缺失可以由人的主观来弥补。图2-1是知识经验在知觉的整体性中的作用的示例,每个字母的线条都不闭合,但是只要具备一定英语知识经验的人都能完整地知觉它为英文"HELLO",并了解其意义。又如,当顾客走进饭店时,看到饭店的装饰、服务员的举止着装等一些外在因素,都很容易使顾客对饭店形成整体的知觉。顾客对某种商品优劣的感觉,会影响到他对整个商店的商品质量的评价。同样,顾客对商店整体的知觉,也会使其对该商店出售的商品产生优质或低劣的感觉。

图2-1 知识经验在知觉的整体性中的作用的示例

3. 影响消费者知觉的因素

消费者的知觉主要是由外部因素和内部因素决定的。并且,外部因素和内部因素之间又是相互联系和相互作用的。

(1)外部因素

外部因素包括:刺激因素的大小、强度、色彩、位置、活动、对比、隔离、距离、相似等。这些因素对知觉的影响在广告的运用中比较明显。如大的物体比小的物体、洪亮的声音比低沉的声音、鲜明的色彩比暗淡的色彩、活动的物体比不活动的物体更容易引起人们的知觉。

(2)内部因素

内部因素包括:消费者的需要、态度、期望等。这些因素对消费者的知觉乃至购买行为有很大的影响。

①消费者的需要对知觉的影响。一个饥饿的人会选择食物作为知觉对象;对美的需要促使消费者注意到那些包装精美或造型美观的商品。

②消费者的态度对知觉的影响。国外一个实验室通过对161名主妇和83名大学生分别对各种商品品牌的反应研究证明,消费者喜爱的商品品牌比不喜爱的商品品牌要更快地被感知到。

③消费者的期望对知觉的影响。消费者的期望对商品的设计、包装、命名的作用也不可忽视。一个符合消费者期望的品名、包装,不仅有助于强化消费者的知觉,而且有助于促进消费者的购买行为。

> **小链接**
>
> **品牌识别与知觉**
>
> 品牌是消费者心目中对企业的感知与印象,是企业信息作用于消费者,并在内心留下烙印的总和。实际上,品牌是一个心理印记,一个纯粹的心理概念。经营品牌就是经营消费者的心理世界,在消费者内心留下一个美好的心理印记。
>
> 然而,品牌蕴含着一定的心理能量,可产生心理驱动力,激发或控制着消费者的消费心理,直接影响着购买行为。在消费者脑海中留下明确而深刻的品牌痕迹,形成清晰的认知,从而对消费者的心理和行为产生影响。如"万宝路"引无数英雄竞折腰、"耐克"为热爱运动的年轻人所钟爱、"索尼"成为时尚与科技的代名词、"麦当劳"成了儿童的欢乐天地、"蓝色巨人IBM"成了商用电脑者的挚爱等。这些品牌在竞争激烈的市场中独领风骚,改变着消费者的消费心理,左右着消费者的购买行为,使消费者对之情有独钟。

消费者通过感觉和知觉,建立起商品表面的直观形象,完成了对商品认识的形成阶段。接下来,消费者还要利用注意、记忆、想象、思维等心理活动进一步加深对商品的认识,进入对商品的理性认识阶段,并最终完成对商品的认识过程。

(三)消费者的注意

1. 注意的概念

注意是指心理活动对一定对象的指向和集中。如学生在课堂上聚精会神地听教师讲课。注意的对象可以是外界的客观事物,也可以是人体自身的行动和观念。注意由主客观两方面的因素引起。主观因素主要是对当前活动的态度、知识经验、需要、兴趣、精神状态等。客观因素是事物本身的特点,鲜明的、强烈的、反复的、活动的刺激更容易引起人们的注意。在一定条件下,主观因素对注意的指向和集中有决定作用。人的感觉、知觉、思维、想象、记忆等心理过程的产生,首先是从注意开始的,只有注意着什么,你才感知、记忆、思维着什么。因此,注意本身不是一种独立的心理活动过程,而是和感知、记忆、思维等同时产生的。注意是人适应环境、掌握知识、从事实践活动的必要条件。

2. 注意的特征

集中性和指向性是注意的两个基本特征。注意的指向性显示了消费者认识过程的对象及所选择的目标。而注意的集中性则说明消费者排除外界干扰将心理活动集中贯注于某一事物,说明了消费者的自身调节功能。例如,消费者在购物时注意"听",注意"看",就是其在购物中处于积极的心理状态的表现。

3. 注意的功能

(1) 选择功能

注意使人的心理活动有选择地指向那些对自己有意义的、符合自身需要的、与当前活动相一致的事物,而避开或抑制、排除那些无关的事物和影响。当心理活动指向一定事物时,注意就把有关的信息检索出来,并把它与各种无关的信息加以区分,使心理活动按照人的需要和愿望进行集中或者转移。

(2) 保持功能

保持功能就是使注意对象的映象和内容在主体意识中保持、延续直至达到目的为止。注意的保持功能有两种作用:

①当外界大量信息进入感觉记忆之后,经过注意把每个信息单元转换成一种更持久的形式,使之得到更好的保持。

②注意能使人的心理活动一直坚持到完成行为动作,直至达到目的为止。如果达不到目的,注意不会继续转移。

(3) 调节和监督功能

注意可以协调、控制和监督心理活动的正常进行,使之朝着一定的方向和目标前进。注意的这种调节和监督功能,决定着一个人注意的集中与稳定,注意的分配与转移的好坏。消费者对某种商品信息的注意比较集中,就能够帮助他们正确地选择和购买商品。

如何发挥注意在营销中的作用?在营销活动中,要使商品引起消费者的注意,必须做到以下几点:

①提高商品的刺激强度。没有一定强度的刺激,不能引起人的注意。例如,巨响、强光、艳丽的色彩、奇异的香味等,都会使人不由自主地对其注意。

②利用好刺激物之间的对比关系。刺激物之间的强度、形状、大小、颜色或持续的长短等方面的对比差异,都是引起人的注意的因素。那些特别明显、突出的事物更容易引起人们的注意。

③提高刺激物的新异性。任何新异的东西都可能成为被无意中注意的对象,而那些刻板、千篇一律的习惯性刺激,则不容易引起人们的注意,因此,只有不断创新才能引起消费者的注意。

(四)消费者的记忆

1. 记忆的概念

记忆是指过去的经验在人脑中的反映,具体地说,它是指经历过的事情、体验过的情感、思考过的问题等,在大脑中的储存及提取。记忆是人的心理发展的必要条件。有了记忆,先后的经验才能联系起来,通过记忆,丰富知识,加深对客观事物的认识,丰富和发展情感和意志,形成各自独特的心理特征。

消费者的每一次购买活动,既需要了解新信息、新知识,又会参照过去的知识、经验和对商品的情感体验。在进行消费活动时,通过记忆的心理过程,自觉地利用识记材料对商品进行评价判断,有助于消费者全面、准确地认识商品,做出正确的购买决策。

2. 记忆的心理过程

记忆的心理过程主要由识记、保持、回忆和认知四个环节组成,它们彼此相互联系,相互制约。

(1)识记

识记是指人们为了获得对客观事物的深刻印象而反复进行的感知过程,它是保持的必要前提。在购买活动中常常表现为消费者反复察看商品,多方了解商品的信息,以加强对商品的印象。

(2)保持

保持是指对材料积极地进行加工、系统化概括并掌握。如消费者把识记过程中了解到的有关商品的各种信息作为经验储存在头脑中即为保持。

(3)回忆

回忆是指过去感知过的事物不在眼前,消费者把对它的反应重新呈现出来的过程。如消费者选购商品时,常常利用回忆把过去购买使用过类似的商品的体会、经验回想起来,通过比较,验证自己对商品的认识正确与否。

(4)认知

认知是指过去感知的事物重新出现在眼前时的确认过程。如消费者在选购商品时,有时能准确辨认出同一种商品在不同商店的陈列和销售情景。识记是记忆的开始,保持是识记的巩固,记忆的基本特点在于保持。识记和保持是回忆和认知的前提,回忆和认知是识记和保持的表现,是衡量记忆巩固程度的重要指标,也是记忆要达到的目的。

3. 记忆的类型

(1)形象记忆

以感知事物的形象为内容的记忆称为形象记忆。消费者对商品的形状、大小、颜色等方面的记忆就是形象记忆。例如,消费者会记住曾经看到过的一款色彩艳丽、图案别致、样式新颖的服装产品。

(2)情感记忆

以体验过的某种情感为内容的记忆称为情感记忆。消费者对以往购物时受到营业员热情接待的喜悦心情的记忆就是情感记忆。例如,某消费者到某商店去买东西,虽然没有买到他所需要的东西,但营业员热情周到的服务使他感到非常满意。于是,下次再买东西时,他还愿意光顾那家商店。又如,消费者对一次愉快的旅游购物会留下美好的记忆。

(3)逻辑记忆

以事物的意义、性质和内容关系为内容的记忆称为逻辑记忆。消费者对某种商品的制作原理、广告宣传等方面的记忆就是逻辑记忆。

(4)运动记忆

以过去做过的动作和运动为内容的记忆称为运动记忆。例如,消费者在现场看过某些活动的演示后对该活动的程序所产生的记忆。又如,消费者在商店里试用了某种健身器材之后,回到家里考虑是否需要购买时,会通过对动作表象的回忆,评价健身器材是否可以满足自己锻炼身体的需要。

尽管企业通过各种营销刺激,使得消费者可以接触更多的商品,但是大多数商品信息将被遗忘或根本未被注意,只有那些能引起消费者特别注意并吸引他们前去观察的商品,才会留在消费者的记忆之中。商品能引起消费者的注意,首先取决于消费者的需要、兴趣、态度和情感等主观因素,其次还取决于商品本身的特征。

研究消费者记忆规律对市场营销活动有积极的作用,营销人员应当在商品的设计和包装上加以改进,便于诱发消费者的形象记忆;在商品的排列和柜台的布置上要体现相互关联,便于诱发消费者的逻辑记忆;营销人员的服务态度要热情、周到,便于诱发消费者的情感记忆。

(五)消费者的想象

想象在记忆表象的基础上进行,是人脑对已有记忆表象进行加工改造而创造新形象的过程。想象过程创造的新形象以直观形式呈现于头脑中,具有形象性的特征。

想象与人的思维、情感、意志乃至感知等心理活动过程都有深刻的内在联系。想象参与思维过程,想象过程总会伴随着一定的情感体验,想象可以成为意志过程的内部推动力。想象对人的个性发展、特点的形成甚至发展方向的选择都起着重要的作用。想象的内容、性质和水平要受到客观现实的制约,受到个人意识、兴趣、能力和习惯的限制。

好的企业名称、商品品牌、广告语都会引起消费者的想象和对企业、产品的良好情感。想象作为一种形象化的语言更容易增强消费者的记忆。消费者的想象在一定程度上支配着消费者的行为,使某些产品建立起特定的象征意义,成为吸引购买者的关键因素。部分品牌或商品的象征见表2-1。

表 2-1　　　　　　　　　部分品牌或商品的象征

品牌或商品	象　征	品牌或商品	象　征
高尔夫运动	尊贵与优雅	宝马车	自我实现、成功者的品位
牛仔裤	民主化与平民化(美国)	卡迪拉克车	至尊地位
中国旗袍	女人味和高贵大方	劳力士	财富、地位、势力
派克笔	身份、专业	法拉利车	事业及生活奢华
劳斯莱斯车	高贵、传统	万宝路	豪情、狂放、自在
奔驰车	财富、老板	可口可乐	潇洒、力量、青春

想象的功能在市场营销活动中具有奇妙的作用。消费者在购买商品尤其是购买那些能使生活水平提高的高档耐用消费品时，想象力的参与和发挥更为明显。例如，购买一套高级组合家具，必然伴随着对居室美化的整体想象。因此，厂商在进行商品设计、包装、命名、广告设计和橱窗布置时，可以用多种方法来丰富消费者的想象力，以达到宣传和推销产品的目的。

(六)消费者的思维

思维是指事物的一般属性和事物的内在联系在人脑中的间接的、概括的反映过程。思维以感知为基础又超越感知的界限。它探索与发现事物的内部本质联系和规律性，是认识过程的高级阶段。

1. 思维具有间接性和概括性

思维的间接性是指通过其他媒介来认识客观事物。如顾客走进商场，看到购物者稀少，便推想到这家商场经营存在问题；走在街上，看到挂有"优秀门店"牌匾的店铺，就会推想到这是一家顾客放心购物的店铺。思维的概括性是指把同类事物共同的本质特征抽象出来加以概括，从而总结出事物的本质和规律。思维的过程就是大脑的分析、综合、比较、抽象、概括等一系列活动，通过这些认识活动，把握事物的特征和规律的过程。

2. 思维可以分为形象思维和逻辑思维

形象思维是指利用直观形象对事物进行分析判断的思维。如居室装潢布置，总要先构思、设计，对材料选择、配套设施及其风格效果在头脑中形成形象。

逻辑思维是利用概念、推理和理论知识来认识客观事物以达到对事物的本质特征和内在联系的认识的思维。例如，掌握计算机专业知识的顾客，对电脑及其相关产品的原理、结构、性能、特点、发展趋势的认识和理解，就是一个抽象思维的过程。

思维活动虽然都是按照分析、综合、比较、抽象、概括的规律进行，但是不同的人在思维的广阔性、深刻性、独立性、灵活性、逻辑性和敏捷性等方面都会表现出明显的差异。例如，思维独立性强的顾客，往往不易接受来自别人的提示或广告宣传的诱导，而喜欢自己独立决策。与此相反，有的顾客缺乏独立思维的能力，喜欢"随大流"，根据他人的意见来购买。

单元二　消费者的心理活动过程

> **小案例**
>
> **星巴克的味道**
>
> "我不在家,就在咖啡馆;不在咖啡馆,就在去咖啡馆的路上。"一个迷恋咖啡的小资如果不曾听过这句话,就好像足球迷不知道贝利一样荒谬。
>
> 30元一杯咖啡,价格相当高,但即便如此也挡不住穿着得体的年轻人来喝星巴克咖啡的热情。他们有时候会开玩笑说:"是不是我喝星巴克咖啡上瘾了?"
>
> 平心而论,星巴克咖啡在味道上没有什么特别之处,它的竞争对手早就开始模仿它,但迄今为止还没有一家获得成功。几十年前,星巴克还只是西雅图的一家小咖啡店,如今星巴克咖啡店的公司图标(坐在绿地上的美人鱼)和麦当劳的黄色"M"一样,已经成为美国城市的象征。
>
> 星巴克咖啡对于我们不仅是饮料,更重要的是它带给我们的异国情调。咖啡是一种非常社会化的、具有浪漫色彩的饮品,在这里,你向往的和你见到的、听到的相互协调,这一切使得喝咖啡成为一种美好的生活体验。一杯咖啡就是一段幸福的人生。
>
> 营销大师菲利普·科特勒强调,要想使顾客爱上自己的产品,就要让其在消费产品中体验到某种感受或情绪。营销并不是以精明的方式兜售自己的产品或服务,而是一门创造真正顾客价值的艺术。营销就是让消费者全身心地感受,在感觉和知觉上对产品形成完整的印象,而在选择某产品时,特定的品牌成了其潜意识的活动。
>
> 星巴克在这方面可谓是成功的典范,其总裁霍华德·舒尔茨说:"星巴克不卖咖啡,而是卖体验。"在星巴克,不仅是在喝一种很好的咖啡,也是在消费一种独特的文化和一种特有的体验,使消费者在心理上产生认同感和归属感。星巴克强调其是除了家、办公室以外的第三生活空间,人们每次光顾咖啡店都能得到精神上和情感上的满足。星巴克营造出一种高品位的环境:精挑细选的装饰物和灯具,煮咖啡时的"嘶嘶声",将咖啡粉末从过滤器敲击下来时发出的"啪啪"声,用金属勺子铲出咖啡豆时发出的"沙沙"声,都烘托出一种"星巴克格调"。星巴克希望给消费者提供五种感觉:咖啡豆的诱人香气,咖啡浓厚的味道,产品展示和吸引人的墙上装饰品,当代惬意的背景音乐以及桌椅的干净感觉。
>
> 星巴克诞生于很多大咖啡店为顾客提供越来越便宜、越来越没味道的咖啡的年代,当时,一部分咖啡爱好者已经放弃将咖啡作为他们的主要饮品,不情愿地转向英式红茶和果汁。然而,星巴克的出现使很多咖啡馆的生意重新热闹起来,而不是挤垮当地的小咖啡馆。公司总裁霍华德·舒尔茨说:"星巴克不是竞争杀手,很少有咖啡馆因为我们的到来而倒闭,相反,多数咖啡馆的生意反而会兴隆起来,因为星巴克让人们重新品尝到了咖啡的美味,想起了在咖啡馆喝咖啡是种多么美妙的享受。"

> **小链接**
>
> 何为"体验"？从心理学、社会学、艺术学、经济学、营销学等不同的角度来观察，最典型的观点有以下四种：
>
> 美国著名未来学家 A.托夫勒在《未来的冲击》一书中首先指出，体验是一种可交换物。
>
> 《营销美学》的作者 B.施密特和 A.西蒙森提出，体验是一种生活方式。
>
> 《体验经济》一书的作者 J.派恩二世和 J.吉尔摩认为，体验是一组基于刺激的活动或事件。所谓"体验"就是指人们用一种个性的方式来度过一段时间，并从中获得过程中呈现出的一系列可回忆的事件。从消费的角度来看，体验就是企业以服务为舞台，以商品为道具，以消费者为中心，创造能够使消费者参与、值得消费者回忆的活动。
>
> 《情感营销》的作者 S.罗比内特认为，体验是感官刺激、信息和情感的集合。

二、消费者心理活动的情感过程

人的任何活动都带有感情色彩，它对人的行为起着积极或消极的作用。顾客可能会因为受到高规格的待遇而感到愉快，也可能因受到怠慢而感到气愤和失望。

(一)情绪和情感的区别与联系

情绪是情感的表现形式，具有明显的冲动性和外在行为表现，属于较低级的表层心理现象。情绪是一种自发的、原始的、与人的生理需求密切联系的心理体验，具有较大的情境性、激动性和暂时性。例如，顾客在购买商品时，常因商品的质量、款式、价格等方面的原因而产生满意、愉快、喜欢等积极的情绪或不满意、厌恶、烦恼等消极的情绪。情绪一般是由当时特定的条件所引起的，一旦某种情境消失，与之相关的情绪也随之减弱或消失，故情绪表现为不稳定。

情感是情绪的本质内容，具有明显的内隐性。情感更多地以内心体验的形式存在，属于较高级的深层心理现象。情感是人类所独有的，与人的社会需要、社会发展进程有直接联系，与人的意识紧密相连，具有深刻性、稳定性和持久性。如高尚的道德情操、崇高的民族自尊、完美的艺术享受等均属于情感的范畴。情感更加强调在情绪基础上产生的对客观事物的态度评价和一种高级的心理体验。

(二)情绪和情感的表达方式

通过观察情绪与情感发生时人们的外在行为特征，即心理学上所说的表情动作，可以了解消费者的情绪与情感。人们透过表情动作不仅可以表达思想、传递信息，还可以暴露出情绪和情感体验。心理学家、语言学家把人们的非语言交流形式,如面部表情、身体姿态和语调等,称为"体态语言"。

1. 面部表情

面部表情中,"眼睛是心灵的窗口",眼睛最能传情达意。高兴时是"眉开眼笑",愤怒时便"怒目圆睁",恐惧时是"目瞪口呆",伤心时会"双目无光"等。眼睛不仅能传递感情,还可以交流思想。有经验的营业员可以通过观察顾客的眼神了解其内心的愿望与思想,推测顾客对商品的态度。此外,脸色的变化也会非常明显地透露出人的喜怒哀乐。

2. 身体姿态

当人们处在不同的情绪状态时,人的身体姿态也会有不同的表现。高兴时会手舞足蹈,伤心时会捶胸顿足,激动时会坐立不安,恐惧时会浑身发抖。

3. 语调

言语中的语音、语调是表达说话人情绪的一种手段。一个声音急促、声嘶力竭的消费者必定处于一种紧张、激动的情绪之中。

(三)情绪和情感的分类

现代心理学则从不同角度对人的情绪和情感进行了划分。

1. 按情绪产生的时间、强度和速度分类

按情绪产生的时间、强度和速度分类,情绪分为心境、激情和应激。

(1)心境

心境是一种比较持久而微弱的情绪状态,心境的主要特点是弥散性和持续性。某种心境在某一段时间内影响着一个人的全部生活,使人的语言、行动及全部情绪都染上这种心境的色彩。例如,消费者买到一件称心如意的商品,会令他在一段时间里都感到心情愉快,处于一种满足的情绪状态。

(2)激情

激情是迅速、强烈、短暂的情绪状态。它具有瞬息性和冲动性的特点。消费者在购买过程中有时因为某种原因而产生一种迅速、强烈而短暂的情绪状态。例如,消费者可能因营业员态度不好而突然发怒,也可能因营业员服务细微而非常感动。激情也有积极与消极之分。积极的激情往往能使消费者迅速做出购买决策,大大缩短购物时间;而消极的激情,往往能使消费者突然改变态度,终止购买行为。

(3)应激

人在意想不到的事情发生时产生的情绪状态就是应激状态。同激情相比,应激使人的意识更为狭窄。紧急的情景惊动了整个有机体,很快地改变有机体的激活水平,引起情绪高度应激化和行动的积极化。人处在应激状态时,一般会出现两种不同的表现:一种是情急生智,人脑清醒、动作准确地及时排除险情;另一种是惊慌失措,陷入一片混乱之中,做出不适当的反应。有些人甚至会出现临时性的休克等症状。在应激状态下,人们会出现何种行为反应是与每个人的个性特征、知识经验以及意志品质等密切相关的。

2. 按情绪情感的社会内容分类

按情绪情感的社会内容分类,情绪分为道德感、美感和理智感。

(1)道德感

当人们用社会道德准则去感知、比较和评判自己或他人的行为举止时,产生的情感体验就属于道德感。当感知、比较和评价的结果符合公认的道德准则,就会产生一种积极肯定的情感体验,如高兴、满意、愉快等;相反,如果他人违背了社会公认的道德准则,就会产生憎恨、厌恶、反感等,而个人做出同样的事情可能会产生后悔、内疚、不安等情感体验。在购买活动中,消费者总是按照自己所掌握的道德标准,来决定自己的消费标准,挑选商品的造型和颜色。同时,如果消费者挑选或购买商品时,受到销售人员热情礼貌的接待,就会产生赞赏感、信任感和满足感,并以愉快、欣喜、兴奋等情绪形态反映出来。

(2)美感

美感是与人的审美需要相联系的对客观事物和对象的认识和体验。它是通过人们对客观事物的美与丑的评价,并由此产生肯定与否定、高尚与庸俗、喜欢与厌恶等的态度体验。美感在人类社会生活中起着巨大的作用,它可以使人们的精神生活变得更加丰富多彩,更加优雅充实,因此,美感是一种积极的情感体验。美的商品可以刺激消费者的购买欲望,促进消费者的购买行为。

(3)理智感

理智感是指人们从认识、探索和追求真理的需要出发,对自己辨别是非曲直、利害关系,以及自我控制能力进行评价时产生的态度体验。理智感是与人们的认识活动紧密地联系在一起的。人的认识越深刻,求知欲望越强,追求真理的兴趣越浓,理智感就越深厚。消费者在购物前对复杂的商品进行研究,全面搜集商品的信息,努力掌握商品的知识等行为,就是在理智感支配下的一种理性购买行为。

(四)情绪和情感对消费行为的影响

1. 积极的情绪和情感

诸如快乐、热爱、欢喜、骄傲等,由于与某种需要的满足相联系,通常伴随着一种愉悦的主观体验,并能提高人的积极性和活动能力。在商业活动中,积极的情绪和情感能够增强顾客的购买欲望,形成融洽的交易气氛,促进购买行为。如顾客在选购商品的过程中,由于心境比较好,因而可能愿意听取营业员关于某种商品的质量、用途及产地的介绍,对该商品做出积极的评价,迅速做出购买决策。

2. 消极的情绪和情感

诸如恐惧、厌恶、悲哀、悔恨等,由于与某种需要的不满足或无法满足相联系,通常伴随着一种明显不愉悦的主观体验,并会降低人的积极性。如食品上趴着一只苍蝇,就会使顾客产生厌恶的情绪,而抑制购买行为。同样,顾客因对售货员不满也可能产生愤怒的情绪,拒绝购买。

单元二　消费者的心理活动过程

> **小　案　例**
>
> **消费者和品牌共创故事**
>
> "新年第一瓶可口可乐,你想与谁分享?"这一问题,给了消费者手中的可口可乐一个新意义:新年的第一瓶可口可乐,应该要和一个特别的人分享。也许是表达感谢,也许是为了替他打气。当看到这个问题时,每个人心里一定至少有一个可以分享的人,你想分享的人是谁?你们之间有什么样的故事?
>
> 将这样的问题放到网上的短短一个月时间内,就有超过五百万名消费者上网分享了他们的新年第一瓶可口可乐。
>
> 快消品营销的魅力就在这里。快消品都是日常生活里的小东西。不是每个人都会去买车子、房子、金融保险商品,但几乎每个人都用过香皂、洗发水,喝过饮料。如果品牌能找到真正打动消费者的热点,就能与消费者的故事共鸣,能为品牌创造更多时间。
>
> 思纬市场研究公司(Synovate)针对亚洲年轻人的调查显示,中国年轻人习惯一心多用,等于在一天24小时内有39.5个小时的活动。他们可能一边听音乐,一边打游戏,同时和朋友在线聊天,不时也看一眼电视。广告主单凭购买广告时段占据人们的注意力,是不可能的。因此新的营销方式是创造一个消费者愿意主动与你的品牌互动的时间,产生广告效益。
>
> 在传统广告时代,品牌向消费者讲述他们认为最精彩的故事。但在未来,最精彩的故事是由消费者来主动传播的。
>
> 一个完整的品牌经验,可能是消费者自己的故事和品牌故事联结、共振的结果。品牌开了头,消费者自己会完成。以前面提到的"新年第一瓶可口可乐"为例,超过五百万消费者分享的"新年第一瓶可口可乐",产生的内容包含超过五百多万张照片与文字,以及六万四千多支视频。这些内容在网上社群中传播,为品牌沟通产生很大的加乘作用。
>
> 类似的例子还有宝洁旗下的帮宝适。帮宝适曾向妈妈们沟通如何让宝宝拥有黄金睡眠的方法。新生儿的妈妈们都有无数关于宝宝的故事。帮宝适的"妈妈帮"社群网站除提供育儿专业资讯外,还提供平台让妈妈们可以上传自家宝宝的照片,彼此相互交流。妈妈们在分享与获取资讯的同时,可以很简单地通过网络或手机领取试用品,甚至直接在网上购买。网站产生了超过十万笔讨论,并且有超过二十万名母亲上传了宝宝的照片,打破了吉尼斯纪录。超过二十万名帮宝适妈妈一起创造了这个历史性的时刻,并留名在帮宝适的品牌故事之中。
>
> 消费者如此乐于创造自己的故事、分享自己的故事。恐怕未来品牌的血统里,将有相当成分的血液是由消费者注入的。

在传统的广告中,品牌自己把故事讲完。现在,消费者自己创造故事、传播故事,品牌或许只是故事开始的地方。任何的品牌只要可以和消费者的故事联结、共振,就可以进入消费者的故事,创造更多和消费者互动的时间。

故事的起点,或许是一个分享的邀请,或许是一段引人大笑的视频。当这个对话被启动,联结消费者的生活故事,结果很可能也像生活的本身一样充满惊喜。

三、消费者心理活动的意志过程

意志是指人们自觉确定目的,支配行动,克服困难,以实现预定目的的心理过程。意志是人的意识的主观能动性的表现,它在社会实践中形成和发展。意志是与人的认识、情感密不可分的。认识协助意志确定目的、制订计划,情感则是意志的推动力;反过来,意志又可推动认识不断深化,并可控制情感向健康的方向发展。

消费者自觉地确定购买目的,并主动支配、调节其购买行为,努力克服各种困难,从而实现预定购买目的的心理活动,就是消费者的意志活动过程。它同认识过程、情感过程一样,是心理活动不可缺少的组成部分。

(一)购买过程中消费者意志的基本特征

在购买活动的过程中,消费者意志品质不同,对其购买行为的影响也不同。通常,购买活动中消费者的意志品质具有以下特征:

1. 有一定的自觉性

意志和人的认识过程相联系,消费者意志的自觉性与其知识水平和认识能力密不可分。认知能力越强,自觉性就越高。这是因为意志过程有赖于认识过程,但又能推动认识过程。例如,有的消费者由于对某种商品缺乏深入的认识,因此,在购买时就犹豫不决,自觉性较差,易受暗示,轻信他人。相反,有的消费者通过意志的努力,克服了购买过程中对商品认识的不足,加深了对所购商品的认识,增强了自觉性,就不会轻易受到各种暗示的影响。

2. 有一定的自制性

消费者意志不仅表现在对购买行为的发动上,而且也表现在对不符合预定目的的购买行为的制止上,即抑制和阻止不合理的购买行为。例如,消费者想买一套住房,为了这个目标开始积蓄,在他把钱攒够之前,一般不会任意扩大其他消费支出而把这笔钱挪作他用。在消费者收入水平不高的情况下,消费者一般总是通过意志的努力,控制、调节和约束自己的消费行为。

3. 有一定的果断性

消费者能够根据自己的需要,迅速做出有效的购买决策,并立刻执行购买决策。果断性以行为的自觉性为前提,并要求具有敏捷、独立的思维能力。与果断性相反的意志品质是优柔寡断和武断冒失,这类消费者在选择、制订计划时,往往认识不清、动摇不定、难下决心；在执行计划时，缺乏信心、犹豫不决，从而失去良机。

4. 有一定的坚韧性

消费者制订了购买计划以后，努力排除内外干扰，克服各种困难去执行计划，不达目的不罢休。坚韧性反映出消费者的毅力，而缺乏毅力的消费者在购买活动中遇到挫折就会垂头丧气，甚至会中途停止购买活动。

(二)消费者意志过程的三个阶段

1. 做出购买决策阶段

这一阶段主要表现在购买动机的冲突、取舍及购买目的的确定上。例如，消费者在进行有目的的购买活动之前，已经确定了购买目标，但这个目标可能很具体，如对商品的样式、质量、价格等都有一个具体的模式，有时又可能不够具体，在众多的商品中，还要进行选择，比较商品的品牌、商标、价格、质量、包装、款式、厂家等特点，这些都是在做出购买决策阶段进行的。

2. 执行购买决策阶段

执行购买决策阶段是消费者购买商品时的实际行动阶段，是消费者根据既定的购买目标采取行动，把主观意识转化为实现购买目的的实际行动的阶段。意志坚定的消费者会以积极的行动去克服各种困难，从而完成购买活动。

3. 评价购买决策阶段

评价购买决策阶段属于消费者购买后的反省阶段。它表现在通过对所购商品的使用及旁人的评价来反省检验自己的购买行为是否明智，所购商品是否理想，并因此考虑是否重复购买或扩大购买，是鼓动别人购买还是劝阻别人购买。因此，在商品销售中，应重视顾客的购后感受，随时调整自己的销售策略，做好售后服务工作，使顾客做出满意的评价，并产生信任感从而扩大销售。

单元小结

消费者对商品的认识过程可以分为感性认识阶段和理性认识阶段。感性认识阶段主要包括感觉和知觉两种心理活动。理性认识阶段是消费者利用注意、记忆、想象、思维等心理活动进一步加深对商品的认识，对商品的认识上升到理性认识阶段，并最终完成对商品的认识过程。人的任何活动都带有感情色彩，它对人的行为有着积极或消极的作用。消费者的情感会对其购买行为产生很大的影响；消费者自觉地确定购买目的，并主动支配、调节其购买行为，努力克服各种困难，从而实现预定购买目的的心理活动，就是消费者的意志活动过程，它同认识过程、情感过程一样，是心理活动不可缺少的组成部分。

核心概念

感觉、知觉、注意、记忆、想象、思维、情绪和情感、心境、激情、应激、意志

模块二 应用分析

应用案例

拉尔夫·劳伦和他的服装世界

拉尔夫·劳伦是美国最成功的服装设计师之一,他有一种独特的处理问题的方式。当其他的设计师还在创造产品系列时,劳伦已最先开始设计生活格调,然后通过设计一系列的产品来反映这种格调。他创造了一个浪漫的世界,在那里,英俊、强健的一家人骑马狩猎,用木制球拍在草地上打网球,或是在狩猎途中为进餐而整装。他们穿着有饰章的宽松外衣(休闲装),软麻制作的长裤,在棕榈树海滩观看马球比赛。他们啜饮着法国上等白兰地,舒适地坐在营地小屋火炉旁的新地毯上。他带来了一个美国生活方式的梦想,并创造了一个拉尔夫·劳伦的世界,他比其他任何人都做得更好!

劳伦从很小的时候就开始留意服装。他22岁时,就去波士顿一家生产领带的工厂工作。他的第一个设计是用4英寸宽的领带来取代当时正流行的2.5英寸宽的窄领带。劳伦选择Polo(马球)作为他产品系列的名称,因为他觉察到这个世界正流行的生活方式是男人们穿着做工精细的古典服装进行优雅的体育运动,并谨慎地保持典雅的姿态。产品采用意大利丝绸面料,标价15美元(是当时典型价格的两倍)。他在1967年销售了500 000美元的产品,那是他的起点。

1968年,劳伦开始生产完整的男性系列产品,包括宽领衬衫和大翻领套装。他只使用最好的丝绸来创造"劳伦"形象——独特的、创新的,但同时又是古典和精细的。套装结合了常青藤联盟的看起来符合肩部自然曲线的造型和欧洲最讲究的顾客所用的昂贵的丝绸。衬衫是全棉的而且样式也很丰富。

几年后,劳伦针对新的细分市场又创造了一些产品系列。1971年,他推出一系列女性服装,表达了一种含蓄典雅的女性魅力形象。随后,他创造了Chaps男性服装系列,专为那些想以较低价格表现传统美国形象的企业经理设计。他为大学生和那些刚开始为自己准备职业装的年轻男性引入了Polo University Club系列运动服。1983年,他开发了家庭陈设品系列,包括床上用品、毛巾、地毯和墙纸。这个系列在1986年扩展到了家具。劳伦设计的所有家具都反映了一种生活方式,并通过在广告中显示完整而和谐的房间而

单元二　消费者的心理活动过程

推向市场。例如,新娘的服装都用乳白色的丝织品显示出浪漫情调,房间里采用了典雅美丽的白色亚麻织物、桃木雕刻的家具、编织的柳条等。另外,劳伦还生产了两种香水——Polo 针对男人,Lauren 针对女人。此外还销售了一系列手工制作的鞋、长筒靴和鹿皮鞋。

到 20 世纪 80 年代末,劳伦在服装界已经有了国际性的声誉,他的 Polo 服装销售到意大利、日本、加拿大、新加坡、马来西亚、韩国、巴拿马、墨西哥、德国、澳大利亚、比利时、巴西、乌拉圭、新西兰、卢森堡、斯堪的纳维亚半岛、瑞典、西班牙、英国、法国等国家和地区,他在全世界都有独立的商店或百货公司里销售流行服饰的铺面。但是他的新产品陈列室设在纽约。1987 年,劳伦将麦迪逊大街上的 Rhinelander 大厦完全改为"劳伦"生活方式的陈列室。他改造这栋五层楼的石灰建筑花了 1 400 万美元,并镶嵌搭配了手工雕刻的桃木门窗、东方地毯和精美古朴的家具。房间里陈列着衣服,以及马鞍、狩猎纪念品、高顶帽和桌球球杆,这个地方使人觉得更像是伦敦的某个俱乐部而不是一个零售商店。

劳伦设计的产品都反映了一种生活方式。他开始设计时就像做游戏似的去设想生活方式,包括描绘其特征和行为,人们在什么地方,如何生活,他们穿什么类型的服装,在这些丰富的想象的基础上,他的设计师进行服装和陈设的设计。

"我只是做我喜爱的事,"劳伦反复强调,"许多人有很好的品位,我则有很多的梦想"。为了梦想成真,他花了极大的心思用在广告和商店陈列上,几乎到了完美的境地。从家具到支架,每件东西都被精心地选择以产生一种非常特殊的视觉效果,每个广告和商店陈列品都使人产生一种情绪并唤醒一种生活方式。每个广告都邀请观众来分享并进入劳伦的梦幻世界。

在商店里,他在产品的周围放置了许多迷人的有创造力的饰物,他不会只陈列一件休闲衣或衬衫,而是同时还陈列一堆商品,如古代的抽烟管和镶嵌好的家庭相框,以此构成一幅完整的图画来使人产生创造某种生活方式的情绪。

通过在他的商店和广告中描绘这些情绪、梦想和奇妙的幻想,劳伦提供给消费者一个机会来分享他的梦想;通过购买他仔细装点的产品或许能获取新的身份。没有其他的美国设计师创造了如此广泛的产品、如此庞大的零售网络和如此精确定义的市场形象。到 20 世纪 90 年代初,劳伦的时装帝国的零售额达到了 15 亿美元,是 1981 年的 4 倍。

教学案例使用说明

【教学目标】

通过对本案例的分析,使学生能够完整地理解消费者心理活动的不同过程及其相互关系,并能够将其熟练地运用在具体的营销实践中。

【讨论问题】

1.消费者的认知系统对劳伦的广告和零售陈设可能产生何种认知反应?认知系统可能怎样解释这些反应?

2.消费者对劳伦和劳伦的产品有什么类型的认知,消费者对 Polo 品牌可能有什么样的需要?

3.消费者感觉和认知反应将如何影响他们的决策制定,对劳伦的成功又有何作用?

【本案例所涉及的理论和知识】

消费者心理活动的一般规律

消费者的认识过程、情感过程和意志过程三者之间的区别与联系

模块三　技能训练

实训任务:利用本单元所学知识,完成一篇分析报告。

【任务要求】

结合实际营销案例撰写一篇分析报告。题目自定,理论联系实际,不少于2 000字,制作PPT。

【完成任务的方法】

分组完成。

【完成任务所需的资料】

教材、网络资源。

【评价方法】

文字报告评审与PPT汇报演示相结合。

模块四　单元测试

【思考题】

1.举例说明感觉在营销活动中的作用。

2.从影响消费者知觉的因素入手,分析知觉在营销活动中的重要性。

3.营销活动如何才能引起消费者的注意?

4.如何利用消费者的记忆规律来指导具体的营销活动?

5.营销活动怎样才能激发消费者的想象?举例说明想象对消费者购买行为的影响。

6.营销活动中应注意从哪些方面调动消费者的积极情感?

【填空题】

1.消费者对商品的认识过程可以分为(　　)阶段和(　　)阶段。

2.感性认识阶段是消费者通过各种感官获得有关商品信息及其属性资料的过程,主要包括(　　)和(　　)两种心理活动。两者密不可分,统称为(　　)。

单元二　消费者的心理活动过程

3.理性认识阶段是消费者利用（　　）、（　　）、（　　）、（　　）等心理活动进一步加深对商品的认识，并最终完成对商品的认识过程。

4.人的任何活动都带有（　　）色彩，它对人的行为有着积极或消极的作用。消费者的（　　）会对其购买行为产生很大的影响。

5.消费者自觉地确定购买目的，并主动支配、调节其购买行为，努力克服各种困难，从而实现预定购买目的的心理活动，就是消费者的（　　）活动过程。它同（　　）过程、（　　）过程一样，是心理活动不可缺少的组成部分。

单元三

消费者个性心理与消费者行为

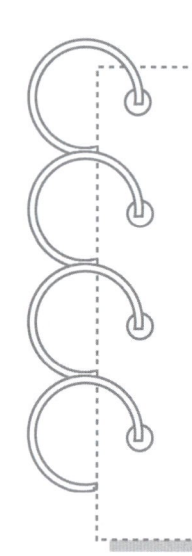

教学目标

1. 能清晰表述出个性心理结构的概念和组成要素
2. 能说出个性心理特征对消费者行为的影响
3. 能说出个性倾向性对消费者行为的影响
4. 能正确描述购买行为的特征与类型
5. 能熟练运用购买行为模式理论解释消费者购买行为的产生及其一般过程

素养目标

1. 培养学生求真务实,具有批判性思维
2. 培养学生具有敏锐的职业洞察力和消费心理心理分析能力

引 例

一位女士在一家服饰店试穿了一件香奈儿洋装后遗憾地表示,款式很漂亮,就是手臂上举时肩膀处有些紧绷。老板解释说,奢侈品并非人们传统概念中的功能性产品。他详细介绍说,这件大衣的制作是为经常出席正式场合,无须太多大幅度活动的特定人群设计的。它彰显的是一种身份与地位。因此并非任何场合、任何人都可以穿着,需要与人的生活状况紧密相连。许多时尚女士对路易威登女包十分推崇,有的甚至花上万余元购买,买后对其爱不释手,无论春夏秋冬都要背带。其实,这是步入了同一个误区,奢侈品不是功能性的四季产品。

单元三　消费者个性心理与消费者行为

> 香奈儿洋装、路易威登女包都是奢侈品，价格不菲，它不同于一般的成衣或女包，它定位于高端消费群体，强调个性化与装饰性，注重的是引导流行趋势，主要功能是显示一种社会地位、身份或经济实力，而非迎合大众需求。明白这一点，奢侈品才会成为一种愉悦身心的商品。

人的心理现象主要包括心理活动过程和个性心理两方面。心理活动过程中的认识、情感和意志体现的是人的心理活动的一般规律；个性心理则反映了人作为个体的差异。因此，研究消费者的心理现象，除了研究消费者心理活动过程外，还要研究其特殊的个性心理结构，把握消费者个性心理特征和消费者个性倾向性，这样才能更好地洞悉消费者的心理活动规律，正确认识消费者的购买行为。本单元主要分析消费者个性心理特征、消费者个性倾向性以及消费者购买行为。

微课：消费者的个性心理与消费者行为

模块一　基础知识

一、个性的相关概念

(一)个性

个性是指人在生活实践中经常表现出来的带有一定倾向性的各种心理特征（如气质、能力、性格、兴趣、爱好等）的总和。它是在人的生理素质的基础上，在一定社会历史条件下，通过社会实践活动，逐步形成和发展起来的。由于经历和生活道路的不同，每个人的个性又带有不同于他人的特点。个性一旦形成，就具有一定的稳定性。但在一定条件下，个性也是可以改变的。

(二)个性的组成

人的个性是由价值观、态度、性格、气质和能力等心理特征组成的。其中，性格、气质和能力等心理特征是个性的重要组成部分。这三个方面虽各有不同，但又是互相制约、彼此统一、密不可分的。性格更多地受社会生活条件的制约，气质则更多地体现神经系统基本特征的自然属性。从性格与能力的关系来看，能力的发展可以促进某些性格特点的形成，而性格特点又可能补偿能力的某些弱点。

(三)个性的特点

1. 整体性

个性是一个完整的结构,它应映的是人的整个心理面貌,人的个性倾向性和个性心理特征相互联系、相互影响,共同构成一个统一的整体结构。

2. 稳定性

个性表现为一个人对外界事物所采取的一定态度和行为方式,人的个性特征一旦形成就比较稳定,所谓"江山易改,本性难移"正是最好的说明。

3. 独特性

由于个体不可能完全相同,个体的差异性使得每一个人的个性心理特征和个性倾向性都表现出各自的独特性。

(四)个性心理结构

个性心理结构主要由个性倾向性与个性心理特征组成。个性倾向性是决定一个人对事物的态度和行为选择性的诱因系统。它主要包括需要、动机、兴趣、理想、信念和世界观等。个性倾向性是个性心理结构中最活跃的因素,是人的心理活动的动力系统。世界观在个性倾向性中属于最高层次,它决定着一个人总的心理倾向,对其他心理活动起着调节与制约的作用,可以提高个性的积极性与创造性。个性心理特征包括能力、气质、性格等,它在个性心理结构中是比较稳定的成分。

二、消费者个性心理特征

(一)消费者的能力

1. 能力的概念

能力是个性心理特征之一,通常指完成某种活动的本领,包括完成某种活动的具体方式,以及顺利地完成某种活动所必需的心理特征。例如,从事音乐活动,既需要掌握歌唱、演奏等具体活动方式,又需要形成曲调感、节奏感、音乐听觉表象等心理特征。从事绘画活动的具体方式是调色、运笔等,其所需要的心理特征是色调感、浓度感、线条感、形象感等。能力是在人的生理素质的基础上,经过后天的教育和培养,并在实践活动中形成和发展起来的。

2. 能力的分类

能力可分为一般能力和特殊能力。前者适用于较广的范围,是从事多种活动所需要的基本能力,如观察力、记忆力、思维力、想象力、操作力等。后者适用于较小的范围,是从事特殊领域活动所必须具备的能力,如绘画能力、音乐能力、教学能力等。能力是从知识转化而来的,反过来又可以获取更多的知识。

> **小链接**
>
> 有一个专家曾做过这样的试验：在同一卷地毯中割下四块相同的地毯样本，要求被测试者对四个样本的质量从低到高划分等级。每块地毯的样本前分别标有：高级商店、高价格；高级商店、低价格；低级商店、高价格；低级商店、低价格。结果发现，人们认为高价格地毯的样本质量比低价格样本要好得多。同样从高级商店中买的地毯样本比低级商店要好。
>
> 消费者是依据一定的标准来分析判断商品质量，从而确定商品价值大小的。消费者的评价能力是非常有限的，这种能力往往受其所掌握商品的信息与自我感觉影响。人们之所以认为高级商店的地毯样本比低级商店要好、高价格地毯的样本质量比低价格样本要好，是因为人们分析判断商品质量的标准是商品的销售地点及商品的价格，受其所掌握商品信息影响而得出的结论。

(二)消费者购买行为中所需要的能力

在购买活动中，消费者要能够顺利完成自己的购买行为，必须具备各种能力，主要包括感知和鉴别能力；分析评价能力；购买决策能力等。

1. 感知和鉴别能力

感知和鉴别能力是指消费者识别、了解和认识商品的能力，它和消费者的知识经验有密切关系。感知和鉴别能力强的消费者，对商品观察得比较仔细，能够迅速地注意到自己关心和需要的商品信息，在琳琅满目的商品中很快找到自己感兴趣和要购买的东西。反之，感知和鉴别能力差的消费者，对相关商品信息的反应比较迟缓，对商品的观察也比较粗略，不会从商品的各种属性和特点的联系上认识商品，更不知到哪里去寻找自己所需要的商品。例如，消费者在购买服装或布料时，需要以手的感觉能力摸一摸服装或布料的质地，即所谓手感如何；需要眼睛的视觉能力，观察服装或布料的颜色与自己原来记忆中所保留的或原先想象的颜色是否一致。不仅如此，还需要同其他服装或布料做一番比较，看哪一种款式、颜色更适合自己的需要；想象哪种款式、花色穿在自己身上更好看。这里就表现出消费者的感觉能力、记忆能力、想象能力、识别能力和鉴赏能力。

2. 分析评价能力

分析评价能力是指消费者对接收到的各种商品信息进行加工整理、分析综合、比较评价，进而对商品的优劣好坏做出准确判断的能力。它与消费者的思维能力和思维方式有密切关系。有的消费者思维的独立性、灵活性和抽象概括力很强，能够根据已有信息对传播源的可信度、他人行为及消费时尚、企业促销等手段的性质、商品的真伪优劣等做出客观的分析，在此基础上形成对商品本身全面的认识，对不同商品之间差异的深入比较，以及对现实环境和自身条件的综合权衡；有的消费者则缺乏综合分析能力，难以从众多信息中择取有用的信息，并迅速做出清晰、准确的评价判断。

3. 购买决策能力

购买决策能力是指消费者经过感知、鉴别、分析、评价以后,对是否购买做出决策的能力。它与消费者个人性格、气质和信心有密切的关系。不同消费者的购买决策能力具有很大差异。有的消费者能根据自己对商品的判断及时采取购买行动,而有的消费者在购买活动中常常表现出犹豫不决、优柔寡断,不能根据实际情况果断采取行动。

(三)消费者的气质

1. 气质的概念

气质是人典型的、稳定的个性心理特征,主要表现为人的心理活动动力方面的特点。它包括三个方面的内容:心理过程的速度和稳定性,如知觉快慢、思维是否灵活、对事物注意力集中时间的长短等;心理过程的强度,如情绪的强弱、意志努力的程度等;心理活动的指向性,例如,是倾向于外部事物,从外界获得新的印象,还是倾向于内部事物,经常体验自己的情绪,分析自己的思想和印象等。

2. 气质的类型

心理学家对气质这一心理特征进行了多方面研究,相继提出了各种气质学说,其中最具有代表性的是希波克拉底的体液学说和巴甫洛夫的高级神经活动类型学说。

(1)体液学说

公元前5世纪希腊著名医生希波克拉底在自己的临床实践中提出人体内有血液、黄胆汁、黑胆汁、黏液四种体液,这四种体液的比例不同,就会形成不同的气质类型。在体液的混合比例中,血液占优势的人属于多血质,黄胆汁占优势的人属于胆汁质,黏液占优势的人属于黏液质,而黑胆汁占优势的人属于抑郁质。这四种气质类型在行为方式上的典型表现是:

①多血质:典型特征是活泼、好动、反应迅速、兴趣广泛、注意力容易转移、情绪易起伏波动等。

②胆汁质:典型特征是直率、热情、精力旺盛、性情急躁、心境变化剧烈等。

③黏液质:典型特征是安静、稳重、反应缓慢、沉默寡言、善于忍耐、注意力稳定难以转移、情绪不易外露等。

④抑郁质:典型特征是孤僻、多疑、行动迟缓、感情体验深刻、善于觉察到他人不易觉察的细节、敏感等。

(2)高级神经活动类型学说

俄国生理学家巴甫洛夫认为,人的心理活动是以大脑两半球的皮层细胞活动为基础的,人的大脑两半球的皮层细胞活动有两个基本过程:兴奋与抑制。根据兴奋过程与抑制过程相互作用的强度、平衡性和灵活性等方面的不同特点,可以把人的高级神经系统活动分成四种类型,表现在人的行为方式上就是四种气质。

①兴奋型:容易兴奋而难于抑制。这种气质的人情绪发生快而强,易于激动,自制力差,言谈举止和表情神态都会有暴躁、狂热的表现。

②活泼型:兴奋和抑制基本平衡且灵活性强。这种气质的人行动敏捷,反应迅速,对环境的适应性较强,但浮躁、轻率。

③安静型:兴奋和抑制基本平衡但灵活性弱。这种气质的人反应比较迟缓,不易受周

单元三　消费者个性心理与消费者行为

围环境影响,惰性较大,坚毅而执拗。

④抑制型:兴奋与抑制都很弱。这种气质的人胆小又易伤感,心理承受能力差,言行谨小慎微,性格孤僻。

两种气质学说的对应关系见表3-1。

表3-1　　　　　　　　　　两种气质学说的对应关系

项目	神经系统的特征		神经系统的类型	气质类型
强	不平衡(兴奋占优势)		兴奋型	胆汁质
	平衡	灵活	活泼型	多血质
		不灵活	安静型	黏液质
弱	不平衡(抑制占优势)		抑制型	抑郁质

(3)不同气质的消费者及其购买行为特征

①多血质气质的消费者

a.富于联想,富于激情,容易受情绪的影响,购买行为情感色彩浓。

b.注重商品和服务的象征意义,商品外观、色彩、名称能引起丰富的想象和联想。

c.对广告、推销员介绍等营销刺激反应灵敏,接受快,兴趣转换也快。

d.表达能力较好,表情较丰富,而且善于交际,与推销员容易合作,对这类消费者施加影响比较容易。

②胆汁质气质的消费者

a.对广告、推销员介绍、他人推荐以及商品说明书的反应更迅速。

b.满意或不满意的情绪反应强烈。

c.好凭个人主观意志和兴趣办事。

d.易受商品广告宣传、商品外观、品牌、社会时尚以及他人劝说的影响而即兴购买。

e.消费行为赶时髦,讲奇特,求新颖。

f.语言直率,情绪热烈,脾气倔强、兴奋性高;不易改变其购买动机或评价观点。

③黏液质气质的消费者

a.比较冷静慎重,能够理智分析并做出购买决策。

b.对外界刺激反应缓慢,沉着冷静,不易受外界干扰和影响。

c.倾向于选购自己熟悉、信任的商品。

d.心理状态不易外露。

e.不利于推销员适时地加以引导。

④抑郁质气质的消费者

a.对广告、推销员的介绍乃至商品本身反应迟钝,营销刺激度要相当强才能被这类消费者感受到。

b.遇事多心,对推销员的推荐介绍心怀戒备,买后还会疑心是否上当受骗。

c.情绪低沉、腼腆怯懦、不善交际,感情往往含而不露。

d.不利于推销员的接待工作。

看电影迟到的人

某心理学家以一个人去电影院看电影迟到为例,对人的几种典型的气质做了说明。假如电影已经放映了,门卫又不让迟到的人进去,不同气质类型的人会有不同的表现:

1. 第一种人匆匆赶来之后,对门卫十分热情,又是问好又是感谢,急中生智会想出许多令人同情的理由,如果门卫坚持不让他进门,他也会笑哈哈地离开。

2. 第二种人赶来之后,对于自己的迟到带着怒气,想要进去看电影的心情十分迫切,向门卫解释迟到的原因时,让人感到有些生硬,如果门卫坚持不让他进门,也会带着怒气而去。

3. 第三种人来了之后,犹犹豫豫地想进去又怕门卫不让,微笑着向门卫解释迟到的原因,好像不在乎这电影早看一会儿或迟看一会儿,门卫一定不让他进去的话,会很平静地走开。

4. 第四种人迟到的时候,首先可能看一看迟到的人能不能进去,如果看到别人能够进去,也跟进去,如果门卫不让他进,也不愿意解释迟到的原因,默默地走开,最多只是责怪自己为什么不早一点来。

(四)消费者的性格

1. 性格的概念

性格是指人对客观现实的稳固的态度,以及与之相适应的习惯化的行为方式,它是人的个性中最重要、最显著的心理特征,是个体本质属性的独特组合,也是一个人区别于其他人的具体表现。例如,对于工作,有的人勤勤恳恳,有的人敷衍了事;对他人,有的热情、慷慨,有的冷淡、吝啬,有的谦逊,有的高傲。由此可以区别人群中不同的个体。

2. 性格的特征

性格的特征是指构成性格统一整体中的各个方面的特点。人的性格是在气质的基础上经过长期塑造而形成的。性格一旦形成,就相对稳定。但随着环境的变化,性格也是可以改变的,特别是处于形成中的性格,具有较大的可塑性,这就为教育提供了良好的条件。性格的基本特征包括以下四个方面:

(1)性格的社会特征

性格的社会特征指人对现实的个性倾向,即如何处理社会各方面关系的性格特征。如有的人热爱集体,有的人自私自利。

(2)性格的意志特征

性格的意志特征指人对其行为进行调节的性格特征。它表现为是否有明确的行为目的,能否坚持自己的信念,能否自觉控制自己的行为。如有的人有自觉性,有的人无自觉性。

(3)性格的情绪特征

性格的情绪特征指人的情绪活动对其他活动的影响,以及人对其情绪活动进行控制的性格特征。它通常表现在情绪活动的强度、稳定性、持久性和主导心境四个方面。如有的人乐观,有的人悲观。

(4)性格的理智特征

性格的理智特征指人在认识过程中的性格特征。它一般表现在感知、记忆、思维和想象四个方面。如在感知方面,有的人主动观察,有的人被动感知;在想象方面,有的人喜欢形象思维,有的人喜欢逻辑思维等。

3. 不同性格的消费者及其购买行为特征

(1)按理智、情绪、意志三种心理机能划分

按理智、情绪、意志三种心理机能划分,消费者分为理智型消费者、情绪型消费者、意志型消费者三类。

①理智型消费者。购买活动中善于权衡利弊得失,用理智衡量一切和支配自己的行为。

②情绪型消费者。言谈举止受情绪左右,易受外界诱因的影响,易产生冲动性购买行为。

③意志型消费者。购买目标明确,能独立决策,不易受广告宣传和他人的影响。

(2)按个体心理活动的倾向性划分

按个体心理活动的倾向性划分,消费者分为外向型消费者和内向型消费者两类。

①外向型消费者。开朗、外露、善于交际,购买活动中易受周围环境、其他顾客和营业员态度等因素的影响。

②内向型消费者。沉静、内向,在购买活动中往往要反复权衡利弊后才做出是否购买的决策。

(3)按个体独立性划分

按个体独立性划分,消费者分为独立型消费者和顺从型消费者两类。

①独立型消费者。能独立做出判断和选择,不易受周围环境的影响,他们往往是家庭购买决策的关键人物。

②顺从型消费者。缺乏个人主见和独立决策能力,购买时犹豫不决。

(4)按消费态度划分

按消费态度划分,消费者分为节俭型消费者、自由型消费者、保守型消费者、怪僻型消费者、顺应型消费者五类。

①节俭型消费者。崇尚勤俭节约,选择商品的标准是实用,注重商品质量,对商品价格比较敏感,对商品的外观造型、色彩等不太在意。

②自由型消费者。消费态度比较随便,选择商品的标准常常变化,联想丰富。

③保守型消费者。消费态度严谨、固执,生活方式刻板,喜欢遵循传统消费习惯,对新产品持怀疑态度,推崇传统商品。

④怪僻型消费者。消费态度傲慢,有与常人不同的特殊思维方式和行为方式,选购商品时不愿听别人的意见和建议,自尊心强而敏感,消费情绪不稳定。

⑤顺应型消费者。消费态度随和,生活方式大众化,购买行为受所在群体和家庭影响较大,倾向于与同类消费者群体保持一致的消费水平。

三、消费者个性倾向性

就消费者而言,其个性倾向性主要表现在生活理想、信念、价值观,以及消费需要、购买动机、兴趣等方面,它们共同构成了消费者行为选择的诱因系统。消费者个体以一定的理想、信念和价值观为基础,萌发各种不同的需要,产生一定的购买动机,从而引起各种各样的购买行为。因此,研究消费者个性倾向性,有助于把握消费者的购买行为,可以为各种营销策略的制定提供心理依据。

(一)消费者的需要

1. 需要的概念

需要是指维持个体生存、延续种族和参加社会生活的客观条件在人脑中的反映,以及由此而产生的欲求状态。需要通常以意向、愿望和动机的形式表现出来。模糊地意识到的需要叫意向;明确地意识到并想实现的需要叫愿望;当愿望激起和维持人的活动时,这种需要才成为活动的动机。在西方关于人的需要有许多理论,其中美国心理学家马斯洛创立的一种研究人的需要结构的理论,即需要层次论,被普遍认为是对需要问题最全面的揭示。马斯洛认为需要是人的一种主观意识,是人们为了维持、延续其生命和存在,对各种事物产生的欲求。其理论构成依据三个基本假设条件:

(1)人要生存,人的需要能影响人的行为,只有未满足的需要才能影响人的行为。

(2)人的需要按重要性和层次排成一定的次序,从基本的到复杂的。

(3)当人们的某一级需要得到最低满足后,才会追求高一级的需要,如此逐级上升,成为推动人继续努力的内在动力。

在上述基础上,马斯洛提出需要的五个层次。马斯洛的需要层次论如图3-1所示。

(1)生理需要

生理需要指对维持人体生命必要条件的愿望和要求,这是人最原始、最基本的需要,它包括人的吃、穿、住等方面。如果这种需要得不到满足,人就不能生存下去。因此,它是支配人们行动的最强大的动力。只有生理需要得到满足以后,人们的注意力才会集中到高层次的需要上去。

图 3-1　马斯洛的需要层次论

(2) 安全需要

安全需要是指秩序和稳定的欲望或企求。在生理需要得到满足后,安全需要便成为人们行为背后的主要驱动力量。马斯洛的安全需要所包括的不只是肉体上的安全,也包括心理上的安全。例如,稳定性、熟悉性、可预测性以及可控制性等都是相当重要的心理上的安全需要。从整个社会来看,很多社会上的机制、措施和制度都和安全需要相关。

(3) 社会需要

社会需要指对社会交往、友爱和被团体接纳的欲望或要求。人是社会性动物,人作为个体在社会上都不是孤立存在和生活的,人与人之间是相互联系和依赖的,通过相互交往,就会彼此了解,建立情感,增进友谊,并从中得到满足。社会需要得不到满足,就可能影响到人的精神状态,人们会觉得"孤独",进而感觉沮丧。

(4) 受到尊重的需要

受到尊重的需要指对名声、威望、赞赏的欲求。人都有一种自尊心和自豪感,当人们的社会需要获得满足后,他们便会开始去寻求受到尊重需要的满足。

(5) 自我实现的需要

在马斯洛的需要层次中,最高层次的需要是自我实现的需要。自我实现的需要是指一个人希望能完全发挥其潜力的需要,如我们常说一个人很有使命感,其实本意说的便是他对自我实现的需要的追求。

2. 需要的特性

(1) 对象性

任何需要都有自己的对象。需要总是对某种物质的需要,不存在没有对象的需要。

(2) 周期性

需要及其满足并不是一次性完成的,而往往是周期性的产生和满足,是原来需要及其满足的自身的重复,如吃、喝、运动、睡眠等。

(3) 发展性

人的需要,就其内容和满足方式来说,并不总是停留在一种水平上,而是不断发展的。这种发展受社会历史条件的制约,随着社会历史的发展,人的一些旧的需要可能消失了,而新的需要又产生了。

3. 消费需要与消费需求的辨析

需要与需求是两个既相互联系又相互区别的概念。需要是指没有得到某些基本满足的感受状态，反映人们对某种目标的渴望或欲求，是一个心理学概念；需求是指对有能力购买并且愿意购买某个具体产品的欲望。与企业市场营销密切相关的是消费者的需求。消费需求除了具有需要的对象性、周期性、发展性等特性以外，现实生活中的消费需求还表现出以下特征：

(1) 多样性

多样性表现为不同消费者的需求各不相同，同一消费者对某一特定消费对象也常常会有多方面的要求，如质量、性能、价格、外观等。多样性是现代社会消费者需求的基本特征，其根本原因在于消费者的个体差异。例如，由于收入水平、文化程度、职业、性格、年龄、民族和生活习惯不同，消费者会有多种多样的爱好和兴趣，对商品和服务自然会产生需求差异，表现为消费者需求的多样性。消费者需求的多样性决定了市场的差异性，为企业进行市场细分和选择目标市场提供了依据。

(2) 伸缩性

消费需求易受消费者本身需求欲望的特性、程度和货币支付能力以及商品的供应、价格、广告宣传、销售服务和他人经验的影响，而使需求具有较大的弹性，即这类需求常常表现为可有可无、或多或少。特别是中高档商品和耐用消费品，需求变化大，选择性强。

影响需求伸缩性的因素主要有以下几个方面：

①货币收入水平。收入越多，需求越大。

②储蓄利率。利率高低直接影响消费需求的欲望。利率高会减少现实的消费需求，利率低则会增加现实的消费需求。

③商品使用价值的可替代性与必需性。凡是属于必需品和不可替代的商品，其需求弹性就小。

④价格。消费需求会随价格的变动而呈反比例变化，即价格上涨，需求减少；价格下跌，需求上升。

(3) 时代性

消费需求的时代性是指由于社会发展中的某些因素引起消费观念和消费行为的重大变化，从而产生对某些消费品需求的骤升或骤减的倾向。影响消费需求时代性的因素有以下几个方面：

①生活方式的现代化引起消费方式的现代化。

②政治环境的改变会引起某种商品的热销或淘汰。

③国内外市场环境的影响以及电视、报刊介绍和媒体的宣传等。

(4) 季节性

消费需求的季节性，即随四季气候变化而发生的需求的周期性变化。引起消费需求周期性变化的因素有以下几个方面：

①因季节气候变化引起人们产生生理方面的需求。例如，冬天要穿棉衣，夏天要喝冷

饮等。

②因季节变化引起集中需求。例如,南方地区在立秋前为西瓜盛产期,也是消费集中期。

③因风俗习惯引起的集中消费需求。例如,元宵节吃元宵、中秋节吃月饼、端午节吃粽子等。

(5)联系性和替代性

消费需求具有比较明确的指向性,即消费者需求的是具体的商品或服务。由于科学技术和生产水平不断发展,满足某项具体需求的手段是多样的。在市场上往往表现为不同的商品可以满足同一种需求,这些商品可以互相替代。例如,消费者购买空调取代电扇;或者需要同时消费几种商品才能满足同一种需求,这些商品互相联系。又如,购买电脑附带选购光盘、鼠标等一些配套产品。经营这些有联系的互补性商品,不仅给消费者带来方便,还能增加商品的销售额。

(6)可引导性

消费需求是可以引导和调节的。通过引导可以使消费需求发生变化和转移,潜在的欲望会变为现实的行动,未来的消费也可以成为即期消费。例如,由于新产品的问世或广告宣传的影响,人们会由不准备购买或不准备现在购买变为具有强烈的购买冲动。

(二)消费者的购买动机

1. 动机的概念

动机是指引起和维持个体行为,并使之朝一定目标和方向前进的内在心理动力。动机推动着人们去从事某种活动,达到某种目标,是人们行为的驱动力。动机是在需要的基础上产生的。动机的形成离不开以下两个前提:

(1)未满足的需要

当个体缺乏某种东西并被意识到后,就会产生紧张不安的感觉,为了消除这种紧张状态,人们就会采取行动,寻找可以满足需要的目标。例如,当人的血糖下降到临界点以下时,人就会感到饥饿,从而引起身体的紧张,正是这种饥饿感推动个体去寻找食物,这就是动机的形成过程。当一种需要得到了满足,其动机过程也随即告终。之后,新的需要又会产生,又会推动个体去行动。如此循环往复,不断驱动人的活动。动机产生的过程如图3-2所示。

(2)具有满足需要的目标和诱因

当未满足的需要强化到一定程度,在客观上又有满足的目标或诱因条件出现时,需要才能转化为动机,成为个体活动的驱动力。一般来说,个体主观的需要是动机形成的内因,外界的各种诱因和刺激是动机形成的外因。

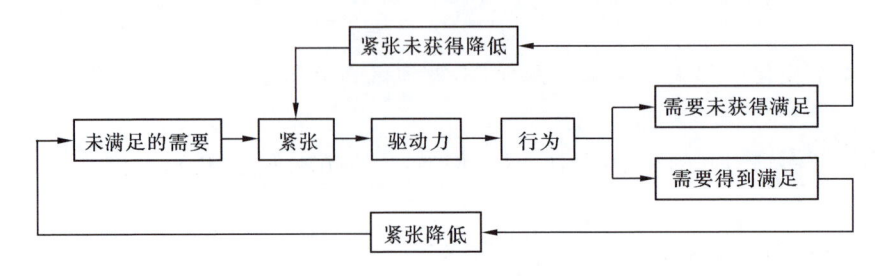

图 3-2 动机产生的过程

> **小链接**
>
> 一个人动机的唤起主要是受内部刺激和外部刺激共同的影响。常见的内部刺激包括生理上的唤起、情绪的唤起、认知的唤起等；外部刺激主要是指环境的唤起。
>
> ①生理上的唤起。大部分生理上的唤起是非自愿性的，往往它们是来自生理上的变化。例如，因为长时间保持一种体态而引起的肌体不适感，或是体温下降而感受到的寒冷。这种生理上的变化会引发令人不舒服的紧张。在营销上，我们往往发现电视广告经常透过令人垂涎的美食画面来引发消费者生理上的唤起。例如，可口可乐常利用沾满水珠的可口可乐瓶子来引发消费者对于清凉的追求，从而引发消费者生理上的口渴感觉，因而强化其想要饮用可口可乐的欲望。
>
> ②情绪的唤起。利用人们的想象来引发情绪的唤起，而促使人们采用某些行为来降低其令人不舒服的紧张。例如，化妆品中的香水便常勾起一个人的想象空间，因而使人们处在一种强烈想要实现该种想象的情绪当中，进而采取达成该目标的行为。
>
> ③认知的唤起。有时一些不经意的念头也可能会促使一个人在认知上感受到该种需要的存在。例如，在母亲节时，厂商营销人员可以透过母亲形象的提醒，来唤起一个人在认知上的送礼需要，以传达其对母亲的孝意和感念。另外，在新车上市时，营销人员也可透过新车性能的展示，来引发消费者认知的唤起，以促进消费者换车的念头。
>
> ④环境的唤起。人们有些潜伏的需要是被外界环境的刺激所引发的，这便是一种环境的唤起。例如，在傍晚时刻，走过面包店被店内传出的面包香味所刺激而引发的饥饿感便是一种环境的唤起，此外，同事身上所穿的漂亮服饰也会引发我们的购买欲望。

2. 动机的特征

(1)动机的主观性

动机是一种心理状态，当人们对某种事物产生动机时，往往伴随着心理紧张性。这种紧张性推动着人们去寻找满足需要的目标。

(2)动机的内隐性

由于动机是一种主观状态，所以它往往是隐藏的，不易外露显示。

(3)动机的实践性

由于动机推动着人的行为，因此动机无论隐藏多深，人们总是可以根据行为追溯到真正的动机。

3. 动机的作用

动机具有两方面的作用：一是推动性，个人怀有某种动机之后，能对其行为发生推动作用,表现为行为的发动、加强、维持、终止;二是选择性,具有某种动机的个人,其行为总是指向某一目的而忽视其他方面,使其行为具有明显的选择性。

4. 动机与行为的关系

首先,动机与行为的关系表现在动机的强度上。动机的强度是指动机对行为作用程度的大小或强弱。一个人可能同时存在着多种动机,每一种动机对人的行为作用的大小是不一样的。有的动机比较强烈而稳定,而另一些动机则比较微弱而不稳定。前者为优势动机或主导性动机,后者为辅助性动机或非主导性动机。一般而言,人的行为都是由其主导性动机支配的。其次,同一种动机对不同的人或同一个人在不同时期所起的作用的大小也是不相同的;同一种动机可以产生不同的行为,而相同的行为可能又是由不同的动机所引起的。最后,导致某一行为背后的动机往往并不是单一的,而是混合的、复杂的,有时甚至是矛盾的。

5. 消费者购买动机的分类

正确把握消费者的购买行为是开展营销活动的前提,而消费者的购买行为是由其购买动机决定的。购买动机是被消费者意识到的需要,这种需要一旦转化为动机,将直接驱使消费者进行购买。

(1) 从"需要"角度分析

① 生存购买动机

生存购买动机是由生存需要激发的购买动机。为了维持和延续生命,人们必须满足自身生理机体的一系列需要,由这些方面的需要而激发起来的购买动机属于生存购买动机,是消费者最本能的动机。这些动机都是建立在生理需要基础上的,具有经常性、重复性和习惯性的特点。

② 享受购买动机

享受购买动机是由享受需要而激发的购买动机。人们在有生存保障的生活条件下会产生进一步的要求,即享受的需要。例如,吃不仅仅是为了填饱肚子,而且要求色、香、味俱全;穿不仅要御寒蔽体,而且要得体漂亮;居者不仅"有"其屋,而且还要"优"其屋等。

③ 发展购买动机

发展购买动机是由发展需要激发的购买动机。人的发展需要包括智力发展需要和体力发展需要两方面。为了满足智力发展需要,人们产生购买书籍、接受培训的动机;为了锻炼身体以增强体质,满足体力发展需要,人们产生购买体育器材、参加体育运动的动机等。

(2) 从"心理"角度分析

① 理智购买动机

理智购买动机是建立在对商品或服务的客观认识基础上,经过分析、比较和深思熟虑之后而产生的购买动机。在这种动机驱使下,消费者在购买商品之前,往往对商品的性能、特点了解得很清楚,经过一番比较和挑选,注重商品的质量,讲求实用实惠,要求价格公道、使用方便、设计科学以及效率高等。购买时一般不受环境气氛影响,而是受理智控制。

② 感情购买动机

a. 情绪购买动机

情绪购买动机是由人的喜、怒、哀、欲、爱、恶、惧等情绪引起的购买动机。例如,小朋友见到漂亮的布娃娃,产生喜欢的情绪,吵着要求妈妈买下;某消费者步入宽敞明亮、整洁清雅的营业大厅,顿时心旷神怡,对该商店的管理产生满意情绪,于是不免产生购买欲望等。凡是由于喜欢、满意、好奇、好胜、嫉妒等引起的购买动机都属于这一类。由这类购买动机引起的购买行为特点,一般具有冲动性、即发性和不稳定性。

b. 情感购买动机

情感购买动机是由道德感、群体感、美感等人类高级情感引起的购买动机。例如,出于友谊,购买了馈赠礼品;为了显示社会地位和身份,不惜重金买下某种稀有贵重物品;因同情灾区人民,产生购买衣物食品以救援灾区人民的动机;因售货员的热情接待、反复介绍,深感不买则对不住售货员的一番好意,于是产生了购买动机等。凡是为了正义、事业、荣誉等引起的购买动机都属于这一类。

> **小案例**
>
> 美国麦尔·休·高浦勒斯制鞋公司经过市场了解,发现美国市场人们购买鞋子的目光已不仅仅停留在"质优价廉"上,更多的是需求能体现和寄托消费者自我情绪的个性、情感型产品。于是,该公司设计师便发挥想象力,设计能激发人们购买欲望、引起感情共鸣的鞋子,并有意赋予鞋子以不同个性的情感色彩,如"男性情感""女性情感""优雅感""野性感""轻盈感""年轻感"等。此外,他们还"费尽心机"地给鞋起了一个个稀奇古怪的名字,如"笑""哭""愤怒""爱情"等,充分满足消费者的情感需求,同时该公司也创造了巨额利润。

③惠顾购买动机

当消费者的理智购买动机和感情购买动机结合在一起时,就会产生惠顾购买动机。惠顾购买动机是基于感情和理智的经验,对特定的商店、商品或服务产生特殊的信任和爱好,使消费者重复地、习惯地前往购买的一种动机。这种动机的产生,或是因为某商店地处交通便利之处、服务周到、秩序良好,或是因为某商店商品品种齐全、价格公道,或是因为出售的商品质量优良、独具特色等。消费者一旦产生惠顾购买动机,即成了某商店或某品牌商品的忠实购买者。

6. 消费者购买动机的诱导

在实际的购买过程中,消费者的购买行为大都是在各种各样的购买动机共同驱使下进行的,是各种有意识和无意识动机总和的结果。消费者的购买动机有时候明显,如为了满足物质上的需要;有时候却隐晦,如为了满足某种精神方面的需要。营销人员可以运用各种方法向消费者提供商品信息资料进行说明,使消费者的购买动机得到强化,对该商品产生喜欢的倾向,进而采取购买行为。

(1)证明性诱导

证明性诱导具体包括实证诱导、证据诱导和论证诱导。实证诱导就是在购物现场向消费者提供实物的证明方法,如现场展览、示范、表演、试用、品尝等。证据诱导是指向消费者提供间接使用效果证据,如用户反映、权威报道、专利证书、质量合格证等。论证诱导就是以口语化的理论说明促进信任的方法,其说明需要有论据、有启发性、通俗易懂、有说服力。

(2)建议性诱导

建议性诱导是指在一次诱导成功后,不失时机地向消费者提出购买建议,达到扩大销售的目的。提出购买建议的时机有:消费者目光转向其他商品时;消费者询问某种商品是否有售时;消费者提出已购商品的使用、维修问题时。建议性诱导的内容有:建议购买高档次商品;建议购买替代商品;建议购买关联商品;建议购买大包装的所需商品;建议购买新商品。

(3)转化性诱导

面对证明性诱导和建议性诱导,消费者可能会提出问题,甚至针锋相对,使买卖陷入僵局,此时就需要转化性诱导以缓和气氛,重新引起消费者的兴趣,使无望的购买成为可能。常见的转化性诱导方法有先肯定再陈述法、询问法、转移法、拖延法等。

(三)消费者的兴趣

1. 兴趣的概念

兴趣是指人们力求接触、认识某种事物的意识倾向,它在认识过程中有稳定的指向或趋向,并能持续较长的时间。当一个人经常主动地认识某种事物,并以全部精力去观察、研究它的时候,就反映出这个人对某种事物带有稳定的指向、趋向,从而构成了对事物的兴趣。

2. 兴趣的特征

(1)倾向性

倾向性是指人们的兴趣总是指向某种客观事物,有具体内容和对象。例如,消费者穿衣戴帽各有所好,口味上有南甜北咸、东辣西酸之说。还有些人对体育运动有浓厚的兴趣,有些人对花草植物有着强烈的兴趣等。

(2)差别性

差别性是指人们兴趣倾向范围有大小、对象、内容的区别。例如,有的人爱好广泛,文学、美术、音乐、体育都有涉足;有的人则兴趣单一,如只对体育感兴趣,或只对体育中的棋类感兴趣,或只对棋类中的中国象棋感兴趣等。

(3)稳定性

稳定性是指兴趣在个体上持续时间的长短。有些人对某些事物的兴趣经久不衰,一辈子喜欢某种事物;有些人对某些事物的兴趣变化无常,指向对象经常改变,一会儿喜欢垂钓,一会儿喜欢打猎,一会儿喜欢种花养鸟。

(4)效能性

效能性是指兴趣对个体实际活动所能达到的效能的大小。兴趣在人们身上被激发后,所起的作用因人而异。有些人的兴趣很容易被付诸行动,越做越有兴趣;有的人则只说不练,兴趣慢慢消退。

3. 兴趣对消费者购买行为的影响

(1) 兴趣有助于消费者为未来的购买活动做准备

消费者如果从生理上或心理上对某种商品产生兴趣,往往会随时随地注意收集和积累有关这类商品的资料和知识,从而为未来的购买活动打下基础。例如,消费者想买打印机,在这种兴趣的吸引下,会注意打听了解针式打印机、喷墨打印机、激光打印机的优缺点及功能、价格、维修、使用成本、兼容性、规格等方面的信息,进而采取购买行动。

(2) 兴趣有助于消费者做出购买决策

消费者在购买其感兴趣的商品时,情绪高涨,精神愉快,注意力集中,态度积极,能够缩短决策和挑选过程,促进购买行为的完成。

(3) 兴趣有助于消费者重复购买某种商品

兴趣可以刺激消费者对某种商品重复购买或长期使用。因为,消费者由于对某种商品产生持久的兴趣,会形成一种偏好。这种特殊的偏好,往往促使他在长期的生活中习惯地使用某种商品,而形成重复性、长期性的购买。例如,使用化妆品的女士,往往由于化妆效果、品牌知名度、价格等因素的影响,而总购买某种品牌的化妆品,轻易不换品牌。

(4) 兴趣有助于诱导消费者消费的多样化

在购买活动中,由于消费者的兴趣指向的对象,以及兴趣的广度与深度不同,消费者对商品的造型、式样、颜色、用途等方面的爱好、追求的强度与持久性也有所不同。例如,有的消费者由于情感作用于兴趣的结果,对商品常常是受其某种因素吸引,产生短暂的兴趣而极力追求,但一般都较快地消失或转移;有的消费者由于意志作用于兴趣,对某些适合其创造性活动或有研究目标的商品有着极大的偏好,形成较浓厚的兴趣,往往能持久地影响其购买倾向。

四、消费者购买行为

(一) 行为的基本概念

1. 行为

行为通常是指人们日常生活中所表现出来的一系列举止、动作。它包括人的欲望、动机、意志、态度和感情在行为上的表现。它的基本单元是动作,可以说人们在日常生活中所表现的一切动作统称为行为。一般情况下,人的行为总是有原因、有目的的,是在一定动机支配下进行的。但有时也会有不知行为目的的情况,此时这种行为目标具有潜意识性。

2. 行为的分类

(1) 目标行为。目标行为指能直接满足需要的行为,如人饿了需要吃饭,食物是目标,吃是目标行为。

(2) 目标导向行为。目标导向行为指为了达到既定目标所表现出来的行为,如买菜、做饭等。

(3)间接行为。间接行为指与当前目标暂时无关,而为将来满足需要作准备的行为。

3. 行为规律

行为规律是指影响和决定人的各种外在活动的基本要素及其相互关系。心理学认为,需要引起动机,动机支配行为,行为指向目标。当人的行为达到目标时,人的需要便得到满足,人的行为的原因也随之消失。于是,又产生新的需要、动机,将人的行为引向新的目标。所以,需要、动机、目标是影响和决定人的行为的基本要素。此外,客观环境也是影响人的行为的一个重要因素,它在需要的形成和实现过程中起着重要的作用。了解和掌握人的行为规律,可以因势利导,更好地运用各种刺激因素和措施对人的行为加以引导和控制。

(二)消费者购买行为的特征

1. 受购买动机驱使

消费者购买行为是消费者为了达成某一特定购买目标所产生的行为,是一种为了达到购买目标而采取的手段。其购买行为背后有一定的购买动机存在。需要注意的是,消费者购买动机,并不是浅显易见的,很多消费者的目的或动机往往是隐藏不露的。

> **小案例**
>
> **"古色古香,我喜欢"**
>
> 在一次演讲盛会中,与会妇女有两间休息室可供选择。其中一间是舒适方便的现代化套房,色调柔和,给人静谧、休闲的感觉。另一间是古朴典雅的装饰,陈列着古色古香的家具,东方色彩的地毯和昂贵的壁纸。几乎所有的与会妇女,都不由自主地往现代化设备的房间走去,直到座无虚席之后,后来的人只好到另一间去等候。
>
> "两个房间之中,你喜欢哪间?"主持人问与会妇女。大家经过端详、比较之后,有84%的人表示喜欢那间古色古香的房间。果真如此吗?其实当她们走进那间现代化套房时,她们的喜好已经一目了然。但为什么又如此回答呢?这是因为,人们在接受调查时,为了给对方留下一个良好的印象,往往隐瞒真正的喜好,而以合理的、有条理、有组织的方式回答,与会妇女的回答正是如此。若信以为真,就上当了。
>
> 消费者购买行为的背后也并不是只有一个动机,经常会有一个以上的动机同时运作,对某一购买行为而言,其往往是多种动机混合作用的结果。消费者购买行为具有高度的复杂性,要了解消费者购买行为就必须通过对消费者探究来找出消费者背后的真正动机。

2. 包含许多活动

消费者购买行为基本上可以分为购前、购中、购后三个阶段。消费者购买行为的每一个阶段都包含许多活动。例如,购前的搜集信息、分析评价活动;购中的挑选、试用、询问活动;购后的使用、感受、评价活动等。

3. 有一定的步骤

消费者购买行为包含许多活动,各项活动可以分为一定的步骤来按部就班地进行。例如,消费者购买行为的购前、购中和购后三个阶段要依次展开,而每一个阶段也都包含一连串有次序的活动。

4. 具有共性与个性

消费者购买行为所具有的一种相似的程序和步骤,决定了消费者购买行为具有某种共性。但是在消费者购买行为的决策过程和执行过程中,不同的消费者会有较大的差异,因此,消费者购买行为各具特色。营销人员可以从不同的角度对其进行分类,以利于更全面地认识和掌握消费者的购买行为。

5. 包含不同的角色

消费者在整个购买行为过程中,不是仅仅扮演一种角色,他可能在不同的阶段分别扮演不同的角色。例如,有学者将消费者角色分为提议者、影响者、决策者、购买者、使用者五种角色;也有学者将其简单地分为影响者、购买者、使用者三种角色。有些时候购买过程只涉及一个消费者,但在另外一些时候,会有多人参与,每个人起不同的作用,可能扮演不同的角色。

> **小案例**
>
> 王老师家买电脑,在购买行为中有不同的参与者:
>
> 第一个提议者是他的孩子,所以王老师的孩子是发起者。发起者是首先想到、提议购买某种商品的人。
>
> 他的妻子支持孩子买电脑的建议,所以王老师的妻子是影响者。影响者是观点和建议对购买决策有一定影响力的人。妻子的意见对最终决策当然会产生积极的影响。
>
> 王老师通常对高档商品的购买说了算,所以王老师是决策者。
>
> 决策者是决定是否买、何时买、何处买、买何种品牌的人。在家庭中,决策者一般为男性家长。
>
> 除王老师夫妇二人之外,还有一位懂电脑的朋友,一起去电脑一条街选购,所以他们都是购买者。购买者是实际购买产品的人。
>
> 买回电脑后,主要是王老师自己使用,所以王老师是使用者。使用者是买回后实际使用产品的人。
>
> 以上五种角色中,企业最关心决策者是谁。企业的一切营销措施,应主要指向购买决策者,才容易收到事半功倍之效。

6. 受内、外在力量的影响

消费者购买行为会受到内、外在力量的影响。内在力量是指消费者内部的心理机制和力量,包括知觉、学习、态度、动机、人格特性、价值等;外在力量是指消费者外部的环境和人际互动的力量,包括文化、亚文化、社会阶层、相关群体、家庭等。

(三)消费者购买行为的类型

1. 按消费者购买目标的选定程度划分

按消费者购买目标的选定程度划分,消费者分为以下三种类型:

(1)确定型

消费者在进入销售现场之前,已有非常明确的购买目标,对所要购买商品的种类、品牌、质量、型号、价格等都有明确的要求,一旦商品合意,就毫不犹豫地买下商品,这一购买行为的整个过程都是在非常明确的购买目标指引下完成的。如前面提到的王老师买电脑,不仅动机明确,而且目标具体。

(2)半确定型

消费者在进入销售现场之前,已有一个大致的购买目标,但具体要求还不甚明确,最后购买决定是经过选择比较而做出的。例如,一位顾客要买电冰箱,但选择什么品牌、型号、式样、功能等均不确定,他需要对同类商品进行了解、比较,实现购买目标需要经过较长时间的考虑、评定。

(3)不确定型

消费者在进入销售现场之前,没有明确的购买目标。来到商店主要是参观、休闲,一般只是随意浏览商品,对感兴趣的商品可能会产生购买动机。

2. 按消费者购买行为的不同态度划分

按消费者购买行为的不同态度划分,消费者分为以下五种类型:

(1)习惯型

习惯型消费者在长期的购买活动中,会形成一定的购买经验和习惯,对某些商店或商品十分信任、熟悉,以至形成心理定式,长期惠顾某商店或长期购买使用某品牌的商品,从而产生习惯性的购买行为。在购买时,决策果断,速度快,不受时尚的影响,购买行为表现出很强的目的性。

(2)理智型

理智型消费者的购买行为以理智为主,感情色彩较少。在购买之前,往往根据自己的经验和对商品的了解,广泛收集所需要的商品信息,经过周密的分析后,才慎重地做出购买决定。购买商品主观性较强,不易受他人或广告宣传的影响。

(3)经济型

经济型消费者购买商品从经济角度考虑,对商品价格敏感,并以此作为选购标准。讲求物美价廉,对优惠价、处理价、特价的商品有兴趣,而对商品的质量、外观则不太强调。

(4)冲动型

冲动型消费者情绪波动性大,对外界的刺激敏感,没有明确的购买计划,易受广告宣传和他人影响,凭直觉购买,受感情支配,但易产生后悔心理。

(5)疑虑型

疑虑型消费者购买时细致、谨慎、行动迟缓。往往缺乏信心,犹豫不决,希望得到他人的提示和营销人员的帮助,这样才能完成购买行为。

3. 按消费者不同性格特征划分

按消费者不同性格特征划分,消费者分为以下五种类型:

(1)沉默型

沉默型消费者对营销人员的任何陈述或建议都无动于衷,好像对事情都胸有成竹,自己决定一切。沉默型消费者在整个推销过程中表现消极,对推销冷淡。营销人员与这类消费者进行沟通时很容易出现僵持局面。例如,顾客走进店里,巡视柜台,或仔细审视某种商品。店员上前招呼:"欢迎光临。"看到顾客手上商品色泽鲜艳,就问:"给您孩子用吗?"如果商品样式保守,就问:"给老人用吗?"可是无论店员怎样招呼,顾客仍保持沉默,一言不发。遇到这样的消费者,应该诚恳地与其交流,拉近双方的距离。

(2)腼腆型

腼腆型消费者大多内向,或自知有某种弱点。他们多少次告诉自己不要害羞,结果心跳却反而加快。其实,每个人都害羞,只是程度不同而已。例如,一位农村妇女进城购物,来到装修漂亮的商场,不由地紧张起来。营业员热情地招呼她,不料刚问了一句:"您需要购买什么商品?"她就转身离开了。腼腆型消费者一般生活比较封闭,对外界事物表现冷淡,和陌生人保持相当距离,对营销人员反应不强烈,接待这类消费者千万不要施加压力。

(3)固执型

固执型消费者多为老年人群,他们在消费上具有特别的偏好。对新产品往往不乐意接受,不愿意轻易改变原有的消费模式与结构。他们中的有些人,特别爱与广告过不去,喜欢找碴,以此来证明自己没有被广告说服。例如,广告讲加热器方便、实用,他(她)也许会讲煤气漏气会中毒。广告讲矿泉水有保健作用,他(她)说:"以前没喝矿泉水,怎么也长寿?"化妆品能使人漂亮,他(她)就说:"能把80岁的老太太化成20岁的小姑娘吗?"对这类消费者不要试图在短时间内改变他们的态度,否则容易引起对方强烈的抵触情绪和逆反心理。而要先发制人,用专业知识说服他们。

(4)爽快型

爽快型消费者选择商品快、不讲价。例如,顾客问营业员:"麻烦您,能不能让我看一下这个商品?"营业员应声道:"好的。这台吗?"顾客肯定地说:"是,就是这个型号。多少钱?……好,就这台吧!"营业员心里很高兴,要是顾客都这样该多好。这种类型的消费者虽为营业员所欢迎,但往往也使营业员良心不安,因为有时自己随意建议几句即可使他们下定决心。当然,除了性格爽快外,这类消费者一般对商家持有信任的态度。所以要小心维护,切不可随意应付。

(5)傲慢型

傲慢型消费者情绪易于激动,有时甚至很暴躁,在言谈和举止、表情中都有傲慢的表现。在购买商品时,他们显得傲气十足,甚至用命令的口气提出要求,对商品质量和销售人员的服务要求极高,稍不如意就与销售人员发生争吵,冲动而不能自制。

五、消费者购买行为模式

(一)行为模式

行为模式是指人的行为产生的基本过程或机制。心理学家和行为科学家把行为理解为,在外部刺激的影响下,经由内部经验的折射而产生的反应活动。由于每个人的身体状况、知识、经验、心理状态不同,因而对刺激的反应存在着很大差别,同一刺激对不同的人,可能引起相同的行为反应,也可能引起不同的行为反应。心理学家和行为科学家提出了以下几种行为模式:

1. S→R 行为模式

S 代表刺激,→代表神经系统的作用,R 代表反应。这种行为模式表示一种刺激直接引起某种反应。

2. S→O→R 行为模式

S 代表刺激,→代表神经系统的作用,O 代表有机体,R 代表反应。这种行为模式表示一种刺激并非直接引起某种行为,而是通过有机体的中介作用引起某种反应。

3. B＝f (P,E) 行为模式

B 代表行为,f 代表函数,P 代表个体,E 代表客观环境。这种行为模式表示人的行为是个体与客观环境相互作用的函数。

(二)行为模式理论

1. 菲利普·科特勒的刺激-反应模式

菲利普·科特勒提出了一个非常简洁的消费者购买行为模式。他认为,消费者购买行为模式一般由三部分构成。菲利普·科特勒的刺激-反应模式如图 3-3 所示。

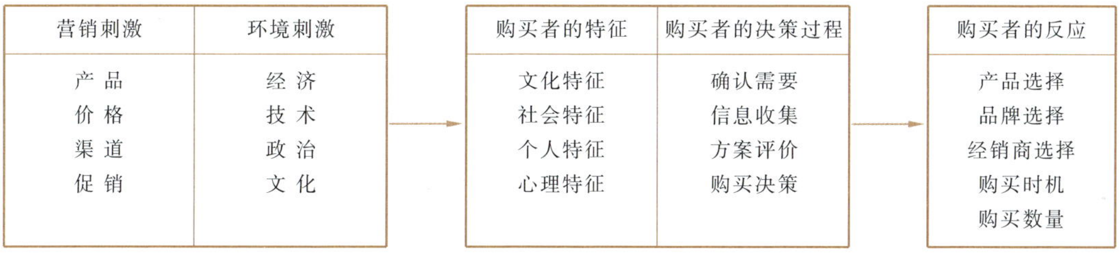

营销刺激	环境刺激	购买者的特征	购买者的决策过程	购买者的反应
产品	经济	文化特征	确认需要	产品选择
价格	技术	社会特征	信息收集	品牌选择
渠道	政治	个人特征	方案评价	经销商选择
促销	文化	心理特征	购买决策	购买时机
				购买数量

图 3-3 菲利普·科特勒的刺激-反应模式

第一部分,包括企业内部的营销刺激和企业外部的环境刺激,它们共同作用于消费者以期引起消费者的注意。

第二部分,包括购买者的特征和购买者的决策过程两个中介因素,它们将得到的刺激进行加工处理。而加工处理的结果就是购买者的反应。

第三部分,是购买者的反应,包括产品选择、品牌选择等。这三部分非常简洁,却很清晰地把消费者的购买过程描述出来。

菲利普·科特勒的刺激-反应模式认为,消费者的购买行为不仅要受到营销刺激的影响,还要受到宏观营销环境的影响。消费者的不同特征使消费者产生了不同的心理活动,消费者的个性和决策方式,最终决定了消费者对产品种类、品牌、购买时机等的选择。

2. 巴甫洛夫模式

巴甫洛夫模式又称学习模式。根据巴甫洛夫的理论,人类的需求行为实质上是一种"条件反射"的过程,而购买行为则是一种"刺激-反应"过程。这种"刺激-反应"过程可细分为内驱力、诱因、反应和强化四个步骤。

(1)内驱力。内驱力是一种诱发购买行为的内部力量,如饥饿、恐惧、疲劳、危险、尊严等。

(2)诱因。诱因是能够满足或缓解内驱力的某种产品或服务,如食品、服装、交通工具、各种服务等。

(3)反应。反应是需求者对诱因的一种指向性行为,即为了满足需求而寻求某种产品或服务的购买行为。

(4)强化。强化就是加强诱因和反应之间的联系。如果诱因和反应之间的联系经常得到强化,就会变成习惯,导致消费者重复购买。

没有内驱力和诱因,就没有购买行为,也就谈不上强化。按照这种模式,广告是一种重要的诱因,重复广告对消费者的购买行为影响很大。巴甫洛夫模式强调了决定消费者购买行为的心理机制和心理过程。

3. 维布雷宁模式

维布雷宁模式理论认为,人类是一种社会动物,其需求和购买行为受社会文化、亚文化、相关群体、社会阶层和家庭的影响。这些因素直接影响和改变着人们的价值观、审美观和生活方式,进而在很大程度上决定着消费者的购买行为。维布雷宁提出的是一种社会心理模式。文化和亚文化对消费者购买行为的影响是总体的和方向性的;相关群体的影响则更加具体。相关群体从以下三个方面影响消费者购买行为:

(1)影响消费者对某种产品或品牌的态度,使之形成一定的消费观念。

(2)相关群体为消费者规定了相应的消费内容和消费方式。

(3)相关群体潜移默化的作用可能导致消费者的仿效、攀比而出现商品流行现象。

> **小链接**
>
> **汽车市场消费者行为特点分析**
>
> 对于汽车这种贵重且耐用的消费品,人们都不是随意购买的,随着消费者消费心理的日趋成熟,对贵重耐用品的购买已由原先的应急购买转变为理智购买,经济实用、性价比高的优秀产品是当今消费者理智购买的对象。消费者在买车时考虑得更多的是该车的价格、质量、品牌及售后服务等方面的问题,并会受多方面因素的影响。
>
> **1. 消费者自身的因素**
>
> 首先是消费者的经济状况,即消费者的收入、存款与资产、借贷能力等因素,收入的高低决定了一个人购买能力的大小,往往消费者拥有了一定的经济实力后才会考虑去买车。其次是消费者的职业和地位,不同职业、地位的消费者在选购汽车时会有不同的价值取向。最后是消费者的年龄和性别的差异,不同年龄段的人对车的要求会有很大的差别,中年人一般会选择稳重、质量优良的汽车,倾向于高档车型;而青年人通常喜欢款式新颖、色彩鲜艳、彰显个性的汽车品牌。
>
> **2. 社会因素**
>
> 人生活在社会之中,消费行为会受到诸多社会因素的影响,如社会文化的差异、其他人的口碑、广告效应等。汽车不同于一般的商品,消费者购买汽车时会经过长时间的考虑。现在,消费者购买一件商品,不仅会考虑商品的质量、价格等因素,还会考虑商品是否环保,会不会对环境造成污染等方面。尤其是像汽车这种商品,现在的消费者可能更多地会考虑它的环保性,他们更愿意购买绿色的、环保的商品。

六、消费者购买行为的一般过程

消费者购买行为的一般过程大体分为以下五个阶段,如图3-4所示。

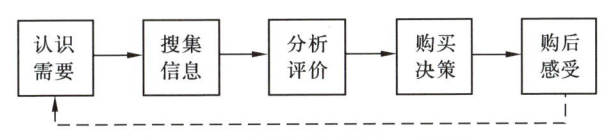

认识需要 → 搜集信息 → 分析评价 → 购买决策 → 购后感受

图3-4 消费者购买行为的一般过程

(一)认识需要

购买过程是从消费者对某一问题或需要的认识开始的。这一需要由内在的刺激因素(如希望改善住房条件)和外在的刺激因素(如看到某一楼盘的宣传活动)引发,然后转变为驱动力。营销人员通过市场调查和消费者行为研究,可以确定能激发对某种产品产生兴趣的最常见的刺激因素,进而可以制定激发消费者兴趣的营销战略,并引导消费者进入购买过程的第二个环节。

(二)搜集信息

搜集信息这一环节对消费者很重要。一个掌握了比较全面、充分的信息的消费者可能比其他消费者以更低的价格购买到同样的商品,或者以同样的价格购买到更优质的商品。消费者的信息来源主要包括以下四个方面:

(1)消费者个人。如家庭、同事、同学、朋友、邻居、熟人等。
(2)商业来源。如广告、网站、订货会、销售人员、经销商、商品包装、展览、传单等。
(3)公共来源。如大众媒体、消费者评审组织等。
(4)经验来源。如处理、检查、使用产品等。

消费者从不同渠道获得的信息量是不同的,同时对不同渠道所获信息的信任度也是不同的。消费者常从商业获得最多的商品信息,但对消费者最有影响力的商品信息则是来自于消费者个人。企业要注意利用各种手段为消费者提供信息。

(三)分析评价

当消费者搜集到足够的信息资料后,就会根据掌握的资料、以往的经验、个人兴趣爱好、经济状况等,对可供选择的商品进行分析对比和综合评价,力求缩小可供选择的范围。消费者进行评价时,分三个步骤进行。首先,全面了解商品的性能、质量、款式、价格、品牌、特点等,获得总体上的认识;其次,综合比较同类商品的优缺点;最后,根据自己的爱好和条件,提出选择方案,确定购买对象。营销者应了解消费者处理信息的过程,掌握其购买意向,发挥必要的参谋作用。

(四)购买决策

消费者对所掌握的信息资料进行分析评价后,就会做出是否购买的决策。消费者做出购买决策时,会受到多种因素的影响和制约。从营销者的角度看,应做好售前、售中和售后服务工作,加深消费者对本企业及产品的良好印象,争取让消费者的"货币选票"投向自己的产品。

(五)购后感受

消费者购买并使用产品后,根据自己的期望对产品做出评价,或通过与家庭成员、亲朋好友交流,验证自己所做出的购买决策是否正确,从而形成购后感受。若产品的效用符合或者高于原有的期望,消费者就会感到满意;反之则会感到不满意。购后感受作为"口传信息",不仅影响到消费者自己能否重复购买,而且还影响到其他人的购买。在商品营销活动中,要特别重视消费者的购后感受和评价,及时与消费者沟通,慎重处理消费者的反馈意见,尽量避免因消费者投诉而造成企业和品牌声誉方面的损失。

单元三　消费者个性心理与消费者行为

单元小结

个性心理特征包括能力、气质、性格等,它在个性结构中是比较稳定的成分。

个性倾向性主要包括需要、动机、兴趣等。个性倾向性是个性结构中最活跃的因素,是人的心理活动的动力系统。

消费者的购买动机主要有生存购买动机、享受购买动机、发展购买动机、理智购买动机、情感购买动机和惠顾购买动机。消费者购买行为受购买动机驱动,包含许多活动,有一定步骤,存在共性与个性,包含不同的角色。

消费者购买行为按购买目标确定程度、购买行为的态度和消费者性格特征可以划分为许多不同的类型。消费者购买行为的一般过程包括认识需要、搜集信息、分析评价、购买决策和购后感受。

核心概念

个性心理结构、个性心理特征、个性倾向性

消费者能力、消费者气质、消费者性格

消费者需要、消费者动机、消费者兴趣、需要理论

购买行为特征、购买行为模式、购买行为类型

模块二　应用分析

应用案例

"施艺彩"的个性营销

"施艺彩"是施华洛世奇集团旗下别具创意的全新零售概念店,展现由著名国际设计师采用施华洛世奇元素制作的精品首饰与配饰系列。施华洛世奇施艺彩品牌的饰品除了仿水晶外,还可以跟其他材质的材料进行组合搭配,呈现出饰品多元化的风格。当然其销售概念的精彩更在于提供"定制"的个性饰品,那些崇尚个性和品位的消费者可以从定制饰品中体验个性化的尊贵服务。

施华洛世奇施艺彩特别提供了两款互动创意软件。其中"店铺珠宝商店在线设计软

件"能帮助消费者发现适合自己的首饰类型,并加以修改,制成独一无二的饰品。消费者可以在家中上网使用该软件,当然也可以亲临旗舰店现场体验,接受工作人员的操作指导。这款专业的设计软件提供了整套的个人模板,仿水晶的颜色、形状和切割都可以改变,消费者可以定制修改后的设计成品,两周后即可到旗舰店取货。

另一款"个人造型师在线设计软件"能够为消费者带来高品质的咨询服务,它会根据消费者的脸型、头发、眼睛和皮肤的颜色,从现代、华丽、经典、浪漫和自然五大设计风格中挑选出适合消费者个性和品位的切割方式和颜色的仿水晶饰品。同样,消费者可以在家中使用这个在线软件,也可以在旗舰店中体验,在工作人员的帮助下,发现自己独特的风格,所有的个人信息都保存在"我的风格"卡片中,也可以打印出来以供将来参考。

教学案例使用说明

【教学目标】

通过对本案例的分析,使学生能够理解消费者个性心理特征和个性倾向性对消费者行为的影响;理解消费者购买动机与购买行为的关系,掌握购买行为的基本模式,并能够熟练地运用在具体的营销实践中。

【讨论问题】

1."施艺彩"的创意主要表现在哪些方面?
2.从消费心理角度谈谈"施艺彩"营销策略的成功之处。

【本案例所涉及的理论和知识】

消费者个性倾向性与个性心理特征的含义
消费者购买行为的模式
消费者购买行为的特征

模块三 技能训练

实训任务:利用本单元所学知识,完成一篇分析报告。

【任务要求】

与同学自由组合成小组,以观察者的身份进入当地大型百货商店或购物中心,观察至少30位在百货商店选购不同商品的各类消费者的行为表现,看看不同消费者在选购同种商品时的不同表现,分析他们的性格,判断他们的消费能力,与小组成员讨论后,最终形成分析报告。

【完成任务的方法】

分组完成。

【完成任务所需的资料】

教材、网络资源、实地观察。

单元三　消费者个性心理与消费者行为

【评价方法】
文字报告评审与PPT汇报演示相结合。

模块四　单元测试

【思考题】
1. 举例说明消费者购买行为的一般过程。
2. 消费者的个性心理结构包括哪些内容？
3. 消费者气质、能力和性格是如何影响其购买行为的？
4. 消费者个性倾向性包括哪些内容？他们分别对消费者行为产生什么影响？
5. 消费者购买行为的特征有哪些？
6. 消费者购买行为可以依据什么标准，进行哪些划分？

【填空题】
1. 人的心理现象主要包括（　　）和（　　）两个方面。（　　）中的认识、情感和意志体现的是人的心理活动的一般规律；（　　）则反映了人作为个体的差异。
2. 需要通常以意向、愿望和动机的形式表现出来。模糊地意识到的需要叫（　　）；明确地意识到并想实现的需要叫（　　）；当愿望激起和维持人的活动时，这种需要才成为活动的（　　）。
3. 需要与需求是两个既相互联系又相互区别的概念。需要是指没有得到某些基本满足的（　　），反映人们对某种目标的渴望或欲求；需求是指对有能力购买并且愿意购买某个具体产品的（　　）。
4. 动机的形成离不开两个前提，一是未满足的需要；二是具有满足需要的目标或诱因，当（　　）强化到一定程度，在客观上又有满足的（　　）条件出现时，需要才能转化为动机，成为个体活动的驱动力。一般来说，个体主观的需要是动机形成的内因，外界的各种诱因和刺激是动机形成的外因。
5. 消费者从不同渠道获得的信息量是不同的，同时对不同渠道所获信息的信任度也是不同的。消费者常从（　　）获得最多的商品信息，但对消费者最有影响力的商品信息则是来自于（　　）。

单元四

消费者群体心理与消费者行为

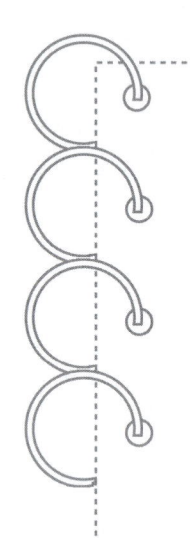

教学目标 >>>

1. 能说出参照群体的含义、分类、特征及对消费者行为的影响
2. 能熟练利用主要参照群体对消费者行为的影响开展营销活动
3. 能正确把握不同消费者群体的消费心理与行为
4. 能针对某一消费流行现象分析其对消费者行为的影响
5. 能结合某一消费习俗说明其对消费者行为的影响

素养目标 >>>

1. 培养学生的匠心意识、服务意识、创新意识、团队合作意识
2. 培养学生具有敏锐的职业洞察力和消费心理分析能力

引 例

银发经济：老年人消费群体崛起

根据《2020年中国银发经济市场分析》发布的调查数据，2015—2019年，中国银发经济市场规模从2.4万亿元，增长至4.3万亿元，预计到2024年，将升至8.6万亿元。

银发消费：从生存型转向享乐型

和许多无房无车的年轻人相比，绝大数老年人拥有一套或多套住房。2017年家庭月收入超过4 000元的老人已超过1.1亿人,其中2 000万老人的家庭月收入超过了10 000元。较理想的收入财产状况使得这些老人除了为健康投资外,还对休闲娱乐、旅游、兴趣等高层次、享受型的消费拥有浓厚的兴趣,这成为了银发经济巨大市场规模的基础。随着中国新一代家长越来越不倾向于隔代教育以后,老年人拥有了大量的时间,这就变相为老年人提供了消费的机会。"银发经济"已经成为不可忽视的消费新势力。

线上发展催化全新网购群体

随着智能手机和移动支付的普及,中老年群体逐渐成为数字化消费的生力军。"银发族"不但会点外卖、懂网购、爱旅游,也愿意在中高端体检和医疗美容上花钱。随着微信的普及,中老年人的社交阵地从街头巷尾、小区广场延伸到了微信内,甚至有的小程序紧抓中老年用户实际需求下功夫。

目前大部分手机软件的默认字号更适合年轻群体,造成了中老年人的阅读不便。而我国45岁以上使用智能手机设备的中老年人接近一亿,聊天、看新闻、听歌、追剧是中老年人上网的四大喜好。人民网舆情数据中心、腾讯公司联合发布的《中老年人上网状况及风险网络调查报告》显示,有三成中老年人每天上网时间超过3小时,近一成中老年人每天上网6小时以上。酷狗音乐就推出了大字版,专为老年人听歌、唱歌提供服务,产品一经推出,下载总量就突破1 000万,月活跃用户破百万……一系列数据反映的是老年人生活正在趋向数字化、时尚化。

群体心理对人们的行为有着重要的影响。在消费心理研究中,常以年龄、性别、职业等划分不同的群体,分别探讨不同群体的消费心理特征。群体消费心理是市场定位的主要指标之一,对不同群体消费心理特点的把握越深入、越细致,市场定位的细分就越容易、越准确。本单元主要探讨参照群体对消费者行为的影响,以及不同年龄、性别、职业等群体的消费心理与行为表现。

微课:消费者群体心理与消费者行为

模块一 基础知识

一、群体概述

(一)群体的定义

群体是一个人群的集合体,这个集合体有一定的组织,成员有共同的目标、价值和规范,成员之间相互接纳、相互作用、相互影响、共同活动。任何一个群体要存在,必须有各种活动,群体成员之间必须相互接触和交流,并能相互影响,群体成员之间应该有共同的感情和心理倾向。

(二)群体的类别

1. 大群体与小群体

通常大群体成员多,成员之间的联系是间接的,通过群体的目标、组织机构等实现联系,如国家、民族等都是大群体。小群体的成员人数较少,成员之间以直接的方式接触和联系,如班级群体。

2. 松散群体、联合群体及集体

松散群体是群体发展的最低水平,只是人们在空间和时间上结成的群体,如公共汽车上的乘客,群体成员之间没有共同活动的目的、内容和意义。又如商店里的顾客也是松散群体。联合群体是松散群体进一步发展的结果,联合群体的特点是人们虽有共同的活动,但活动往往只有个人意义而没有共同的社会价值,群体活动的成功或失败都直接与个人利益有密切的关系。集体是群体发展的最高阶段,群体成员以共同活动的内容紧密联系在一起,这些活动既有个人意义又有社会价值。集体一般有共同的社会目标,有严密的组织结构,有一致的价值观念和公认的行为规范,有共同的心理感受,有集体荣誉感和心理凝聚力,有自己的作风和传统。

3. 正式群体与非正式群体

正式群体有固定的章程和编制,并受到这些章程和编制的制约,对成员的地位、权利和义务有明确的规定。如政府机关、学校班级、工厂车间等都是正式群体。非正式群体是以个人的喜好、情感为基础建立起来的,成员之间无明确的规定,带有明显的感情色彩,如学校里各种各样的兴趣小组、学生团体等。

4. 现实群体与假设群体

现实群体是指存在于特定的时空范围之中,成员之间有现实联系的群体,如学校的年级和班级等。假设群体是指为了一定的需要,人为地将具有某些共同特征的人抽象组合在一起而形成的群体,如老年群体、健康群体等。为了有利于产品的市场定位,除了以上这些群体类别之外,社会学家们还用更为严密的标准对群体做出区分。如根据年龄、职业、性别、地域、爱好等来划分群体类别,这样的划分可以明确不同群体的心理特征和行为习惯。

(三)群体心理对群体成员的影响

1. 群体压力

任何社会群体都会对个体成员的心理产生某种影响。这种影响往往通过集体的信念、价值观和群体规范对个体成员形成一种无形的压力,这种压力称为群体压力。群体压力来自群体规范对个体成员的强制性约束和群体信念、价值观对个体成员的非强制性影响。

2. 群体认同感

群体认同感是指群体成员在共同的价值观念和行为规范的基础上,形成的对客观事物认识和评价的一致性表现。群体认同感可使群体成员在行动时,采取相同或相似的行为和行为方式。

3. 从众性

从众性是指群体成员自觉或不自觉地以某种群体规范或多数人的意见为准则,做出社会判断,改变态度的现象。引起人们产生从众心理的原因有三方面:

一是信息压力和规范压力。信息压力是指人们都是从社会群体中获得信息的,一般而言,群体中多数人的看法有一定的正确性,所以在没有确切标准的情况下,个体更容易相信在场的其他成员的意见,从而发生从众行为;规范压力表现为群体喜欢与群体意见一致的个体,而不喜欢偏离者、越轨者,必要时群体会把偏离者排斥在群体之外,这种压力也迫使个体遵从。

二是与群体的特点有关。首先,群体凝聚力越强,使人遵从的压力就越大,就越容易出现从众行为;其次,多数成员所处的地位越高,迫使他人遵从的压力就越大,也越容易出现从众行为。

三是与群体成员的特点有关。自信心强的人,独立性也比较强,对群体的从众性较小。反之,则从众性较大。另外,文化知识越多,判断力越强,从众的可能性也越小。

4. 群体支持感

群体支持感是指当群体成员的行为符合群体规范和群体期望时,群体成员会受到来自群体的鼓励和支持,从而使其行为得到强化。能够获得来自群体的支持,是保证群体成员在行为表现上与群体一致的重要因素之一。群体认同感、从众性和群体支持感是形成消费者群体内某一商品流行的重要原因。

5. 群体规模

群体规模对于个体有一定的影响。一般来讲,群体规模越大,对个体成员的影响越大,个体的服从心理也越强;反之,影响相应降低,个体的服从心理减弱。在消费者购买行为上,这种群体规模对消费者心理会产生明显的影响。例如,某消费者一人去商场购物,除了有明确目标外,面对商品时往往犹豫不决,而两个人或三四个人同时结伴购物,则很容易做出是否购买的决策。

二、参照群体对消费者行为的影响

(一)参照群体的概念与类型

参照群体是指对个人的行为、态度、价值观等有直接影响的群体,这个群体的看法和价值观被个体作为自己当前行为的基础。因此,参照群体是个体在某种特定情境下作为行为指南而使用的群体。参照群体的规模可大可小,从一个人到成百上千人不等,它的存在方式可以是真实的人,也可以是虚拟的形象。参照群体分类与特征见表4-1。

表 4-1　　　　　　　　　参照群体分类与特征

参照群体类型			主要特征
按群体属性分	直接群体（成员群体）	主要群体	个人所属并对其产生直接影响的群体，包括经常的、面对面的相互影响的主要群体和没有这种影响的次要群体。例如，家庭、朋友、邻居、同事、社会阶层、社团组织等
		次要群体	
	间接群体（象征群体）	仰慕群体	个人不属于某群体，群体对个人产生间接影响。包括个人追求、模仿和比较的仰慕群体（如演艺明星、社会名流等），与个人价值观不一致、个人极力避免归属的回避群体
		回避群体	
	虚拟群体		个体按照年龄、性别、民族、职业、文化程度等将自己人为地归属于某一群体（如老年群体、亚健康群体等），个体会有意识参照这类群体的特征来约束自己的行为
按参与意愿分	自愿型群体		自愿型群体是指参与者基于本身的自由意志来参与的群体，例如，很多嗜好团体（如垂钓俱乐部、球迷协会等）都是自愿型群体
	强制型群体		强制型群体是参与者本身无法选择或是不能选择而参与的团体，例如，家庭和监狱等
按群体结构分	正式群体		正式群体是指群体具有正式的组织，有一个规划完整的认可结构与角色体系（如部队、政府部门等）
	非正式群体		非正式群体是指群体没有正式的组织，也缺乏一个规划完整的认可结构与角色体系（如自发产生的歌迷会、车友会等）

小链接

美国学者布斯丁（Boorstin）在 1974 年提出"品牌社区"这一概念，他认为品牌社区是人们"在决定消费什么以及怎样消费的过程中创造和形成的一种无形的社区"。消费者由于怀有对某一品牌的特殊偏爱，他们感到这种品牌所承载的价值，以及所宣扬的某种个性与他们自身的价值观和个性相契合，以至于这些消费者在心理上产生了某种共鸣，感觉到他们归属于一个具有这种共享价值观的群体，一旦他们组织起来，便有了他们一套集体的类似于宗教仪式的虔诚，于是这种品牌社区便初具雏形了。品牌社区强调以焦点消费者为核心而形成的品牌、消费者、产品和营销者之间的交互影响。

（二）参照群体对消费者行为的影响方式和影响力

1. 参照群体对消费者行为的影响方式

（1）信息的影响

参照群体为消费者展示了各种不同的生活方式和消费模式，这些生活方式和消费模式通过各种形式传播并影响消费者的态度和自我意识。特别是对于缺乏消费经验与购买能力的人来说更是如此。参照群体无论是成员群体或相关群体都是其参考的直接依据。有时消费者对群体的依赖程度往往会超过其对商业环境的依赖程度。例如，出于对商家宣传所抱有的怀疑心理，消费者一般会希望从参照群体中获取所需的产品信息。

(2)认同的影响

参照群体可引起消费者的仿效欲望,从而影响他们对商品的购买与消费态度。模仿是一种普遍的社会心理现象,模仿的前提是模仿者对模仿对象的心理认同。在消费者的购买活动中,消费者对商品好坏的评价往往是相对的,当没有具体的消费模式时,消费者就不能充分肯定自己对商品的态度。但当某些参照群体为其提供具体的消费模式,而消费者又愿意接受和欣赏时,就会激起其强烈的仿效欲望,进而形成对商品的肯定态度。

(3)规范的影响

参照群体能使消费者的购买行为趋于一致。参照群体会产生使人顺从的压力,影响个人自觉或不自觉地选择与参照群体相一致的消费行为,以使自己符合团体规范。

2. 决定参照群体影响力大小的因素

(1)对参照群体的态度

当一个人越是将参照群体视为一个可靠的信息来源,或是对于参照群体的观点与反应越是重视,以及对于参照群体的奖酬与处罚越是接受,则他越会受该参照群体的影响。另外,消费者对于群体的认同与其对成员身份的评价越高,则消费者受参照群体的影响也越大。

(2)消费者个人的知识经验

当一个消费者本身对于该产品具有很丰富的经验或是自己就可以取得足够的信息时,那么消费者购物时几乎不可能受其他人或群体的影响,否则,消费者将主动寻求参照群体的支持,以减少购买风险。

(3)参照群体本身所具有的可靠性、吸引力和实力

如果消费者急于想获得某种商品的有关信息,而参照群体的信誉和实力也是值得信赖的,那么消费者将会接受该群体的劝告和建议。如果消费者很想被自己向往的、将给自己带来某些好处的群体接受或认可时,那么他就会主动采用该群体所使用的商品或服务,同时在其他行为方面尽力与该群体保持一致。

(4)商品本身的特点

一般来说,商品如果在视觉上具有显著性特点(如外观或色彩等易被他人注意到)或者言语上具有显著性特点(口头上易描述),那么消费者在购买这类商品时容易受到参照群体的影响。例如,一些具有地位象征意义或炫耀性的产品较易受到参照群体的影响。对于俱乐部、住宅区域、私家车等只有少数人拥有的奢侈品,购买者的选择通常要受参照群体的影响,而且有时这种影响力是很大的。如果产品是家庭日用消费品或在私人场合消费的产品,如电脑、冰箱、微波炉等,参照群体的影响力则较小。

(三)主要的参照群体

1. 家庭

家庭既是很多产品的基本消费单位,又是影响消费者行为最主要的参照群体。它对消费者个体性格和价值观的形成,对个体的消费与决策模式均产生非常重要的影响。几乎所有消费者的购买模式都带有家庭影响的烙印。消费者购买行为与家庭的不同发展阶段有着重要的联系,营销者往往根据家庭生命周期的不同阶段进行市场细分,选择目标市

场。表 4-2 列出了家庭生命周期的不同阶段、主要特征和消费行为特点。

表 4-2　　家庭生命周期的不同阶段、主要特征和消费行为特点

阶段	定义	主要特征	消费行为特点
初婚期	新婚至生育首个子女	时间短、财务状况良好、家庭经验缺乏	理想化、个性化;消费支出大、水平高;双人消费、冲动型购买多
生育期	生育首个子女至生育末尾子女	生活方式明显变化,经济上出现负担	子女消费占主导地位,随子女年龄不同消费支出方向与结构不同
满巢期	子女长大成人至和父母分居	父母自由增加,财务状况好转,家庭仍是关注焦点	讲究实用、计划消费;储蓄增加,子女教育、家庭娱乐、旅游、耐用消费品支出增大
空巢期	子女独立、剩下年长父母	恢复夫妻二人结构,经济条件宽余,消费水平提高	支援子女家庭,储蓄养老、医疗保健支出增加;旅游、享乐
鳏寡期	一方丧偶、剩下单身老人	生活出现大的变化、面临健康和独居问题,关注子女家庭	维持性消费、食品、药品、家庭服务支出较大

2. 社会阶层

社会阶层是指社会上的个体和家庭,因社会经济角色、条件、地位不同及相应生活方式和价值观念的差异而区分出的不同层次。处于同一社会阶层的人们,在生活方式、价值观念、社会地位等方面比较接近。相反,属于不同的社会阶层的人,其生活方式、价值观念、社会地位等方面存在着比较大的差异。消费者所处社会阶层不同,需求也不同,其满足需求的购买行为就会有很大差异。社会阶层的划分一般要考虑下列几方面的因素:

(1) 职业

职业是社会阶层划分中普遍使用的一个变量,许多国家都有职业排行榜的资料,即对不同职业的划分。一般来说,在职业排行榜上位置越高,社会地位越高,收入也越多。但也有例外,在我国同一职业圈内,收入差距有时也很大。所以,仅凭职业来划分社会阶层,往往不太准确,还要同其他因素结合起来进行判断。

(2) 收入

个人或家庭的收入(一般为月平均收入或年收入)是评定社会阶层的一个重要依据,而且,有关收入的数据容易获得,评价方法比较简便。随着经济的发展,人们的收入普遍提高,但收入差距却逐渐拉大,如同为"工薪阶层",由于各个单位的经济效益不同,其收入差距非常悬殊。

(3) 教育

在发达国家,职业类型和收入高低与所受教育的程度密切相关。随着知识经济的到来,技术的复杂化和职业的专门化,受过高等教育的各类专业人才越来越被高薪重用,他们凭借自身的知识和能力,在为社会创造大量价值和财富的同时,也获得了优厚的经济回报,受教育的程度已经成为划分社会阶层的一个重要因素。

(4) 财产

财产包括不动产(如房屋)和一些具有地位象征意义的物品(如汽车)。在许多发达国家,住房及其居住地区是社会地位的一项重要指标。随着我国住房改革和房地产行业的发展,住房情况将成为社会阶层划分的重要因素。一些代表或象征社会地位的商品是现

阶段一般公民所支付不起的高档商品,有的人便以拥有此类商品来标榜自身地位的优越。

小链接

美国主要社会阶层及其特征见表 4-3。

表 4-3　　　　　　　　　　美国主要社会阶层及其特征

社会阶层	特征
上上层 (不到美国人口的 1%)	靠所继承的财富生活的社会精英,他们捐巨款给慈善事业,送孩子到最好的学校。虽然人数较少,但这一阶层是其他阶层的参考群体
次上层 (约占美国人口的 2%)	他们来自于中产阶级,通过在某个专业和业务领域的特殊才能获得高收入和财富,对社会活动较为积极。他们购买象征地位的产品,立志于能被上上层接纳
中上层 (占美国人口的 12%)	没有什么巨额财产,专注于作为专家、独立企业家和公司经理的职业生涯,他们崇尚教育、有公德心、有家庭责任感
中间层 (占美国人口的 32%)	普通收入的蓝领、白领工人,他们为了跟上潮流,经常买流行的东西。他们认为应为子女在"有价值的见识"上花更多的钱,使他们能接受大学教育
劳动阶层 (占美国人口的 38%)	普通收入的蓝领工人,以及那些过着劳动阶层生活方式的人,他们依靠亲朋好友在经济上和情感上的帮助,依靠其介绍的工作和提供的建议。他们保持着明显的性别分工和陈旧习俗
次下层 (占美国人口的 9%)	生活水平刚好在贫困线上的工人,从事无技能的工作,工资低得可怜,并缺乏教育
下下层 (占美国人口的 7%)	靠福利生活、贫困不堪、经常失业的人。一些人是不愿意找长期工作的,大部分人将公众和慈善机构的资助作为收入来源

三、消费者群体的类别与意义

(一)消费者群体的类别

1. 按消费者自身因素分类

根据消费者自身的因素,可以把消费者分成不同性别的消费者群体、不同年龄的消费者群体、不同收入的消费者群体、不同职业的消费者群体、不同心理特征的消费者群体等。这种根据消费者自身生理及心理特点划分的各个消费者群体之间,在消费需求、消费心理、购买行为等方面有着不同程度的差异,而在同一群体内则有许多相似之处。

2. 按消费者所处的外部环境分类

根据消费者所处的外部环境,可以把消费者分成不同地区的消费者群体、不同民族的消费者群体、不同文化背景的消费者群体等。由于这些外部因素的巨大差异,形成了丰富多彩的生活习俗和各具特色的消费习惯。

（二）消费者群体的意义

1. 为企业目标市场营销提供了前提

企业确定目标市场必须依据地理标准、人口统计标准、心理标准和行为标准对不同消费者群体进行细分。各种不同的消费者群体实际上正是根据这些细分标准划分而存在的。通过细分市场，企业确认了目标市场，明确了为其服务的消费者群体，就可以借助对群体的观察、预测、研究，寻找该群体的消费需求、购买行为的特征和规律，以便采取相应的营销策略，取得最佳经营效果。

2. 有利于消费活动的社会化，从而推动社会消费的进步

消费者个体的单独活动不足以影响和推动消费行为的社会化，而群体大规模的消费行为会对个体消费产生影响，使消费由个人活动变为群体行为，使消费活动的社会化程度大大提高，推动社会整体消费水平迈向新的台阶。

3. 有利于抑制和改变不合理的消费习惯

企业或有关部门可以充分发挥群体对个体的影响力，引导消费者形成积极健康的消费行为，抑制和改变不合理的消费习惯。

小链接

京沪穗消费文化的区域解读

北京、上海、广州分别是我国华北、华东、华南的一线经济发达城市，其消费模式和文化对于周边较大范围的二三线城市有引领和推动作用。掌握了这三个城市的消费文化，就可以大致了解中国高收入城市的消费心理。

京沪穗地域文化差异

北京是全国的政治、经济、文化、科研和教育中心。北京人对政治的热情较之其他城市要高得多，社会责任感也比较强。另外，北京人受传统文化的影响比较大，天桥的剧场、老北京的茶馆、城墙根的胡同、老式的四合院，这些都常常让北京人感受到传统文化的厚重。

上海地处长江三角洲的中心位置，是中国最大的港口和金融中心，拥有全国所有城市中最高的GDP总值和人均GDP值。上海强大的经济实力和丰富的信息来源让上海人或多或少地带着优越感，有较强的自我意识。上海的文化可以说是西方文明和传统文化双重影响的产物，上海人追求高档，追求完美，同时也十分精明，凡事"拎得清"。

广州是中国改革开放的前沿阵地，广州离香港最近，广州人也处处以香港人的生活模式为范本。务实精神和商品意识无疑是广州人最为突出的特点。

地域文化影响消费心理差异

与北京人和上海人相比,广州人对品牌没有那么热衷,有很大一部分人对品牌持无所谓的态度,也有人认为这与广州外资品牌加工厂的密集有关。根据消费者的购物态度和行为特点,可以将消费者分为娱乐型、淡漠型、规律型三类型。其中,娱乐型购物群体的典型特征是爱逛街、购物,和朋友一起分享逛街购物的经验是他们的兴趣所在;淡漠型购物群体没有明显的购物态度倾向,对逛街、购物持一种无所谓的态度;规律型购物群体的典型特征是购物很有规律,像闹钟定时一般,且一次会买很多东西。比较发现,广州人中娱乐型购物群体所占比例明显高于其他两市,而淡漠型购物群体所占比例明显低于其他两市。这说明,在三个城市中,广州人更有购物热情,北京人中规律型购物群体所占比例明显偏高,上海人则更钟情于娱乐型购物,更愿意体验购物带来的乐趣。

营销建议

1. 新品牌上市首选广州

广州人不十分看重品牌,他们重视的是产品的质优价廉,对新事物也比较有兴趣,可以说广州是新品上市的最佳切入口。等到打开广州市场,品牌有了一定的知名度后,再进军上海和北京市场,经营风险就可以降低很多。

2. "特许经营"另辟蹊径

对于有的人来说,让他们接受一个从来没有听说过、没有任何来由的品牌可能是一件比较困难的事情。但是,他们对已有知名品牌则有比较深厚的感情,有较高的品牌美誉度和忠诚度。因此,新品牌如果与现有知名品牌进行联合宣传,则可以很好地提升新品牌在消费者心目中的形象。或者采取"特许经营"的模式,利用别人的品牌出售自己的产品,这样也可以更快地占领市场份额。

3. 公益活动激发购买热情

北京人关心政治,受政府信息的影响比较大,因此政府发起的一些口号,如环保等,对北京人有更好的引导作用。从这个角度来说,商家在产品的宣传推广上,可适时与某些公益活动挂钩,这样可以成为吸引北京消费者的一个亮点。以环保为例,在食品饮料的宣传上,天然无污染、绿色标志、无防腐剂等可以吸引消费者的视线;在家电的宣传上,可突出家电的环保特性,如节能、无氟等。

4. 卖场设计应"因地制宜"

北京人喜欢定期集中购物,在一个购物场所买齐所需的物品。广州人以购物为乐,习惯把购物和娱乐融为一体,因此在购物场所配备消费者喜欢的娱乐设施,如练歌厅、健身房、茶馆、餐吧等,可以更好地满足消费者,让消费者玩得尽兴。

四、主要消费者群体的心理与行为

依据不同标准,消费者群体可以划分为许多种类型,这里主要探讨不同性别、年龄消费者群体的心理与行为特征。

(一)女性消费者群体的心理与行为

1. 商品需求面较大

长期以来,性别分工合作的模式是"男主外、女主内"。女性不仅负责家庭的日常生活问题,而且在家庭中分别扮演母亲、女儿、妻子、主妇等多种角色。整个家庭所必需的柴米油盐等日常商品,儿童、老年及男性用品,甚至探亲访友的礼品,都需要女性群体购买。因此,女性群体的商品需求面比较大。

2. 购买前期要反复考虑

女性在购物之前一般要比男性想得多、想得全,包括商品的实用性、价格、质量、品牌、售后服务等。一般来说,女性顾客购买行为过程中有一些明显的特征。例如,在确定购物目标时,女性顾客一般会仔细考虑买什么,买多少,买什么样的,经过一番构思定位,最后再确定目标。女性顾客在做决定时大多会比较犹豫,如果她们想买什么,要先向朋友、亲戚征求一下意见。女性天生细心,她们在购物前会考虑一下自己的财力,制定一个大致的预算,以决定买什么价位的商品;她们会想到把商品买回来后应该怎么用,甚至会考虑如何携带、如何摆放等问题。所以,她们购物时会非常强调实用性。

女性顾客在购物前要"货比三家",她们会大量咨询同类产品的信息,包括质量、功能、价位等。女性在购物时比男性敢转、敢看、敢触、敢试、敢侃、敢买、敢退。

3. 易受外部因素的影响

女性顾客比男性顾客更易受外部因素的影响,自身情绪化特点表现突出,所以女性购物心理不稳定。在逛商场时,看到有人抢购,女性顾客往往都会挤上前去看个明白。有时女性顾客购物比较感性,也许有些商品不是她们的购物目标,但由于营业员的推销技巧或促销活动的吸引,她们也会冲动地购买。

4. 爱美意识较强

女性的爱美之心远胜于男性,女性不仅自己爱美,还注意丈夫、儿女和居家的形象。由于女性长期处于消费终端,所以,女性的审美观影响着社会的消费潮流。商品的流行大多是随女性审美观的变化而变化的。

5. 从奉献转变到自我

女性以丈夫、孩子及老人为关照中心的传统观念正在发生变化,她们从奉献转变到自我表现,自我意识越来越强,更多的女性开始关注自己的社会形象。调查显示,现代职业女性个人消费在家庭支出中占一半的比例高达53.8%。她们希望通过个人消费方式的差异来展示自己与众不同的特征,尤其是在服饰消费方面,这一点表现得更为突出。

有关调查显示,女性在家庭消费中完全掌握支配权的占总数的51.6%,与家人协商的占44.5%,女性不做主的仅为3.9%。而且,父母、子女、丈夫等家人的生活需求也大多由她们来安排。女性顾客已经成为消费者的主流,把握好这部分顾客的消费心理与购买行为可以为企业带来更多的商机。

企业在制定营销组合策略时,要迎合这些心理,采取适宜的措施。例如,商品的款式设计、色彩运用要注意诱发女性消费者的情感消费,商品的包装装潢要新颖时尚、细致美观;广告宣传要突出商品的实用性和具体利益。

接待女性顾客应该把握以下原则:

(1)主动介绍

接待女性顾客应该着重介绍商品的质量和售后服务,多讲优点,有时也不妨用货源紧缺和赞许已购者"有眼力"来促使成交。

(2)耐心

女性顾客在购物时会比较细心,营业员只需要耐心等待就可以了。

(3)适当建议

女性顾客在购物时希望得到他人的建议,在接待女性顾客时多给对方一些较为专业的建议会很好地促使顾客做决定。

(4)适当赞美

每个人都希望得到赞美,女性顾客更是如此。但赞美要以事实为依据,否则会弄巧成拙。

(5)提供帮助

如果在购物后营业员主动提供一些帮助(如送货等),会在女性顾客的心里留下极深的印象,也许她今后就成为企业的忠诚顾客了。

(二)男性消费者群体的心理与行为

一般来说,男性顾客的消费心理相对简单,消费行为趋于理性化。男性消费心理比较突出地表现在以下几方面:

1. 消费金额相对较大

从社会角度讲,在大多数组织里,男性领导的数量明显多于女性,所以在一些数额较大的消费上,一般是男性在做决定。如男性往往是家庭高档商品(特别是昂贵的家用电器、高科技产品,如电脑、数码相机等)购买的主要决策者。相对于女性顾客,男性顾客的购买能力要强一些。

2. 购买目标明确,购买行为果断

男性同女性相比,理智和自信更多一些,一般在购买前就会选择好购买对象。购物过程中不太喜欢挑选,只需要稍加浏览,他们就会付款成交,购买过程相对较快。

3. 注重产品质量和实用性

对男性顾客影响最大的购物因素是自身的需求和产品的性能。男性顾客不易受广

告、促销活动的影响。

4. 消费过程比较独立,购买后一般不会后悔

由于男性的自尊心比较强,所以他们一般不会受他人的影响。男性顾客在消费后一般不会否定自己的选择,所以要求退换货的男性顾客相对较少。

5. 具有特殊消费倾向

男性一般都有某个嗜好,如有人烟酒成癖,有人爱好花鸟鱼虫,有人喜欢垂钓,有人喜欢狩猎,有人酷爱郊游、摄影,有人爱好收藏古董,有人喜欢集邮,而这些特征在女性中表现得不太普遍。

6. 追求产品的象征意义

男性相对于女性具有较强的攻击性和支配性。男性一般喜爱运动、政治和思考,乐于表现自己的力量和能力,渴望他人的尊重和承认。男性顾客对能显示其权力和地位的产品往往情有独钟。

接待男性顾客的原则:

(1)建议合理化

在与男性顾客打交道时,尽量不要太啰唆,说得太多会引起他们的反感。

(2)服务温情化

男性顾客在购物时要求不会很多,但在他们的内心还是希望得到温情的服务,如果忽略了这一点,即使他买了产品,也不会成为一个忠实顾客。

(3)售后服务主动化

男性顾客一般不会花太多时间去了解市场行情,如果经常打电话给老顾客,向他介绍一些新产品或促销活动,他也许会成为企业的忠实顾客。

(三)儿童、少年消费者群体的心理与行为

1. 儿童消费者群体的心理与行为

儿童消费者群体是指从初生婴儿到11岁的儿童人群,又可细分为婴幼儿期、学前期、学初期。随着年龄的增长,儿童的心理与行为出现较大的变化,表现在消费需要方面主要有以下特点:

(1)本能的生理性需要发展到自我意识的社会性需要

儿童在婴幼儿时期,消费需要主要表现为生理性的,尚无独立的购买行为,完全依赖父母及家庭其他年长成员。随着年龄的增长,儿童对外界环境刺激的反应日益敏感,自我意识萌发,逐渐形成了认识能力,有了较为明确的意识倾向,对外界事物产生了注意、记忆、兴趣、爱好等初步的个性心理现象。在满足个人需要方面,从本能的生理需要到逐渐出现社会性需要。如学前期、学初期的儿童,对于自己喜欢的食品、玩具已产生了一定的购买意识,并影响父母的购买决策。有的还可以单独购买某些简单商品,购买行为已有一定的独立性。

(2)模仿型消费发展为带有个性特点的消费

学前期儿童的模仿性非常强,对于其他同龄儿童的消费行为往往有强烈的模仿欲望。随着年龄的增长,这种模仿性消费逐渐被有个性特点的消费所代替,购买行为也开始有了一定的目标和意向,如自己的玩具用品一定要好于其他同龄儿童的玩具等。

(3)不稳定的消费情绪发展到趋于稳定

儿童的消费情绪极不稳定,易受他人感染,易变化,这种心理特性在学前期表现得尤为突出。随着年龄的增长,儿童接触社会环境的机会逐渐增多,有了集体生活的锻炼,意志力得到增强,消费情绪逐渐稳定下来。

2. 少年消费者群体的心理与行为

少年消费者群体是指12～14岁年龄阶段的消费者。这个年龄阶段的消费者心理有较大变化,总体表现是依赖与独立、成熟与幼稚、自觉性与被动性相互交织在一起,表现在消费行为方面有以下几个特征:

(1)独立性增强,自我比拟成人

一方面,随着独立意识的发展,他们有自己的消费态度和消费需求,不愿一味遵从父母的选择;另一方面,思维片面、简单,影响着他们对事物的判断力,在现实的购买决策中,往往又需要他人的指导。这种矛盾促使他们常常在同伴群体中寻找参照对象,极易形成群体内的消费流行现象。

(2)形成消费习惯

少年消费者由于对社会环境的认识不断加深,知识不断丰富,兴趣趋向稳定,特别是抽象思维的发展和鉴别能力的提高,使他们对商品具有了独立分析、概括的能力,购买行为趋于稳定,并逐步形成消费习惯。

(3)消费观念逐步社会化

儿童主要受家庭影响,而少年时期,自理能力增强,有了一定的独立性,并通过学习和集体生活,增加了与社会接触的范围,社会群体对少年消费者的消费行为产生较大影响,促使他们的消费观念逐步走向社会化。

针对儿童和少年消费者群体的心理与行为特征,可以采取以下营销策略:

①婴幼儿用品

从父母的消费心理出发,重点放在产品质量、安全性、舒适性和可靠性上,以满足父母呵护宝宝的心理需要。

②学前期前后儿童用品

产品设计、开发同时兼顾儿童和家长的心理需求,既要注重商品外观形象,吸引孩子注意,又要满足家长对产品功能、实用性和价格方面的心理需求。

③少年用品

注重产品外观形象设计的同时,要突出质量、性能、商标、产地等与产品有关的特征,满足少年消费者日益成熟的抽象思维和逻辑思维的心理需求,为他们提供更全面的价值判断信息。

(四)青年消费者群体的心理与行为

青年消费者群体的年龄为15~35岁。青年消费者群体在消费心理与行为方面,与其他消费者群体有许多不同之处,概括起来主要有以下几方面:

1. 追求新颖与时尚

青年消费者典型的心理特征之一是思维敏捷、思想活跃,对未来充满希望,具有冒险和猎奇心理,大胆追求新事物、新观念。在消费心理与行为方面表现为追求新颖与时尚,引导消费新潮流。在接受新产品的时间方面,青年消费者往往扮演着创新者和早期购买者的角色,他们是新产品、新消费时尚的追求者、尝试者和推广者。

2. 追求个性,表现自我

处于青年时期的消费者自我意识迅速增强。他们追求个性,希望确立自我价值,形成完善的个性形象,因而非常喜爱个性化的商品,并力求在消费活动中充分展示自我。

3. 展示成熟与理性

青年消费者的消费倾向趋于稳定和成熟,在追求时尚、表现个性的同时,也注重商品的实用性和科学性,要求商品经济实用、货真价实。青年人普遍受教育程度高,大多具有一定的文化知识,接触信息较多,愿意依据自己的价值观和判断力购买商品,因而在选择与购买过程中盲目性较少,购买动机及购买行为表现出一定的成熟性。

4. 注重情感与直觉

青年人的情感丰富、强烈,同时又是不稳定的。他们虽然已有较强的思维能力、决策能力,但由于思想感情、志趣爱好等还不太稳定,波动性大,易受客观环境、社会信息的影响,容易冲动。反映在消费心理和消费行为方面,青年人的消费行为受情感和直觉的因素影响较大,只要直觉告诉他们商品是好的,可以满足其个人需要,就会产生积极的情感,迅速做出购买决策,实施购买行动。

5. 崇尚品牌与名牌

青年人接触信息广,社交活动多,渴望在群体活动中体现自身的地位与价值。反映在消费心理与消费行为方面,青年人特别注重商品的品牌与档次,追求产品的象征意义。在他们看来,名牌可以提升自信心,可以带来成功的感觉。

针对青年消费者群体的心理与行为特征,可以采取以下营销策略:

(1)产品开发、设计力求新颖、时尚

不断创新,满足青年人强烈的求新、求奇的消费心理。

(2)产品开发、设计突出个性化

准确细分市场,找准定位,推出差异化产品,满足青年消费者追求个性,表现自我的心理需求。

(3)打造名牌,提升产品价值

实施名牌战略,吸引青年消费者注意,满足其追求名牌的心理。

单元四　消费者群体心理与消费者行为

> **小链接**
>
> 　　在多数人眼中,玩具向来是儿童的专利产品。然而,记者在走访市场时却发现,各种各样的休闲和减压类玩具也吸引了不少成年人的目光,而曾风光一时的益智类玩具则退至次席。
>
> 　　一位专营玩具的店主张先生表示,虽然六一国际儿童节已过去一个星期,但玩具的销售情况依然很好。一些以休闲、减压为主的产品受到众多成年人的青睐。
>
> 　　不仅如此,记者在该店中还看到一些新奇搞怪的"另类"玩具,如有"机关"的鳄鱼大嘴、仿真老鼠、各种鬼脸面具等,且在这些产品包装上都标注着"适合3岁到100岁人群"的字样,有些产品则标注"只适合18岁以上人群",不时还有顾客进店选购产品。在某公司上班的李小姐就是一位名副其实的玩具迷。她表示,闲暇时喜欢收集搞笑玩具。"在家里,摆放着不少大大小小的搞笑玩具。工作之余看看玩玩这些玩具,就是一种放松和享受。"李小姐兴奋地介绍着玩具带给她的快乐。
>
> 　　记者还看到,不时有年轻父母也前来购买玩具。"既可以开发孩子的智力,我们自己也可以玩,平时工作压力很大,玩一玩玩具可以寻找到童真的快乐,何乐而不为呢。"王先生和妻子在玩具柜台转了一圈后,最后选定了一款"飞碟迷宫",产品说明上表示可以提高玩家的手眼协调能力和集中注意力。
>
> 　　记者在走访时发现,除一些街头小店里的分布着一些"不限年龄"的特色玩具外,在一些大商场也增加了不少以"放松心情"为招牌的玩具销售专柜。
>
> 　　一家大型商场玩具专柜的王先生告诉记者,六一儿童节时,他的玩具柜台出现了爆满、很多玩具都断货的现象。购买玩具的人群大多数是二十几岁的年轻人,而他们购买的理由大多数为"放松心情,缓解压力"。
>
> 　　谈到成年人玩具市场的前景,王先生说,以前的玩具基本上是针对儿童设计的,成年人玩具近年才在国内市场出现,现在市场上出现的成年人玩具在开发和经营上并不成熟,大部分是与儿童玩具混杂在一起。而据他经营玩具和所掌握的市场情况来看,越来越多的成年人喜爱玩玩具,成年人玩具具有很大的市场潜力。对此,海南大学心理学符铭教授表示:"成年人青睐玩具,除了人类爱玩的天性外,还有心理和保健因素,成年人也有游戏心理,他们希望在游戏的世界里找回心理平衡,玩具是最好的解压工具,可以解除成年人紧张忙碌的生活、工作压力。"

(五)中年消费者群体的心理与行为

　　中年是指青年向老年过渡的时期,年龄为36～60岁,这一部分人群数量庞大,是一个消费能力强但又具有自我压抑特征的消费者群体。中年消费者群体的心理与行为具有以下特征:

1. 注重商品的实用性和便利性

　　中年人大多是家庭经济的主要负担者,丰富的社会经验和不宽裕的经济条件,使得中年人购物时再也不像年轻人那样注重时尚和浪漫。他们多数坚持量入为出的消费原则，求实、节俭的消费心理较强，关注商品的实际效用、价格、使用方法和外观。

2. 注重传统，对新产品缺乏足够的热情

中年消费者正处于"不惑"或"知天命"这一成熟阶段，他们以稳重、老练、自尊和富有涵养的风度有别于青年人。反映在消费方面，中年人比较尊重传统，不再完全按照自己的兴趣爱好选择商品或消费方式，而更多地考虑别人和社会对自己的评价，喜欢随大流，对新产品缺乏足够的热情。

3. 理性购买多于冲动性购买

中年消费者生活经验丰富，情绪反应一般比较平稳，很少受外界环境的影响，多以理智支配自己的行动，很少感情用事。针对中年消费者群体的心理与行为特征，可以采取的营销策略：

（1）中年用品在开发和设计方面要稳重务实，注重产品质量与功能的提升和改进。

（2）广告设计和宣传尽量做到理性诉求。

（3）营销活动应注意引导和转变中年人自我压抑的消费倾向。

（六）老年消费者群体的心理与行为

老年消费者群体的心理与行为表现出以下特征：

1. 心理惯性强，对商品、品牌的忠诚度高

老年人在长期的消费生活中形成了比较稳定的态度倾向和习惯化的行为方式，主要表现在日常生活中的购买方式、使用方法、商品认知（或品牌认知）等方面。老年消费者对商标品牌的偏爱一旦形成，就很难改变。他们大多是老字号、老商店的忠实顾客，是传统品牌、传统商品的忠实购买者。他们往往对传统产品情有独钟。

万亿银发经济市场我们准备好了吗

2. 价格敏感度高，对商品要求物美价廉

老年消费者对商品的普遍要求是物美价廉。他们认为"勤俭节约"是一种美德，在这种节俭传统的影响下，老年人购物，一方面注意价格，择廉选购；另一方面要求实惠。从一般的消费心态来看，年轻人花钱买靓丽、买时尚，老年人则花钱买实用、买传统。

3. 注重实际，追求方便实用

老年消费者心理稳定程度高，注重实际，较少幻想。购买动机以方便实用为主，在购买过程中，要求商家提供方便、良好的购物环境和服务。方便性消费是生理变化的必然结果，由于精力、体力不断下降，对购买时的路途奔波、商品挑选时的烦琐或者商场中人流的拥挤，大多会感到力不从心。在使用中，对那些有使用要求或需要阅读说明后再使用的商品，老年人大多感到不方便和反感。一项非正式调查表明，除少数文化程度较高的老年人外，大多数老年人对现在商品包装上的各种文字说明均不阅读，只是根据个人原有的生活经验或由子女代为说明后才使用，这种求方便的心态也是老年消费者容易成为假冒伪劣商品受害者的重要原因之一。

4. 补偿性消费

补偿性消费是一种纯粹的心理性消费，它是一种心理不平衡的自我修饰。在生活消费中，主要表现为人们将现代消费水平与过去的消费水平进行比较，比较的结果大多是对过去生活某些方面感到遗憾和不满足，而当家庭或个人生活水平较高且时间充裕时，对过去遗憾和不满足的补偿往往会成为他们的消费追求。这部分消费者基本上属于老年人，因为在生活中追忆往事是老年人的心理特征，而向往和憧憬未来是青年人的心理特征。同时，由于子女成人独立后，老年人的经济负担减轻了，他们会试图补偿过去因条件限制未能实现的消费愿望。他们往往在美容美发、穿着打扮、营养食品、健身娱乐、旅游观光等消费方面有着较强烈的消费兴趣。

五、消费习俗与消费流行

（一）消费习俗

1. 消费习俗的特点

消费习俗是人们一项重要的社会生活习俗。它是指一个地区或民族的人们在长期的经济活动与社会活动中约定俗成的消费习惯。主要包括人们对信仰、饮食、婚丧、节日、服饰等物质与精神产品的消费习惯。它一旦形成，不仅直接影响人们的日常生活消费，而且也会影响人们日常生活的消费心理。消费习俗具有以下特点：

（1）长期性

消费习俗是人们在长期的经济活动与社会活动中，由于政治、经济、文化、历史等方面的原因，经过若干年乃至更长的时间，逐渐形成和发展起来的一种风俗习惯。一旦形成就会世代相传，进入人们日常生活的各个方面，稳定地、不知不觉地、强有力地影响着人们的购买行为。

（2）社会性

习俗的产生与沿袭离不开社会环境，是社会生活的重要组成部分，具有社会性。消费习俗是人们在共同从事的经济活动与社会活动中相互影响而产生的，因而带有浓厚的社会色彩。

（3）地域性

消费习俗是特定地域范围内的产物，通常带有强烈的地域色彩。如我国素有"南甜北咸"的饮食习惯，还有北方人喜欢喝花茶，南方人喜欢喝绿茶等习惯，都反映了消费习俗的地域性特征。

（4）非强制性

消费习俗的产生和沿袭往往不是采用强制的手段推行的，而是通过无形的相互影响和社会约束力量发生作用，以潜移默化的方式影响着人们，使生活在其中的消费者有意或无意之间遵守这些习俗,规范自己的消费行为。

2. 消费习俗对消费者行为的影响

(1)形成了习惯性购买行为

由于消费习俗的影响,在购买商品时,往往会经常购买那些符合消费习俗的各种商品。习惯性购买行为是在漫长的社会生活中逐步形成和发展起来的,一旦形成,就具有一定的稳定性,使消费者长期受某种消费习俗的影响。

(2)强化了消费者的偏好与从众行为

消费习俗的非强制性和长期性使消费者自觉或不自觉地固定、重复购买符合某种消费习俗的商品,久而久之,对该商品产生了信任感,形成偏好,并不断得以强化。同时,消费习俗促成消费行为的无条件性,从而强化了消费者的从众行为。

(3)影响消费者行为的变化速度

消费习俗对消费者行为的变化既可以起阻碍作用,也可以起促进作用。一般来讲,当新商品或新的消费方式与消费习俗发生冲突时,由于消费者行为受消费习俗的制约,使消费者行为的变化十分困难。当新商品或新的消费方式与消费习俗具有共同点、相融性时,会加速消费者行为的变化,使消费者迅速接受这种新商品或新的服务方式。

> **小链接**
>
> **澳大利亚的风俗与消费习惯**
>
> **1. 付小费的习惯**
>
> 澳大利亚的当地人有付小费的习惯,而中国人是没有这样的习惯的,所以在澳大利亚要注意这个问题,以免产生误会。付小费在咖啡厅和餐馆里是个经常出现的现象,小费要怎么给是有一定讲究的,不是说所有为你服务的人,你都要付给其小费。需要注意的是,有些人是不收小费的,例如政府公务员、服务台的服务人员、公交司机、警察、电影院引座员、空姐、加油站的管理员。另外,去吃自助餐或快餐时也不用另付小费。
>
> **2. 在商场等营业场所要避免讨价还价**
>
> 在澳大利亚的商场等营业场所要避免讨价还价。即使觉得东西价格太贵,也不要和店员还价,否则会让店员不解,甚至心情不快。但是在二手市场消费时讨价还价就是很常见的了。如果买的东西多的话,可以跟商家要个折扣,所以也建议结伴去买二手商品。

(二)消费流行

1. 消费流行的概念

消费流行是指在一定时期和范围内,大部分消费者呈现出相同或相似行为的一种消费现象。当某种商品或时尚同时引起多数消费者的兴趣和购买意愿时,对这种商品或时尚的需求在短时期内会迅速蔓延、扩展,并带动更多的消费者争相效仿、狂热追求。此时,这种商品即成为流行商品,这种消费趋势就成为消费流行。

2. 消费流行的特点与作用

(1)消费流行的特点

①突发性

消费流行往往骤然发生,没有任何前兆,令人始料不及,随后迅速扩张。

②集中性

消费流行发生后,出现大批的消费者集中竞相购买的现象。

③短暂性

随着人们热情的退却,流行产品很快受到冷淡、无人问津。消费流行这种突发性、集中性和短暂性给营销人员进行销售预测带来了一定困难。

④周期性

曾经流行过的商品,束之高阁几十年后,在人们怀旧思古的情怀下,也许又重返历史舞台,成为新的流行趋势。

(2)消费流行的作用

①刺激和激发消费者的需求与欲望

流行作为一种社会现象,在日常生活中被称为时髦。绝大多数消费者会根据自己的情趣,对不同的流行时尚表现出赶时髦的心理倾向,而这种心理倾向促使消费者产生新的需求。

②促使购买模式趋于一致

消费流行不仅影响消费者的意识、价值观,也影响其购买行为。正是消费者的从众和模仿行为,才使得消费流行得以存在和扩展,其中在购买行为上的从众和模仿促使在消费者人群中出现一致的购买模式。

③有利于企业的销售活动

某种商品的消费流行对其生产和销售会带来有利的影响。

3. 消费流行的方式和阶段

(1)消费流行的方式

①由上至下的消费流行

具体情况有两种,一是上层社会人士或社会领袖人物首先提倡和使用某种消费方式或商品,然后向下传播,使之流行起来;二是统治阶级或政府颁布法令或规定,对人们的某种消费活动进行鼓励,引起消费流行。该种消费流行方式的主要特点是速度快、来势迅猛、传播面广,不仅会对企业或行业的生产经营活动产生影响,甚至会对整个社会风气产生影响。

②横向的消费流行

具体情况是,社会的某一阶层率先使用或倡导某种商品或消费方式,然后向其他阶层渗透、普及,形成消费流行。

③由下至上的消费流行

具体表现为,某种商品或消费方式由普通消费者率先使用或倡导,然后逐渐扩散开来,被社会各阶层、各行业的消费者所接受,从而形成消费流行。该种消费流行方式的主要特点是流行速度较慢,但持续时间较长。

(2)消费流行的阶段
①酝酿期
流行商品由于其特色和优越的性能,开始引起具有创新意识的消费者的注意、兴趣,直至采取购买行为,并对社会产生示范作用。消费流行的酝酿期时间较长,要进行一系列心理观念和舆论上的准备。企业应做好促销工作,激发消费者的兴趣,缩短消费流行酝酿期,尽早进入消费流行高潮期。

②高潮期
新商品由于早期迅速被采用,加之企业的促销努力,引起大众的注意和兴趣,迅速掀起一种消费流行浪潮,对市场形成巨大的冲击,这即为消费流行高潮期。在消费流行高潮期,企业应迅速扩大生产能力,尽快占领市场,争取更高的市场占有率。

③普及期
当消费流行在一定的时空范围内成为社会成员的共同行为和最普遍的社会消费现象时,消费流行便进入了普及期。在消费流行普及期,企业应迅速停止扩大生产,并着手向新的流行商品转移。

④衰退期
当某一流行商品在市场上大量普及,缺乏新奇感,就会使顾客的消费兴趣发生转移,使流行商品在一定时空范围内较快地消失,即进入消费流行衰退期。在消费流行衰退期,企业应迅速转移生产能力,抛售库存。

4. 消费流行对消费者行为的影响
(1)引起消费者认知态度的变化
通常情况下,当一种新产品或新的消费方式出现时,由于消费者对它不熟悉、不了解,往往会抱有怀疑和观望的态度。然后,通过学习、认知过程来消除各种疑虑,决定购买与否。但是,由于消费流行的出现,大部分消费者的认知态度会发生变化,怀疑态度取消,肯定倾向增加,学习时间缩短,接受时间提前。

(2)引起消费者心理驱动力的变化
直接引起、驱动和支配行为的心理因素是需要和动机。通常情况下,购买动机是相对稳定的。但是,在消费流行的冲击下,消费者对流行商品会产生一种盲目的购买驱动力。

(3)引起消费者心理的反向变化
在正常的生活消费中,消费者往往要对商品进行比较和评价后再决定是否购买。但是,在消费流行浪潮的冲击下,常规的消费者心理会发生反向变化。如一些流行商品明明价格很高,消费者却毫不计较,慷慨解囊;相反,原有的商品尽管价格低廉,却无人问津。

(4)引起消费习惯与偏好的变化
由于消费者长期使用某种商品,对该商品产生特殊的好感,习惯性地、反复地购买该商品,还会在相关群体中进行宣传,形成惠顾动机。但是,在消费流行的冲击下,由于生活习惯、个人爱好所形成的偏好心理会发生微妙的变化,惠顾动机也会动摇。

单元四　消费者群体心理与消费者行为

> **单元小结**
>
> 　　群体心理对群体成员的影响主要体现在：群体压力；群体认同感；从众性；群体支持感；群体规模。
> 　　参照群体是指对个人的行为、态度、价值观等有直接影响的群体，这个群体的看法和价值观被个体作为自己当前行为的基础，家庭和社会阶层是主要的参照群体。
> 　　消费习俗是指一个地区或民族的人们在长期的经济活动与社会活动中约定俗成的消费习惯。消费习俗具有长期性、社会性、地域性和非强制性的特点。消费习俗对消费心理会产生很大的影响。
> 　　消费流行是指在一定时期和范围内，大部分消费者呈现出的相似或相同行为的一种消费现象。消费流行具有突发性、集中性、短暂性、周期性的特点。消费流行对消费心理也会有较大的影响。

核心概念

正式群体、非正式群体、现实群体、假设群体、参照群体
群体压力、群体认同感、从众性、群体支持感、群体规模
消费习俗、消费流行

模块二　应用分析

应用案例

解构当代大学生消费行为

　　当代大学生，在生活形态上，绝大部分还是居住在校园中，过着集体的生活。他们对自己的大学生身份有着很高的认同，自然在价值观、生活形态方面也趋于相同。与此同时，集体生活与通信，尤其是网络的普及，使得信息传递在大学生中有着高度的集中性与快速的传递性。价值观与生活态度的一致，再加上信息的一致，很容易引致大学生在某一阶段对某一类、某一个品牌的产品与服务的急剧需求，从而形成消费的潮汐现象。学习方面，诸如考研、考证等；消费品方面，诸如手机、电脑等。

实惠还是很重要

流行、时尚、青春、自信,这些元素是最能打动大学生的。但具体到消费层面,有一个因素不能忽视,那就是"实惠"。在流行与实惠之间,更多的大学生选择的是实惠。也就是说一个品牌要在这批未来的新富人群中建立稳固的忠诚度,一个品牌希望赢得这个群体的重复购买,或者希望通过大学生辐射更多人群,实惠是必不可少的关键元素。有着冲动性购物行为的大学生,也很看重价格因素。在各产品的选择标准中,"价格适中"总是大学生首要考虑的因素之一。大学生最欢迎的三大促销方式是:打折促销、派送促销与赠送小礼品。

甘苦自知的情感消费

据调查,大学生每月用于娱乐、交际、影视的平均费用约800元,这些支出虽然没有占据主要比重,但是,在对收支状况的深入分析后也能得出,娱乐、交际等情感消费已经在事实上成为大学生消费的重要组成。大学生即便有可能面临收支不平衡的情况,也愿意支出他们认为必要的情感消费。

理性消费是主流

价格、质量、潮流是吸引大学生消费的主要因素。讲求实际、理性消费仍是当前大学生主要的消费观念。在购买商品时,大学生首先考虑的因素是价格和质量。这是因为大学生的经济来源主要是父母的资助,自己兼职挣钱的不多。学生每月可支配的钱大约是1 000元到1 500元,这笔钱主要是用来支付饮食和日常生活用品开销的。由于消费能力有限,大学生在花钱时往往十分谨慎,力求"花得值",他们会尽量搜索那些价廉物美的商品。无论是在校内还是在校外,当今大学生的各种社会活动都较以前增多,加上城市生活氛围等诸多因素的影响,他们不会考虑那些尽管价廉但不美的商品,比较注重自己的形象,追求品位和档次,虽然不一定买名牌,但质量显然是大学生非常关注的内容。

追求时尚和名牌仍是不老的话题

即使在取消高考年龄限制之后,20岁左右的青年仍是大学校园的主流群体,他们站在时代的前沿,追新求异,敏锐地把握时尚,唯恐落后于潮流,这是他们的共同特点。最突出的消费就是使用手机。当代大学生的消费中普遍增加了手机的消费项目。此外,电脑及相关消费也成为当代大学生普遍的追求。再次是发型、服装、饰物、生活用品,大学校园中都不乏追"新"族。"是否流行"紧随价格、质量之后,成为大学生考虑是否购买的第三大因素。以上充分体现了大学生对追求高品质、高品牌、高品位生活的需要。

教学案例使用说明

【教学目标】

通过对本案例的分析,学生能够进一步加深对群体压力、群体认同感、群体支持感、从众性、消费习俗与消费流行等概念的认识。

【讨论问题】

1. 请从消费流行和群体心理角度分析讨论当代大学生消费群体。
2. 如何理解大学生群体的消费行为。

【本案例所涉及的理论和知识】

群体心理对群体成员的影响

消费流行的含义、特点及其对消费心理的影响

单元四　消费者群体心理与消费者行为

模块三　技能训练

实训任务：利用本单元所学知识,完成一篇调研报告。

【任务要求】
调研报告题目为"当代大学生消费群体心理与行为分析",不少于5 000字,制作PPT。

【完成任务的方法】
分组完成。

【完成任务所需的资料】
教材、网络资源、实地调查。

【评价方法】
文字报告评审与PPT汇报演示相结合。

模块四　单元测试

【思考题】
1. 群体心理对群体成员的影响主要体现在哪些方面?
2. 参照群体如何分类,各有哪些主要特征?
3. 家庭生命周期通常分为哪些不同阶段?各阶段的主要特征和消费行为的特点有哪些?
4. 划分消费者群体对企业市场营销有何意义?
5. 消费习俗对消费者行为有什么影响?
6. 消费流行对消费者行为有什么影响?

【填空题】
1. 群体心理对群体成员的影响主要体现在:(　　)、(　　)、(　　)、(　　)、(　　)。
2. (　　)是指对个人的行为、态度、价值观等有直接影响的群体,这个群体的看法和价值观被个体作为自己当前行为的基础。
3. (　　)具有长期性、社会性、地域性和非强制性的特点。
4. (　　)是指在一定时期和范围内,大部分消费者呈现出相似或相同行为的一种消费现象,具有突发性、集中性、短暂性、周期性的特点。
5. 社会阶层不是受单一因素的影响,而是同时受(　　)、(　　)、(　　)、(　　)等多种因素的影响。

单元五 产品组合与消费者行为

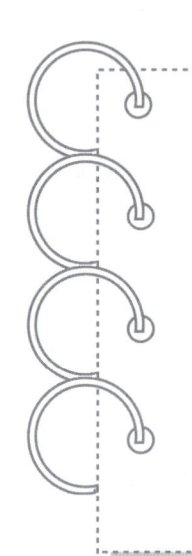

教学目标 >>>

1. 能描述产品开发和设计中的心理因素
2. 能解释产品品牌、包装的重要价值以及对消费者行为的影响
3. 能阐述产品生命周期的不同阶段，以及在不同阶段怎样影响消费者的购买行为
4. 能应用产品组合对消费者购买决策的影响对特定的产品拟定产品策略

素养目标 >>>

1. 培养学生的观察能力、信息收集能力
2. 培养学生的知识产权保护意识

引 例

个性定制产品的消费心理解读

时尚的一个主要特征是，消费者可以按照自己喜欢的方式来展现自我，而对于标准化和规模化的产品，一些消费者总会觉得有缺憾。因此这些消费者更希望企业可以按照自己喜欢的方式来设计和开发产品，这已成为当前的一种新消费需求。

时下，一些消费者越来越倾向于个性化消费。于是为满足这部分消费者的需求，定制消费应运而生。那么消费者为何热衷个性化定制产品，其消费心理又是怎样的？

随心所欲的心理实现

时尚的一个主要特征是,消费者可以按照自己喜欢的方式来展现自我,而对于标准化和规模化的产品,一些消费者总会觉得有缺憾。因此这些消费者更希望企业可以按照自己喜欢的方式来设计和开发产品,这已成为当前的一种新消费需求。

从很多领域的DIY设计开始,消费者越来越希望有一些能够实现自己想法的个性化产品,电脑、家居用品的DIY模式就是这种消费趋势的代表。而作为能够彰显消费者气质和审美情趣的标志产品,如珠宝首饰和其他奢侈品,定制自然也就成了满足消费者需求变化的方式之一。因此,商家能够按照消费者的要求来定制产品,是对其寻求个性梦想的一种实现。同时也是更好地将消费者个性元素融入时尚潮流的表现。

求异是时尚核心要素

作为时尚主导者来说,求异是时尚的一个核心要素。

从时尚的发展进程来看,最早的贵族消费就是以定制为主的。几十万元的晚礼服,上百万元的顶级珠宝首饰,这些只被划归在上流阶层的定制服务,曾经一度使富贵豪门生活充满神秘感与奢侈性。而时尚化,个性化,昂贵的专业制作更把这项服务推至顶峰。

稀有、独特的情感价值表达

为了防止奢侈品贬值,很多生产商目前都已经通过为顾客量身定做产品、销售限量版制衣或推出非销售版手袋等策略来保持领先地位。对于消费者来说,稀有的数量、独特的设计和特别的纪念意义极具吸引力,这甚至超越了产品本身的价值。因此,定制版、限量版的产品常常会让一些消费者无法拒绝,这与人们希望收藏一个产品,并在未来传世的心理有关。同时,也体现了消费者希望抬高身份及通过消费产品来体现自身特权的心理,或者说,这与人们的占有欲有紧密联系。在这些追随定制版或者限量版的消费者身上,独一无二的个性,对生活品质的追求,以及满心狂热的态度被表现得淋漓尽致。

随着人们生活和消费水平的提高,定制服务目前已经不再是富豪和贵族的专属,个性化的新一代和追求生活品质的消费者已经成为定制化生活的主要消费群体。因此对于更多消费者来说,定制成了一种简单而时尚的生活方式。特别对于珠宝首饰这样极具个性化的商品来说,似乎没有比定制服务更好的选择了,因为消费者购买产品的时候,不仅需要美观,而且希望能与服装和自己的个性相配。因此,定制本身也是特定消费族群的生活方式的表达。

时尚奢侈品卖的是产品所富含的能够带给消费者情感满足的特殊属性,定制服务让这种情感属性更加发挥到极致。因此,定制是一种消费者个性化价值、参与价值、稀有价值、独占价值的心理体现。

产品策略是市场营销策略中最重要的因素,本单元要讲述的内容是产品组合中的产品开发与设计、产品品牌、产品包装、产品服务、产品生命周期策略中心理策略的运用。产品策略直接影响和决定着其他市场营销组合因素的管理,对企业市场营销的成败关系重大。在市场经济条件下,每一个企业都应致力于产品质量的提高和组合结构的优化,创造出品牌,在这个过程中要充分利用消费者的心理因素,在满足消费者需要的同时取得更好的经济效益。

微课:产品组合与消费者行为

模块一　基础知识

一、产品开发与消费者行为

(一)产品的概念和分类

一个公司一旦细分了市场,选择了它的目标顾客群体,识别出它的需要,确定了所希望的市场位置,它就准备开发和推出合适的新产品。营销与其他部门在参与产品开发与设计的每一个步骤时,都需要考虑顾客的心理因素,并采取相应的策略。

1. 产品的整体概念

现代市场营销理论认为,产品整体概念包含核心产品、有形产品、附加产品、期望产品和潜在产品五个层次。

(1)核心产品

核心产品是指消费者购买某种产品时所追求的利益,是顾客真正要买的东西,因而在产品整体概念中也是最基本、最主要的部分。消费者购买某种产品,并不是为了占有或获得产品本身,而是为了获得能满足某种需要的效用或利益。

(2)有形产品

有形产品是核心产品借以实现的形式,即向市场提供的实体和服务的形象。如果有形产品是实体,则它在市场上通常表现为产品质量水平、外观特色、式样、品牌名称和包装等。产品的基本效用必须通过某些具体的形式才能实现。市场营销者应首先着眼于顾客购买产品时所追求的利益,以求更完美地满足顾客的需要,从这一点出发再去寻求利益实现的形式,进行产品设计。

(3)附加产品

附加产品是顾客购买有形产品时所获得的全部附加服务和利益,包括提供信贷、免费送货、质量保证、安装、售后服务等。附加产品的概念来源于对市场需要的深入认识。因为购买者的目的是满足某种需要,因而他们希望得到与满足该项需要有关的一切。美国学者西奥多·莱维特曾经指出:"新的竞争不是发生在各个公司的工厂生产什么产品,而是发生在其产品能提供何种附加利益(如包装、服务、广告、顾客咨询、融资、送货、仓储及具有其他价值的形式)。"

(4)期望产品

期望产品是指购买者购买某种产品通常所希望和默认的一组产品属性和条件。一般情况下,顾客在购买某种产品时,往往会根据以往的消费经验和企业的营销宣传,对所欲购买的产品形成一种期望,如旅店的客人期望的是干净的床、香皂、毛巾、热水、电话和相对安静的环境等。顾客所得到的,是购买产品所应该得到的,也是企业在提供产品时应该提供给顾客的。对于顾客来讲,在得到这些产品的基本属性时,并没有太多的期望和偏好,但是,如果顾客没有得到这些,就会非常不满意,因为顾客没有得到他应该得到的东西,即顾客所期望的一整套产品的属性和条件。

(5)潜在产品

潜在产品是指一个产品最终可能实现的全部附加部分和新增加的功能。许多企业通过对现有产品的附加与扩展,不断提供潜在产品,所给予顾客的就不仅仅是满意,而且还能使顾客在获得这些新功能的时候感到喜悦。所以,潜在产品指出了产品可能的演变,也使顾客对于产品的期望越来越高。潜在产品要求企业不断寻求满足顾客的新方法,不断将潜在产品变成现实的产品,这样才能使顾客得到更多的意外惊喜,也才能更好地满足顾客的需要。

2. 产品的分类

产品的分类方法多种多样,可以划分出不同的产品类型:

(1)按照产品是否耐用,分为耐用品、非耐用品。

(2)按照消费者的购物习惯,分为便利品、选购品、特殊品和非渴求品。

(3)按照产品参与生产过程的方式和产品价值进入新产品的情况,分为材料、零件、资本项目、物资和服务。

(二)产品开发的一般原则和步骤

1. 产品开发的一般原则

(1)从社会实际情况出发,依靠科技进步,不断创新,努力生产出适应市场需求的新产品。

(2)保持新产品开发的连续性。开发新产品既要多样化,又要保持前后衔接,使企业能持续地以新颖、适销对路的产品供应市场。

(3)提高产品开发通用化、标准化和系列化水平,这既能减少设计、制造的工作量,加速新产品开发和制造的进程,也便于使用、维护和保养,从而降低开发制造和使用过程的费用。

(4)符合国家颁布的政策、法令和法规。企业若不注意相关的法令法规,会使其付出巨大人力和财力开发出的新产品,因不符合国家的能源、环保、安全卫生、技术等方面的规定而被扼杀在摇篮之中,使企业遭受难以弥补的损失。

2. 产品开发的步骤

企业产品开发的过程并没有固定的模式或统一的程序。一般的新产品开发都是分阶段、分步骤进行的,大致包括以下几个步骤:

(1)制订新产品战略计划

新产品开发过程应该始于对新产品的战略计划,企业要对新产品开发活动所要达到的目标有一个清晰的表述。在广泛收集内外部信息的基础上,制订出符合本行业和企业发展的新产品开发计划,这对新产品开发具有至关重要的作用。战略计划首先要为企业的新产品开发活动规定总体范围,然后设定目标,接着制定为实现这些目标采取的总体政策。这些综合起来构成企业的产品开发大纲,为产品开发人员提供一种方向的指引。

(2)新产品构思

新产品构思是新产品战略计划的后续,也是整个新产品开发过程的触发点。首先,要对出现的新产品提出最初概念,它可以由企业的营销、设计、生产和其他对新产品开发感兴趣的部门提出,这种概念可以是新产品的具体形式,也可以是可能的技术应用或者用户的需要。其次,要对提出的概念进行初步评价,通过概念测试,使其得到扩大和提炼以接受全面的筛选。构思不是凭空瞎想,而是有创造性的思维活动。以下是由四种不同原理派生出的构思方法。

①属性分析:在审视已有产品的过程中产生新的产品概念。

②需求分析:通过考察一种产品的用户(公司或个人)产生新构思。

③关联分析:以一种新的独特方式去看待事物,在通常看来毫无关系的事物之间发现联系。

④全体创造力分析:依靠集体的智慧,由一人提出一种想法,另一人对此作出反应,其他人再对上述反应作出反应,它主要是在头脑风暴法的基础上发展起来的。

新产品构思的来源很多,主要有以下几个方面:

①顾客。顾客的需求和欲望是新产品构思最丰富的来源,也是企业寻求新产品构思的起点。顾客在使用企业产品的过程中,直接感受到产品的优点与不足之处,并针对这些不足产生关于产品改进或进行相关产品系列扩展的需求。许多产品开发人员认为,要找到最理想的产品构思,需通过向顾客询问现行产品的问题来获得。

②企业研发部门。据统计,有88%的新产品构思来源于企业内部,而其中有60%来自研发部门。一个企业研发部门的主要任务是有计划地进行产品开发过程中的基础研究、应用研究以及开发研究,并不断地产生各种新的产品构思。

③竞争对手。所谓"知己知彼,百战不殆",了解竞争对手的产品和服务特性,并找出其中需要完善或更新的部分,从而得到构思。

④中间商。由于中间商处于市场的前沿,能够敏捷地了解市场需求的变化趋势,在经营过程中也了解竞争者的动态,所以中间商往往会提供较新的想法。

(3)新产品筛选

经过扩充和提炼的产品概念要接受全面而严格的筛选。筛选时要根据一定的标准对各种产品的设计方案逐项进行审核。审核的程序可以是严密组织和详细规定的,也可以是随机的。这个审核阶段要淘汰大部分建议,以免造成随后费用的大幅度上升。

(4)制定规划或建立项目

如果概念可以接受,企业就需要按产品制定规划或建立项目,具体这两者的选择要取决于该产品开发所需基础研究的多少。如果该产品概念属于高新技术产业,目前该领域的研究成果很少或没有,企业就需要制定该产品开发的长远规划;如果该产品概念所需基础研究很少,本行业、本地区已有相关的理论可供借鉴,则企业只需建立产品项目即可。

(5)开发

这一阶段包括三种类型的活动:技术、评价和营销计划。在每一类活动中,从事这些工作的人员起初都是流于一般的、模糊的和概念上的认识,随着开发的不断深入,工作才逐渐趋于某一具体的目标。在开发过程中,这三种活动应该相互关联,相互一致,共同作用于项目开发。

(6)投放市场

新产品的实际营销活动要紧随开发过程的顺利完成而开始,而且要与其他活动紧密联系。在新产品的开发过程中,投放市场的准备活动就已经开始了。技术人员要从事生产线的扩大或产品的进一步改进;营销人员要考虑周详,反复修订,最后制订出耳目一新的战略计划,来应对各种可能的市场变化;评价人员要对技术和营销活动进行实时跟踪,对市场预测的关键变量做出准确估计,对出现的偏差及时修正,确保产品上市成功。

(三)产品开发与设计的心理策略

1. 顾客购买新产品的类型及心理分析

当新产品投入市场后,消费者的反应是不一样的,有些会立即购买,有些呈观望状态,而有些则根本就不会购买,这主要是由于消费者心理需求、个性特点及所处环境的差异,这些差异造成了消费者对新产品的感知反应速度和接受程度的不同。

(1)新产品采用者心理活动过程的五个阶段

①知晓:消费者对该创新产品有所觉察,但缺少关于它的信息。

②兴趣:消费者受到激发,以寻找该创新产品的信息。

③评价:消费者考虑试用该创新产品是否明智。

④试用:消费者小规模地试用该创新产品,以改进他或她对其价值的评价。

⑤采用:消费者决定全面、经常地使用该创新产品。

采用过程分析法,可以启发新产品营销人员思考如何使消费者通过这些阶段,成为本公司的用户。如一个新的化妆品制造商发现许多消费者停留在感兴趣阶段,他们不购买是因为担心新产品的效果或费用,这时化妆品制造商可以采取试用或对购买费用进行划分等方式,来打消消费者的疑虑。

(2)新产品购买者的类型

①最早购买者

最早购买者也称创新购买者,是指在新产品上市之初就购买的人群,约占全部潜在购买者的2.5%。这部分消费者求新、求奇、求美的心理需求强烈,富有冒险精神;收入水平、社会地位和受教育程度较高;大多数为年轻人,交际广泛且信息灵通。

②早期购买者

早期购买者也称早期采用者,是指在新产品上市初期,继最早购买者购买之后,马上进行购买的消费者,约占全部潜在购买者的13.5%。这部分消费者大多在某个群体具有很高的威信,受到其他成员的爱戴、追随,他们对新生事物比较感兴趣,对新产品有比较强烈的欲望,是购买新产品的积极分子。

③较早购买者

经过"最早购买者"和"早期购买者"对产品特点、性能、用途的证实后,继而实施购买行为的消费者称为"较早购买者",约占全部潜在购买者的34%。这部分消费者在消费中具有明显的同步仿效心理,乐于接受新事物,但一般小心谨慎。这部分消费者的购买量较大,他们是促成新产品在市场上走向成熟的主要力量。

④晚期购买者

晚期购买者是指接受并使用新产品后才开始购买新产品的购买者,这部分购买者约占全部潜在购买者的34%。而且,这部分消费者思想谨慎,对新生事物的接受比较慢。当购买新产品的人越来越多,产品的特性已被证实并产生消费趋势后,才开始购买。这部分消费者对新产品在市场上达到成熟饱和状态的作用重大。

⑤守旧者

守旧者也称落后采用者,指最后购买和最终拒绝购买新产品的消费者,这部分消费者约占全部潜在购买者的16%。这类消费者心理保守,受传统观念、文化水平和所处环境的束缚,倾向于传统的消费模式,社会地位和收入水平一般较低。

2. 产品开发与设计的心理策略

产品开发与设计是企业适应市场需求、保持竞争力的本质要求,也是企业科研水平、技术水平、工艺水平的具体表现。但是,如果开发出来的产品没有考虑顾客的需求、不为市场所接受,那么产品开发能力再强,设计出来的产品再新颖,也无法取得预期的效果。

具体而言,可以从以下八个方面考虑消费者的心理需求,进而开发和设计新产品。

(1)满足消费者提高物质生活水平的需要

随着收入水平的提高,人们在物质生活水平上不再满足于基本的吃、穿、住,而是倾向于更高的物质消费。家用电器设备种类越来越多,从洗衣机、洗碗机、冰箱等传统的电器发展到多种类型,甚至在原有电器功能的基础上开发出了新的功能,如洗衣机具有了烘干功能等。

(2)满足消费者提高精神生活水平的需要

精神要求一般随着物质水平的上升越来越高,趋向多样化。

(3)满足消费者保持健康生活的需要

身体是革命的本钱,特别是在生活节奏快、工作压力大的都市,如何保持身心健康是人们关注的焦点,于是,许多健身设备、保健食品应运而生,许多房地产商也打出"环保"的口号,吸引了众多的消费者。

(4)满足消费者寻求便利的需要

社会分工越来越细化,人们也越来越愿意享受分工带来的好处,商家在满足消费者寻求便利的经营中得到发展。例如,在社区中出现了24小时便利店,超市里出现了配菜、多种方便食品等。

(5)满足消费者追求多用途的需要

多种用途的产品能提高产品的使用效率,减少占用空间,方便携带等。如瑞士军刀,集多种功能于一身,深受消费者的喜爱。

(6)满足消费者安全的需要

随着科技的发展以及人们生活水平的提高,各种科学技术运用到产品设计中来,但同时消费者也产生了不安全的心理。怎样使产品给消费者带来安全的感觉,是产品设计与开发中需要考虑的问题,企业也可能由此开辟新的市场。如电脑防辐射装置、绿色食品、家里安装的警报器等。

(7)按消费者改进产品的建议进行开发设计

消费者在使用产品时会出现抱怨情绪,这也是产品设计的一个灵感。

(8)满足少数人、高敏感人群的需要

市场上往往会存在少数生活形态异常的群体,设计开发以满足这部分群体的潜在需要的产品,可能会打开另外一片市场。

小链接

美国奇异电器公司在进行产品设计时考虑的十大因素见表5-1,这些因素是相互联系的,而且始终围绕消费者的需求。

表5-1　　　　美国奇异电器公司在进行产品设计时考虑的十大因素

	因素	说明
1	产品的范围	根据公司的性质、生产能力和长远目标,生产哪些产品?不生产哪些?
2	顾客的习惯	顾客对产品的使用习惯如何?购买的动机是什么?是否适应顾客需要?
3	产品的评价	产品在市场上的信誉如何?评价结论如何?是否有吸引力?
4	产品的构思	对产品功能和效用有什么新的构思和设想?要进行怎样的革新和创造?
5	产品的特点	产品应该具备什么样的特征和品格,才能在同类中出类拔萃?
6	产品的外观	应赋予产品什么样的外观形象,才能赢得顾客的喜爱?
7	生产的时机	产品应该何时投入生产?何时进入市场?生产多少数量?
8	生产的流程	生产这种产品要采用什么样的工艺流程,要增加什么新的设备和原材料?
9	产品的成本	生产这种产品的成本是多少?定什么价格?取得多少利润才有利于竞争和占领市场?
10	产品的情报	设计和生产这种产品要有哪些数据?哪些科学技术情报?哪些市场资料?

(四)新产品开发需要具备的基本营销技能

1. 对消费者行为的洞察能力

对消费者行为的洞察能力是至关重要的方面,因为需求研究是建立在研究消费者的一切行为之上的,需要通过现象深入剖析消费者的内心世界,所以需要了解消费者的整个决策过程以及其中的各种变数。例如,对消费者价值观、个性、动机、需求、态度、行为、习惯、情景等概念和流程衔接的深刻把握,非常利于后续挖掘消费者在某一个方面的表现。

2. 深度访谈的挖掘能力

对消费者需求进行了解,首先需要深度挖掘消费者的内心世界。从目前市场研究的方法来看,深度访谈是最适合进行深度挖掘的方法,所以要得到消费者需求的重要前提就是需要有深度访谈的技巧和应变能力。

3. 需求提取和整理的能力

在进行需求提取和整理之前,需要对"需求"这一概念给予充分的掌握和理解,这样在需求的整理过程中才能更加明确和顺畅。针对深度访问结果进行需求语句的提取,需要保持清醒的头脑,迅速发现被访者的"问题"所在,进而提炼出相应的需求。另外,对于需求的整理和筛选还需要根据一定的标准和企业自身资源的衡量来进行取舍。

4. 市场调研定量方法的理解与执行能力

在后续的大量定量调研的过程中,除了需要对基本定量方法的掌握外,还需要在实际调研过程中的执行控制能力。由于需求条目的多少直接影响到不同的定量调研方法,所以对数据准确性的控制是一大难题,需要根据不同的定量方法采用不同的控制方法。如街访、小区入户等不同方法。

5. 市场调研的统计与分析能力

需求研究需要采用因子和聚类分析等方法,还要进行数据的处理和转换等,这些都需要调研人员具备一定的统计知识、软件使用和分析能力。

6. 掌握市场细分知识的能力

由于采用需求研究的一个最重要的目的是进行市场细分,所以对于市场细分的过程和细分后市场的评估等方面都需要准确地把握。

7. 掌握产品概念卡的制作与测试能力

根据需求研究的思想深入调查被访者的动机,然后进行产品概念卡的制作,最终目的是树立产品的价值联想基础,一切的宣传和产品的各个方面属性都必须反映这一动机。需要对产品概念卡的制作和测试等知识掌握后才可以进行项目开发。

8. 进行新产品定义的能力

进行需求研究细分出市场后,针对细分市场的新产品功能等相关属性也将逐步明确,此时需要根据一定的标准来进行新产品的定义,然后转换成产品研发部门所需要的技术要求术语,进而进行新产品的开发工作。

二、产品品牌与消费者行为

(一)品牌的概念、功能和特性

1. 品牌的概念

品牌是一个复合概念,是产品或服务的脸谱,是一个名字、词语、符号或设计图案;品牌是消费者对产品或服务甚至公司的总体概念,这种概念是通过消费者使用该产品或服务而获得的,它是一种心理上的感受;品牌又是一个营销学上的概念。

品牌主要包括品牌名称和品牌标志两部分。品牌名称是指品牌中可以用语言称谓的部分,也称"品名",如奔驰;品牌标志也称"品标",是指品牌中可以被认出、易于记忆但不能用言语称谓的部分,通常由图案、符号或特殊颜色等构成。品牌是抽象的,是消费者对产品的感受的总和。产品是品牌的基础,没有好的产品,这个用于识别产品来源的品牌就无以存在;品牌以产品为载体,品牌是产品与消费者之间的纽带。成功的品牌总是具有独特的个性与整体风格,一定是从竞争产品中自我凸显出来的,这些品牌能将产品的实质与感性特点连接成一个简单的、有力的个性,所以说,品牌是一个综合的概念。

2. 品牌的功能

(1)识别产品

消费者一般都是通过品牌来区别市场上流通的产品,进而选择自己喜爱的品牌。认牌购物就是消费者凭借品牌来选择产品,从某种意义上来说,品牌推动了产品的生存与发展。品牌本身就是一个重要的、消费者能够接收得到的(通过品牌传播)、对选购产品有支持作用的信息源。借助品牌,使消费者对处在不断发展变化中的产品信息及其相关信息能够做到及时、全面、动态的了解。

(2)保证质量

品牌代表着质量,名牌产品往往由于其质量和服务水平较高而为人所称道,因此,人们在购买时不仅可以用名牌消除自己的疑虑,而且还能感受到满足感和荣耀感。企业设计品牌、创立品牌,并且希望把品牌培养为名牌,为此,企业在产品的质量上下大量的工夫。例如,人们一提到家电品牌,就会自然联想到"海尔",因为海尔家电有可靠的质量和优质的售后服务。

(3)维护权益

品牌是用以识别生产者或销售者的产品或服务的。品牌拥有者经过法律程序的认定,享有品牌的专有权,有权要求其他企业或个人不能仿冒、伪造。企业产品的品牌经过注册,取得商标专用权后,就可以防止其他企业的侵权行为。同时,消费者可以通过产品品牌来维护自己的权益,也可以按图索骥找到生产企业。

3. 品牌的特性

(1)品牌具有无形资产的特性

品牌本身没有物质实体,不占有空间,它与厂房、设备等有形资产不同,不能仅凭人们的感官直接感觉到它的存在与大小,但它却又客观存在。如微软1999年的品牌价值为566.54亿美元,2017年上升为1 432.22亿美元。品牌作为无形资产较之资本是更先进的生产要素,在经济生活和经济发展中能起到更大的作用,且不会因为使用而损耗,相反会因为扩大使用和影响而使无形资产增值。谁拥有了著名的品牌,谁就等于掌握了"点金术"。2021年BrandZ全球最具价值品牌百强榜上榜中国品牌见表5-2。

表 5-2　2021 年 BrandZ 全球最具价值品牌百强榜上榜中国品牌

2021年排名	2020年排名	品牌	2021年品牌价值（亿美元）	品牌价值同比变化
5	7	腾讯	2 409.31	60%
7	6	阿里巴巴	1 969.12	29%
11	18	茅台	1 093.30	103%
34	54	美团	523.65	119%
44	52	京东	445.16	75%
45	79	抖音	435.16	158%
49	38	平安	380.54	13%
50	45	华为	380.21	29%
51	31	中国工商银行	377.65	−1%
65	68	海尔	264.22	41%
68	36	中国移动	258.21	−25%
70	81	小米	248.85	50%
77	91	百度	233.58	57%
81	新上榜	拼多多	217.32	131%
87	73	友邦保险	205.99	16%
93	64	滴滴出行	200.41	0%
94	58	中国建设银行	197.76	−6%
96	新上榜	贝壳找房	194.93	新上榜

(2) 品牌潜在价值的不确定性

品牌潜在价值的不确定性是指品牌有时可使产品取得很高的附加值,有时则由于社会环境、市场变化、自身在技术上和经营服务更新方面竞争力不足,未能保持产品质量不断提高,成本价格增加使企业原有的品牌迅速贬值。品牌运作存在风险,企业的产品质量出现意外、服务不过关、品牌资本盲目扩张等,都会给企业品牌的维护带来难度。

(3) 品牌成为国家形象的代表

一个国家在国际上的品牌声誉和拥有名牌的数量在一定程度上反映了这个国家的形象和经济实力,反过来,国家形象又会不断扶持、强化品牌的国际地位。品牌是企业最重要的无形资产,是一个企业的生命线,而且是企业产品或服务的市场信誉、市场占有率和市场竞争力的集中体现,其发展水平乃是衡量一个国家、一个地区的经济科技水平的重要标志。

(4) 品牌的综合效应

对企业经营者来说,品牌价值可带来声誉、利润、资金和营销投资效应;对投资者来说,品牌价值可带来股值、信心和意愿;对顾客来说,品牌价值可带来形象和身份;对渠道商来说,品牌价值可带来货架权和周转力。

(二)品牌命名的心理分析

品牌名称是消费者认识特定产品的一种重要的知觉线索。按照条件反射学说,和其他中性刺激物一样,任何语言文字均可条件化而成为特定产品的代表。一旦品牌名称与产品之间建立起某种条件联系,就可能取代产品信息而仅凭品牌名称选择产品。品牌具有一系列的心理功能,因此在对品牌命名的过程中必须进行认真的考虑,使品牌名称符合消费者的心理需求。

1. 品牌命名的心理需求

为了使品牌名称更有效地被消费大众所接受,在命名时应注意以下几点:

(1)有利于消费者记忆

品牌名称易读易记,有利于加深消费者对产品的印象。

(2)有利于与其他品牌名称区别

与其他品牌名称区别是品牌命名的最主要的目的,通过品牌名称能使产品从众多同类产品中脱颖而出。

(3)有利于展现产品特性

品牌名称要与产品的实体特征相适应,名实相符,通过名称能使顾客迅速了解产品的基本效用和主要特征,如"热得快"。

(4)有利于积极的心理效应

积极的心理效应如动听、富有联想等,通过品牌能使消费者产生美好的联想,进而形成良好的心理感受,激发购买欲望。

(5)符合基本文化与亚文化的特点

避免禁忌,不同国家、民族存在不同的社会文化传统,因此,消费者的习惯、偏好、禁忌也有所不同,品牌命名时不能忽视这个问题。

2. 品牌命名的心理策略

品牌命名需要注意名称和产品实体之间的内在联系,否则,将会产生适得其反的效果。可以运用多种命名方法对品牌进行命名。

(1)根据产品的主要效用命名

根据产品的主要效用命名是品牌命名的最主要方法,如"感冒灵""毛发再生精""止痛膏"等。这种命名方法常用于日用工业品和医药用品,它能直接反映产品的主要性能和用途,使消费者一目了然,容易理解,同时也便于记忆。

(2)根据产品的主要成分命名

根据产品的主要成分命名也相当普遍,如"五粮液""八宝饭""人参蜂王浆""参茸大补丸""珍珠霜"等。这种命名方法既能使产品明显区别于其他同类产品,又能突出产品本身的特色和价值。它主要应用在营养食品、化妆品和医药用品等方面。

(3)根据产品的产地命名

根据产品的产地命名,如"茅台酒""龙井茶""北京烤鸭""孝感麻糖""青岛啤酒"等。这种命名方法多用于土特产品,突出它的独特地方风味和悠久的历史。

(4) 根据人名或制作方法命名

前者如北京的"王麻子菜刀"、四川的"麻婆豆腐"、河南的"杜康酒"、南京的"中山装"等,后者如北京的"二锅头"等。这种命名方法或者将特定的人物与特定的产品联系,或者突出某种独特的加工过程。以这种方法命名的产品,给人以货真价实、质量可靠、工艺精良、历史悠久的印象,有传统名牌的感觉。

(5) 根据产品的外形命名

根据产品的外形命名如"宝塔糖""大雪人雪糕""绿茵白兔饺"等。这种命名方法多用在食品、工艺品和儿童用品等方面。这种命名方法突出了产品的优美造型,容易引起消费者的注意和兴趣,尤其适合于儿童用品的命名;一些食品、菜肴用这种方法命名还会给人以加工精细、考究的感觉。

(6) 根据外文译音或外来词命名

根据外文译音或外来词命名的方法,一类是简单地将产品原有的外文名称依照发音翻译成同音的汉字,不强调字义,如"阿司匹林""摩托""沙发""吉他""三明治""比萨"等;另一类是根据外文发音,选择谐音且寓意良好或与产品本身功能、特点相符的汉字构成产品的中文名称,如"可口可乐""奔驰""宝马""飘柔"等。有的则基本上脱离了原名的发音,只是根据其意义译成中文,如"七喜""随身听"等。这种命名方法可以使消费者感受到一种新奇、陌生而又神秘的异国风味,唤起消费者高品位的联想,满足消费者求新、求变、求异的心理。

(7) 根据美好的寓意命名

根据美好的寓意命名的方法通过褒义词语或适当的文学夸张、比喻来暗示产品的性能和质量,如"美加净""神功元气袋""百岁酒""老头乐""万家乐""万宝""的确良""永久""夏利"等。用这种方法命名产品,可以借助良言美语宣传产品,激发消费者积极的心理感受,使之乐于接受。

3. 品牌命名的误区

(1) 雷同化

有资料显示,在全国注册过的商标中,"熊猫"有331家,"海燕"有193家,"天鹅"有175家,而"工农"则高达551家。如此雷同,势必给消费大众的识别造成困难,也不利于在消费者心目中树立本企业或产品的鲜明形象,尽管这些名称本身是美好的。

(2) 滥用外来语

不顾市场在哪里或目标对象是谁,盲目地追求命名使用外来语,这种现象可称为滥用。明明是地地道道的国货却偏要起个听不懂、搞不明的"舶来品"名,常令许多不知内情的消费者很难辨别这些产品到底是国货还是进口产品。在医院里,常常可以听见一些患者对蹩脚的西文直译药品抱怨:难念,更难记。一个蹩脚的商标名称不仅难以体现其产品的地位,而且也很难有效地创造产品形象。商标命名作为一种企业文化现象,体现着经营者的文化素养;作为一种产品行为,体现着企业的形象和品牌意识。

(3) 猎奇求偏

单纯追求独特,往往会走向猎奇求偏的境况,陷入庸俗化,这一点尤其体现在店铺的命名上。有些店铺的命名违背了消费者的正常心态,或有损民族情感,或有伤社会风化,以至于消费者对这些店铺或望而生畏,或望而生厌,更不用谈有进去光顾的兴趣了。

单元五　产品组合与消费者行为

> **小链接**
>
> **品牌命名的社会文化属性**
>
> 　　许多品牌命名过于追求独特性而忽视了社会文明的共性。真正的独特性不能游离于共性之外。这里所说的共性可以理解为社会文明，更具体地说，即社会文化特征，它包括历史、风俗、习惯、语言文字的特点等。假若在为出口产品命名时，忽略了甚至违背了进口国的社会文化特征，那么，这种出口产品遭到冷遇，甚至遭到排斥都并不奇怪。例如，由于语言文字发音规则的差异，我国的名牌产品"青岛啤酒"，其英文名称为 TSINGTAO。在英语中，TS 两个字母连在一起不知怎么念，致使品牌传播遇到一定的困难。碰上同字异义就会闹出更大的笑话。例如，我国一家企业生产的"白象"牌电池物美价廉，出口至一些非英语国家也很受欢迎。然而，出口至英语国家时却遭冷遇，销售寥寥。原来其英文商标"White Elephant"指花钱买废物，这就难怪英语国家的消费者不愿掏钱购买如此"无用而累赘"的电池了。再如，我国生产的一种名为"芳芳"牌的唇膏，在国内的销售效果很好，可是出口到北美地区，女士们见了却退避三舍，因为汉语拼音的 Fang Fang 在英语中意为狼的尖牙或毒蛇的毒牙，因而当地的消费者只能望而生畏，不敢购买，致使产品无人问津。
>
> 　　国外的一些大公司和企业为了设计一个好商标或给企业和产品起一个好的名称，往往要通过大量的市场调查、分析和研究，有的甚至不惜耗费巨资。如美国的一家跨国石油公司在准备为本公司改名时，对公司的新名称提出了严格要求，即必须在字形和发音上完全中性，以便在全球市场上，无论以哪种语言说出，都不含贬义。为此该公司耗资 1 亿多美元，分别请心理学家、社会学家、经济学家、语言学家等研究了世界上 55 个国家的语言和风俗习惯，最后从一万多个方案中选择了一个，其目的就是避免消费者的不正确联想，以有利于产品的销售。

(三)商标设计的心理分析

消费者对于不同的商标存在的感知不同，这使消费者对于某些商标印象较好，进而会光顾产品，因此，商标的设计应考虑消费者的心理效应。

1. 简洁优美

商标不仅具有明确的标志作用，而且追求美学效果，优美的商标往往使消费者记忆深刻。所以在设计商标时语言要简洁，图案要简单大方，以满足消费者的审美要求。

2. 富于特色

商标构思要创新，推出新颖别致、风格独特的设计，给顾客以强烈的、美的享受和刺激。

3. 体现产品的特点、风格

根据企业对产品的定位进行商标设计，如"飘柔"洗发水体现了该产品的性能、特点，德国大众汽车取名"大众"意思是要生产符合普通民众需要的汽车。

4. 符合目标市场的文化环境

根据不同国家、不同民族的文化特色,设计出符合其价值观、审美观的商标,是企业本地化的一个基本要求。许多国家有忌讳的图案、文字、符号、色彩等,因此,商标设计时要注意避免。

5. 合法原则

商标设计以合法性为原则,不能和竞争产品的商标故意混淆。此外,我国商标法规定不许以地名作为注册商标。商标设计需要考虑的因素很多,怎样在激烈的市场竞争中设计出新颖、醒目的商标已成为企业产品策略的重要组成部分。为此,许多企业不惜重金,耗费大量的人力、物力来寻求理想的商标设计。

(四)品牌策略的心理分析

1. 品牌的心理功能

(1)品牌认知心理

认知心理学研究认为,在信息超载时代,人们常常是凭借片段的信息来辨认物体和认识事物的,这就是主观认知。品牌作为产品的标志,它可以表现出与同类产品间的差异,消费者正是凭借着对品牌特征产生一种感觉和体验,帮助其选择或识别产品。心理学认为,这一现象就是品牌认知,它在消费者头脑中形成一种无形的识别器,其基本功能是减少人们在选购产品时所花费的精力、风险和时间。

(2)品牌情感体验

品牌认知能反映人们对品牌情感的表达,因为一个品牌反映了一种生活方式、生活态度和消费观念,使它与消费者在情感上产生共鸣。如今,成功的品牌对消费者的影响正是这样,它以高美誉度、高强度、高冲击力的信息,诱导消费者将注意力集中在品牌产品上,进而引导消费者购买品牌产品。有调查表明,名牌占全部品牌的比率不到3%,但名牌产品所占的市场份额却高达40%以上,销售额占市场销售额的一半左右。

(3)品牌的价值感受

品牌在人们心目中代表了使用者具有的那一类身份、地位和个性。更重要的是,品牌可以给消费者一种文化附加值,给社会传播一种观念,消费者购买和消费优质可靠的品牌产品,可使其感受到相应的身份、地位、荣誉和自信,从而获得心理上的某种满足与体验,提升消费者的效用。

2. 品牌心理功能的表现

(1)形成品牌忠诚

形成品牌忠诚的原因有很多,可能是由于重复购买所致,可能是品牌形象在消费者的记忆中占据了显著位置,也可能是消费者对品牌赋予了某种意义。品牌忠诚反映了消费者内在的品牌态度。如果品牌忠诚度较高,当消费者需要这一类产品时,就会始终如一地购买这个品牌。尽管品牌忠诚并不能代表消费者会永远购买这个品牌,但至少在考虑购买的各种品牌中,这个品牌被认为是潜在可行的。品牌忠诚一般有三种程度:品牌认知、品牌偏爱和品牌执着。

①品牌认知

品牌认知是消费者品牌忠诚程度较低的形式。在市场营销中,引进一个新的品牌的最初目的就是使品牌被广泛地认识,从而达到品牌认知。

②品牌偏爱

品牌偏爱体现了对一种品牌偏爱较深的程度,此时消费者能明确地喜欢一个品牌,排斥其他竞争品牌,只要能够买到,他便买这个品牌的产品。然而,如果这个品牌买不到,消费者还可能接受其替代品牌,而不会花费更多的精力去寻找、购买这个品牌的产品。对营销者来说,只要有相当一批顾客建立起了对其特定品牌的偏爱,他们便能在市场中有效地进行竞争。

③品牌执着

品牌执着反映出消费者强烈地偏好某个品牌,不愿接受替代品,并且愿意为得到这个品牌的产品花费大量时间和精力。如果一个执着于某个品牌的消费者跑到一家商店,发现没有他所要的那个品牌,他是不会买替代品牌的产品的。品牌执着是品牌忠诚的最高境界。

(2)树立品牌形象

因为形象意味着满足或超过消费者预期的承诺,同时也强调了品牌所代表的价值。品牌形象心理功能作用是通过消费者认知储存与象征性意义(情感)的相互作用机制实现的。即通过消费者认知储存,使品牌形象能够唤起人们的情感意象以及对品牌可能表现出的信任与忠诚。它是人们对品牌自身的思考、联想、感觉(情感)以及预期的综合反映。

3. 实施品牌策略要考虑的问题

(1)学会分析忠诚消费者的特征

品牌建设与营销策略要研究属于该品牌的忠诚者的特征,以确定其在市场中的定位。如从购买高露洁的消费者中发现,坚定忠诚者多数是中等收入、子女众多(较大家庭)以及注重身体健康的家庭,这就为高露洁公司准确地确定了目标市场。

(2)学会分析从自己品牌转移出去的消费者特征

通过考察从自己的品牌转移出去的顾客,就可以了解到品牌营销方面的薄弱环节,以便纠正这些环节。如果转移者的人数正在增加,公司就必须通过变换销售的方式来吸引他们,然而,真正做到这一点是不容易的。

(3)学会分析消费者的购买决策过程

从消费者购买决策过程中,可以发现有效的品牌营销策略。所谓分析消费者购买决策过程主要是分析谁在购买、为何购买、购买什么(品牌)、什么时间购买、什么地方购买以及怎样购买。

（4）有一系列了解与认识消费者需求变化特点的方式方法

因为最大限度地满足价值体验是品牌营销的基础之一。

（5）相应的营销策略要能不断地强化品牌的差异优势

因为市场中失败的产品有很大一部分并不是产品本身的质量问题，而是消费者体验不到这种产品或品牌与竞争者有什么特别之处。

（6）要不断地认识当今消费者价值观念的变化与发展

因为只有产品或品牌与消费者价值观念之间有较高的一致性时，这样的产品或品牌才有可能为市场所接受，同时，推向市场的速度也就越快。

三、产品包装与消费者行为

（一）包装的分类和功能

1. 包装的分类

包装是品牌理念、产品特性、消费心理的综合反映，它直接影响到消费者对产品的购买欲望。包装一般可分为三个层次：

（1）主要包装：离产品最近的容器或包装物。

（2）次要包装：在使用产品时脱离产品的包装。

（3）运输包装：以储存、运输或辨别为目的的外层包装。

2. 包装的功能

（1）识别功能：设计良好的包装有助于消费者迅速辨认出哪家公司或哪一个品牌。

（2）便利功能：包装可以保护产品，有利于产品储存，也便于消费者使用。

（3）吸引消费者功能：包装就像是"5秒钟产品广告"一样，能在商场、超市里吸引消费者，促成购买。

（4）创造价值功能：包装的创新会增加产品的价值，不仅给消费者带来好处，也为制造商带来利润。

（二）包装的心理策略

1. 针对消费水平不同的消费者心理设计产品包装的策略

（1）等级包装策略

首先将同类产品划分为高、中、低三档，然后相应设计不同档次的包装。不同档次的包装在材料选用、设计风格、制作工艺等方面都保持一定的差异，使不同收入水平的消费者心理都能得到满足。

(2)复用包装策略

复用包装策略即按照两种或两种以上用途设计产品包装的做法。包装不但可以盛装产品,而且取出产品后还可以作为玩具、容器、工艺品等来使用。这种包装策略迎合了某些消费者一物多用的心理,具有较强的促销功能。

(3)特殊包装策略

选用名贵木材、金属、锦缎等上乘材料,对名贵中药材、珍稀艺术品、古董字画等特殊产品进行包装装潢,使包装本身成为一件货真价实的艺术品。这种策略可以充分显示产品价值,满足购买者的炫耀心理。

(4)礼品包装策略

对用于送礼的产品,设计色彩鲜艳、装饰华丽的包装,有助于突出热烈欢快的喜庆气氛,充分显示送礼人的情谊,并为接受礼品者所喜爱。

(5)简易包装策略

在保证包装基本功能的前提下,尽量采用价格低廉的包装材料,设计结构简单的包装。这种包装策略适应一般消费者求实、求廉的心理,可用于普通家用消费品的包装。

(6)赠品包装策略

在包装物内放上一两件免费赠送的小礼品,如玩具、图片、化妆品、小摆设等,可以较好地适应少年儿童及女性消费者的求奇、求利心理,对产品促销具有一定的作用。

2. 针对消费者的不同消费习惯设计产品包装的策略

(1)惯用包装策略

对于消费者长期使用、已形成固定形式的产品包装(如鱼、肉罐头用铁盒包装,水果罐头用玻璃瓶包装,鞋帽用纸盒包装等)应当坚持。这种惯用包装便于消费者确认,也易于使消费者产生信赖感。

(2)分量包装策略

按照消费者对产品的一次使用量来设计包装的做法,如快餐食品的一人用、二人用、三人用等规范化的包装。分量包装具有很高的实用价值,非常方便消费者使用,同时也可以配合新产品的促销。

(3)配套包装策略

将具有相同用途的不同种类产品组合在一个包装物内,如婴儿服饰的配套包装、家庭常备药品的配套包装、儿童玩具的配套包装等。恰当、合理的配套包装能较好地适应消费者的心理,便于消费者购买与使用产品。同时,配套包装还可以用于礼品。

(4)类似包装策略

对于本企业生产或销售的产品都采用完全相同或非常相似的包装,这有助于培养企业与顾客之间的感情。

(5)纪念品包装策略

纪念品包装策略特指为在旅游地点销售的纪念品进行特殊包装设计的做法,一般应制作精良、突出地方特色,并便于携带。

> **小案例**
>
> **江小白和它的表达瓶**
>
> 　　相对于众多酒企的傲慢与麻木,根植于重庆传统酿造工艺的纯高粱新生代品牌江小白,则凭借对消费情绪的深度挖掘,用直达人心的文案表达,为中国酒类品牌带来了新的生命和活力。多年来,江小白的瓶身文案,已经成为白酒行业一道独特的风景。甚至有人为了集齐江小白的瓶身文案,几乎跑遍了全重庆的火锅馆和便利店。
>
> 　　在前不久,江小白推出了其重量级新品:表达瓶。什么是表达瓶?科普一下:表达瓶就是一种可以用来表达文字的瓶子。扫描江小白瓶身二维码,输入你想表达的文字,上传你的照片,即可自动生成一个专属于你的酒瓶。如果你的内容被选中,它就可以作为江小白的正式产品,付诸批量生产并全国同步上市。听起来很简单是不是?的确,只是增加了一个二维码而已。但就是这个二维码,解释了江小白的经典文案来源,也化解了白酒行业与消费者与日俱增的隔离感。或者说,改变了白酒行业一贯的品牌营销玩法。

3. 针对性别、年龄不同的消费者心理设计产品包装的策略

(1)男式包装策略

对于男性消费者使用的产品,包装设计应符合男性消费者的心理需求。一般来说,包装色彩应以黑色、灰色等厚重颜色为基调,包装造型要刚劲、挺拔、粗犷,装饰应力求简洁,线条要粗重,以体现成年男人的成熟与稳健。

(2)女式包装策略

女性消费者具有较强的求美、求新和追求时尚的心理。因此,女式包装应与男式包装具有鲜明的对比性,包装造型要精巧,线条要柔和,色彩要明快。总之,要美观、漂亮并且体现时代特色。

> **小案例**
>
> **包装之"男女有别"**
>
> 　　产品包装方面,从颜色上看,红色、粉色被认为是女性的专属色,被大量应用在女性产品中,虽然也会有一些黑色、蓝色的应用,但主要以暖色为基调;从形状上看,曲线的应用,特别是在瓶子的肩部和中间部分,会为包装带来一些柔软的质感。相反,通过观察男性产品的包装则可发现,从颜色上看,黑色和深棕色是应用最多的颜色,而因为深色的包装在货架上容易被人忽视,所以,很多产品的包装会搭配一些比较明亮的色块,比如用橙色或黄色来凸显包装;深蓝色也是男性产品包装比较常用的颜色。从形状上看,男性产品包装更加有棱角,比较少有曲线的应用。

(3) 老年包装策略

对于主要针对老年消费者购买与使用的产品,包装设计要适应老年人求实惠、求方便的心理和传统消费习惯,包装造型结构宜简单,要避免过多的装饰,尽量采用传统风格的色彩与图案,有关的文字说明要全面、详细、真实。

(4) 青年包装策略

青年人求新、求变、求奇的心理比较普遍。因此,设计青年用品包装时要注重科学性与时代感,要注意运用科技新成果,在包装材料、包装方式、制作方法等方面都要力求先进,以吸引青年人的注意与喜爱。

(5) 儿童包装策略

儿童具有强烈的好奇心与求知欲,模仿能力强但辨别能力弱。因此,在儿童用品包装设计上要将知识性、科学性、趣味性、美观性有机地结合在一起,使他们在使用产品过程中增长知识、陶冶情操。

小案例

我国台湾地区一家饮料公司产品销路不畅,便在每包饮料包装锡纸上印上一则动人的、很有诗意的短小爱情故事,命名为"爱情饮料"。饮料品种依旧,但包装一改,马上吸引了众多的青年男女,他们边喝饮料边欣赏故事。时间一久,哪来那么多爱情故事?公司便动脑筋办了个征文比赛,将中选的爱情故事印在饮料包装上,反响非常强烈,参赛者踊跃,这些人还做起了公司的义务推销员,该公司饮料销量顿时猛增。

四、产品服务与消费者行为

(一) 服务的类型和特征

1. 服务的概念

服务是一方能够向另一方提供的、基本上是无形的任何活动或利益,并且不会导致任何所有权的产生。它的生产可能与某种有形产品联系在一起,也可能毫无关联。

2. 服务的类型

(1) 伴随服务的有形产品。包括有附带旨在提高对顾客吸引力的一种或多种服务的有形产品。

(2) 有形产品与服务的混合。包括相当的有形产品与服务。

(3) 主要服务伴随小物品。例如,航空公司为旅客提供运输服务,但旅程中还提供小点心和饮料。

(4) 纯粹服务。

3. 服务的特征

(1) 无形性。服务和有形产品不同,服务在购买前,是看不见、尝不到、摸不着的。

(2)不可分离性。服务的产生与消费是同时进行的。
(3)可变性。服务取决于由谁来提供及在何时、何地提供。
(4)易消失性。服务不能储存。

(二)产品服务的内容与消费者心理

为产品提供支持服务已成为取得竞争优势的重要手段,一个聪明的购买者往往是在考虑产品的服务因素后才开始购买的。因此,企业必须识别顾客最重视的各项服务及其相对重要性,然后按先后次序规划其产品设计和服务组合决策。

1. 信息提供

潜在的客户和现实的客户都需要对企业的产品有一个全面的认识和深入的了解,并以此比较各厂家的产品,并为其选择提供依据。因此,对企业来说,必须通过有效的手段和方式,方便快捷、详尽地传递企业和产品的信息。可提供的信息方式主要有:产品外观和产品包装、使用说明书、产品宣传手册、大众传媒上的产品广告、产品展示会、POP 广告、橱窗广告、24 小时热线、互联网和邮寄产品介绍等。

2. 购买咨询

消费者对产品进行咨询,说明其对产品产生兴趣,需要进一步了解产品的功能、效果等来确定购买与否。因此,针对消费者的咨询,企业营销人员可以在提供信息、建议和解疑的同时,主动诱导消费者的购买动机,引发购买欲望。具体来说,可以使用以下三种诱导技巧:

(1)证明性诱导。包括现场提供实物证明、向消费者提供间接消费效果证据等。

(2)建议性诱导。在与消费者充分沟通、赢得信任后,向消费者提出购买建议,包括建议购买适宜的产品、购买替代品、购买关联产品以及购买新产品等。

(3)转化性诱导。在消费者提出问题或异议时,采用先肯定再陈述、询问、转移、拖延等方法,缓和气氛,解答疑惑,提出新的话题。

3. 售后服务

公司必须决定如何向消费者提供售后服务,如维修服务、培训服务等。而许多公司的消费者服务部门提供的服务质量存在很大差距,比较好的服务应该是热心地听取消费者的要求、建议,甚至投诉,并且处理问题及时、迅速,而较差的服务则是简单地把电话转给相关人员或部门,由他们处理,并不追踪该消费者是否得到满意答复。

4. 反馈机制

顾客在购买产品使用后如果不满意,大部分顾客选择今后不再购买这种产品,而不会去向制造商反映,研究顾客不满意的报告指出,如果顾客使用后不满意的约占 25%,那么可能只有 5% 的人投诉,其他的 95% 则认为投诉不值得或不知怎样投诉及向谁投诉。而在这 5% 的投诉顾客中只有大约 50% 的投诉得到圆满解决。顾客的投诉得到满意的解决是非常重要的,一个满意的顾客会向 3 个人介绍产品的优点,而一个不满意的顾客会向 11 个人抱怨该产品,可见,建立一个完善的反馈机制是非常必要的。

优秀企业的市场营销与普通企业的市场营销的根本区别就在于服务。20 世纪 90 年代以来,西方企业以服务消费者为原则,开创了新的局面。例如,IBM 提出"要为顾客提供企业界最佳的销售服务",松下电器公司制定了"销售服务 30 条",索尼、丰田等公司还成立了"顾客满意委员会"。对员工开办"让顾客满意培训班",要求把"让顾客满意"的口号落实到员工的每一项工作中。

小链接

IKEA 的服务策略

IKEA 是瑞典的家居用品零售商,一直以来都信奉"顾客思维",即从产品设计到营销方式都遵循以顾客为导向的营销理念。为了给消费者节约时间成本和精神成本,IKEA 提供了许多便利服务:

1. 及时的活动信息和各种周到的查询

作为外来品牌,IKEA 以每年的 9 月作为每个新财年的开始。IKEA 网站会及时更新各地商场的每个促销活动的预告或者详细信息。IKEA 精心地为每件产品制定"导购信息",有关产品的价格、功能、使用规则和购买程序等几乎所有的信息都一应俱全。为了展示产品系列的广度和深度,网站提供了全站搜索和高级查找,首页提供在线咨询服务。

2. 时尚的产品目录册

IKEA 另一个强有力的服务策略就是 IKEA 目录册。这本由 IKEA 全球专业的家居设计师、摄影师参与制作的精美目录册,与消费者共同分享在 50 多年的发展过程中,积累的家居装饰方面的知识、实践经验与创意,并为指导消费者如何布置个性化的家居生活环境提供参考意见。目录册中包含了 IKEA 的家具、家居用品、样板间布置以及有关材料、颜色、尺寸、产品保养等方面的详细信息,同时蕴含了大量家居和室内装饰的灵感。电子版的目录册还添加了背景音乐以及免费下载功能,有的页面上还有链接,消费者可以点击查看更多该类产品的信息。几十年的历史和不断增大的发行量都表明,IKEA 目录册已经成为 IKEA 家居最具典型意义的市场推广手段。

3. 对顾客的人性化关怀

IKEA 虽然不提供线上销售服务,但是在其网站的"客户服务"和"关于 IKEA"模块里设置了"购物经历"栏目。"客户服务"里还提供了关于 IKEA 商场服务项目的详细说明、常见的购物问题、免费注册、商场和库存的查询等服务。细节化和人性化的关怀为消费者省去很多购物麻烦。

4. 个性化的 DIY 订购服务

IKEA 最为人所津津乐道的服务还有顾客 DIY 服务。在 IKEA,顾客可以通过 DIY 来省钱——自己选购、自己运送和自己组装家具;也可以在线预约 IKEA 的室内装饰建筑师和设计师,请他们帮助设计新房,或提出改造的建议;网站上还专门提供了帕克思衣柜设计、厨房设计、居室灯光设计、中小企业工作室设计等功能,如果顾客对自己的设计方案感到满意的话,就可以直接打印并带到商场方便购买。IKEA 还会不定期举办"IKEA 杯 DIY 组装大赛"以鼓励新创意的产生。

5. 活跃的"IKEA Family"俱乐部

在美国,IKEA 的粉丝们自发成立了"IKEA Fansite"。这个俱乐部推广到中国后,发展成专为中国粉丝设立的服务平台——"IKEA Family"俱乐部。在"IKEA Family"里,IKEA 为粉丝们提供各种会员服务。粉丝们在这里热烈讨论的话题范围很广,从如何使用 IKEA 的手册到厨房的用色方案,他们既可以无拘无束地发表自己的肺腑之言,又张贴了大量日常生活中和 IKEA 相关的图片,俨然成了一个 IKEA 粉丝的网上家园。IKEA 的未来营销计划里,粉丝博客将成为 IKEA 和消费者之间一个重要的交流平台。IKEA 中国负责人陈悦表示:"博客是我们重要的沟通平台,IKEA 会继续加大资金和技术的投入。"

五、产品生命周期与消费者行为

(一)产品生命周期的含义

产品生命周期的含义可以从以下四个方面理解:
(1)产品是一个有限的生命。
(2)产品销售经过不同的阶段,每一个阶段都对销售者提出了不同的挑战。
(3)在产品生命周期的不同阶段,产品利润有高有低。
(4)在产品生命周期的不同阶段,产品需要不同的营销战略。

(二)产品生命周期各阶段的特点

产品生命周期包括引入期、成长期、成熟期、衰退期四个阶段。在整个产品生命周期中,销售额和利润额的变化呈现出以下特点:
(1)在引入期,销售量很低,销售额呈缓慢增长趋势,销售增长率一般在10%以内,也称为投入期。
(2)在成长期,销售额开始迅速上升,成本大幅下降,销售量、销售增长率都有较大幅度的提高。
(3)在成熟期,销售额继续提高,但销售增长率开始由上升转为下降,即销售增加的相对速度在放慢,当增长率为零时,则表明到达饱和点。
(4)在衰退期,销售额持续下降,但下降速度由快减慢。当利润逐渐趋于负值时,产品生命周期进入衰退期。

(三)产品生命周期各阶段的营销策略

产品在不同的生命周期,呈现出来的特征是不一样的,企业应根据各阶段的特点,以及各阶段消费者的不同类型,有选择、有重点地实施各种营销策略。

1. 引入期营销策略

产品刚进入市场时,消费者对其十分陌生,产品的销售非常缓慢。企业需要沟通经销商及时在市场上铺开该产品,花费财力、物力,同时还要进行市场营销活动。当只考虑价格和促销时,企业有四种策略可供选择。

(1)快速撇脂策略

以高价格和高促销方式推出新产品。高价格可以迅速收回成本并获得利润,高促销活动加快了市场渗透速度。采用这一策略的假设条件是:潜在市场的大部分人不了解该产品,而已经了解它的人渴望得到该产品并有能力支付货款;企业面临竞争者的威胁,急需建立消费者对该品牌的偏好。

单元五　产品组合与消费者行为

(2) 缓慢撇脂策略

以高价格和低促销方式推出新产品。企业通过高价格获取利润的同时,期望通过低促销降低营销费用,从而使利润最大化。采用这一策略的假设条件是:市场规模有限;大多数市场已知晓这种产品;消费者能够接受高价位;潜在竞争威胁不大。

(3) 快速渗透策略

以低价格和高促销方式推出新产品,期望能给企业带来最快速的市场渗透和尽可能大的市场份额。采用这一策略的假设条件是:市场规模大;市场对该产品不了解;大多数购买者对价格敏感;潜在竞争很激烈;随着生产规模的扩大,产品成本会下降。

(4) 缓慢渗透策略

以低价格和低促销方式推出新产品。低价格会使消费者容易接受产品,低促销成本会实现较高的利润。采用这一策略的假设条件是:市场规模大;消费者了解该产品;消费者对价格反应敏感;存在一些潜在竞争者。

2. 成长期营销策略

在成长期,消费者已对产品有所了解,许多消费者开始购买,生产规模扩大,利润上升,同时利润上升也可能会吸引一些竞争者进入市场,引起市场激烈竞争。企业为了尽可能长时间地维持市场份额的增加,需采取一些策略:

(1) 提高产品质量,增加新产品的特色和式样。

(2) 进入新的细分市场。

(3) 扩展分销网络。

(4) 转变广告宣传目标,从产品知名度的建立转移到说服消费者接受和购买产品上,增强消费者的品牌忠诚度。

(5) 采用价格策略,降低价格,以吸引要求低价的消费者前来购买。企业在成长期面临着选择高市场份额还是选择当前高利润的决策。如果花费大量资源在产品改进、促销和分销上,这能使企业获得优势地位,但同时会放弃最大的当前利润,而企业可能要在下一阶段才能收回这一利润。

3. 成熟期营销策略

成熟期是产品生命周期中最长的时期。产品进入成熟期后,销售增长率开始下降,在成熟期的后期甚至会出现负增长。而随着整个行业生产能力过剩的加剧,又导致竞争加剧,销售费用会随之上升,一些较弱的竞争者会退出市场,最后,该行业由一些强势的竞争者组成。

为了维持企业的市场地位,不被淘汰出市场,企业需采取进攻性的策略来应对竞争:

(1) 扩张市场

扩张市场包括寻找新的用户;争取竞争者的顾客;进入新的细分市场。如强生公司把它的婴儿洗发剂成功地推销给了成年使用者。

(2) 改进产品

通过改进产品的质量、特点、式样来吸引新的消费者和提高现有用户的使用率。

(3) 改进营销策略

通过使用价格策略增加新的分销渠道,改进广告宣传力度,开展各种促销活动来扩大销售量。

4. 衰退期营销策略

产品进入衰退期，销售开始急剧下降，利润基本为零，销售衰退的原因可能是技术进步、消费者兴趣改变、国内外竞争加剧等。此时，大部分竞争者退出该市场，而留下来的企业面临着严峻的形势，必须采取相应的措施。

(1) 坚持策略

坚持策略指企业继续经营该产品，由于其他企业退出该行业，对留下来的企业来说也是一种机会，这些企业可以通过吸引顾客来增加销售量和利润。

(2) 放弃策略

放弃策略指企业决定放弃该产品，把企业的资源转到新产品的开发和推广上去，以新产品代替衰退的产品。此时，企业还需进一步决策，是转售给其他企业还是结束这个品牌。此外，企业还需保留一定量的零部件和维修服务，从而树立企业的良好形象。

单元小结

产品策略是市场营销策略中最重要的因素，营销与其他部门在参与产品开发与设计的每一个步骤都需要考虑顾客的心理因素，采取相应的策略。产品开发与设计，首先，应掌握新产品采用者心理过程的五个阶段和新产品购买者的五种类型；其次，可以从满足消费者物质和精神生活水平不断提高，崇尚健康生活，追求便利性、多用途、安全可靠性的心理需求出发，同时考虑特殊或敏感人群的需要，确定产品开发与设计的心理策略。

产品品牌是消费者对产品和服务以至公司的总体概念，它是一种心理上的感受。品牌以产品为载体，成功的品牌总是能将产品的实质与感性特点联系在一起，从而打造成一个具有独特个性与整体风格的品牌形象。品牌具有识别产品、保证质量和维护权益的功能。品牌是无形资产，品牌的潜在价值不确定；品牌可以成为国家形象的代表，品牌还具有更广泛的综合效应。品牌具有一系列的心理功能，因此，在给品牌命名的过程中必须认真考虑，要采用恰当的品牌命名心理策略，使品牌名称符合消费者的心理需求。

包装具有识别功能、便利功能、吸引消费者功能和创造价值功能。包装的心理策略主要有：针对消费水平不同的消费者心理设计产品包装的策略；针对消费者的不同消费习惯设计产品包装的策略；针对性别、年龄不同的消费者心理设计产品包装的策略。

为产品提供支持服务已成为取得竞争优势的重要手段，企业必须识别顾客最重视的各项服务(信息提供、购买咨询、售后服务和反馈机制)，然后按其先后次序规划产品设计和服务组合决策。产品是一个有限的生命，企业必须掌握产品生命周期各阶段的特点，在产品生命周期的不同阶段制定不同的营销战略。

核心概念

产品整体概念、新产品采用者心理过程、新产品购买者类型

品牌的概念和特性、品牌的心理功能

包装的功能、包装的心理策略

服务的性质和特征、产品服务的内容

产品生命周期的含义、产品生命周期各阶段的营销策略

模块二 应用分析

应用案例

金佰利产品设计与创新

在金佰利科研办公大楼内一个没有窗户的房间里,一位母亲把她的女儿卡莱恩放在一张桌子上,接受科研人员对纸尿裤的试验。卡莱恩穿一条4号的"好奇极致自然"纸尿裤,这是一款金佰利公司融入了最先进技术的一次性纸尿裤,不过卡莱恩穿的这条有问题,它在渗漏。实验员每隔15分钟就用一个看上去像巨型注射器的家伙往卡莱恩的纸尿裤里注入60毫升温热的生理盐水。在走廊另一端的等候室里,还有大约15个宝宝也都穿着"好奇极致自然"纸尿裤,只是其充盈程度各不相同。当渗漏最终出现时,金佰利的研究人员会详细记录下当时的情形:纸尿裤的重量,发生渗漏的部位,纸尿裤和腿部的贴合程度等。金佰利公司将此称为"强制渗漏"试验,目的是检验公司生产的纸尿裤是否符合"好奇极致自然"纸尿裤的严格标准。

"好奇极致自然"纸尿裤是金佰利经过近三年时间的研究和设计最终问世的。它的问世缘于人口出生率的停滞导致公司市场份额的下降,金佰利高管们最终商定,解决方案为鼓励妈妈们转向更高档的品牌,花更多的钱购买更好的纸尿裤。他们决定在"好奇极致自然"系列内推出经过大幅改进的产品,寄望于用它打动家长,让家长付出更高的价钱。在研究机构的帮助下,金佰利从全美各地挑选了不同收入背景、不同种族的妈妈做样本,目的是密切观察。很多时候,他们亲自上门访问;还有些时候,他们在观察对象的家里设置动作捕捉摄像头,观察换纸尿裤的规律,然后再在金佰利公司总部观看几小时的录像资料。类似的录像资料给团队成员提供了思考的方向,好的纸尿裤应该包裹住婴儿的大腿并且与他们的大腿曲线相吻合。

随后,人们又得到了另一个启发。让孩子感到舒适对妈妈来说很重要。孩子们对抚

慰式舒适的需求比新生儿少得多,他们更希望获得支持式的舒适,妈妈们很高兴看到宝宝不穿纸尿裤时脸上洋溢出的笑容。让宝宝即便穿纸尿裤也感觉像没穿一样,这就是设计的灵感。树立了这个目标后,研发人员开动脑筋,研究对纸尿裤做哪些改进,以便创造出没穿纸尿裤的感觉。他们最大的灵感是儿童内裤。它非常合身,尤其是在活动的部位。于是,研发人员想到纸尿裤必须与身体紧密契合,不能松垂,而且还必须窄小、贴身。

西装裁缝可以为客人量体裁衣,做出完全合身的西装。纸尿裤的设计师必须尽可能地考虑到各种不同的体形,同时还要保证纸尿裤发挥作用,当然他们无法从使用者那里得到具体的反馈意见。过去,金佰利的研究人员会手工制作若干条不同尺寸的纸尿裤,让宝宝试穿。但是这一次,他们可以利用计算机制作的婴儿模型来模拟出虚拟的纸尿裤。纸尿裤的尺寸来自制衣行业建立的庞大数据库,其他数据则是金佰利公司找来一些婴儿从头到脚仔细扫描后得出的。研究人员展示了计算机模型,每一个都是从肚脐到膝盖的婴儿身体剪影,上面布满了蓝色、红色、黄色和绿色的斑点,它们表示虚拟纸尿裤在每一个点上对皮肤产生的压力的大小。红色表示纸尿裤的挤压力量很大,有可能导致皮肤疼痛和不适;蓝色表示这个部位可能太松,会造成渗漏。这些模型也能活动腿脚,而且压力点的颜色会随之变化。有了这样的模型,妈妈们可以看到孩子们穿上纸尿裤后发生的情况。

在尝试了不同的设计可能性之后,所有结果都指向了更薄、更贴身的纸尿裤。接下来该是在那些按照婴儿的外表和动作设计的模特身上做检验的时候了。在金佰利的检测室里,一排排婴儿模特就像是列队等候指令的机器人。它们会走路、爬行、坐下,最重要的是,它们还可以像真婴儿那样对纸尿裤施行"冒犯"(行业术语)。每个模特都与一台可以注射液体的设备相连,设备上有两根准确定位的导管,一根代表男孩,一根代表女孩。与真正的婴儿一样,模特的腿和肚子的大小也不尽相同,它们摸上去与真人相仿,因为它们是由特殊设计的硅树脂制成的,意在模仿真人皮肤的肉感。

当设计团队在这些婴儿模特身上做实验时,他们还必须与金佰利公司的制造部门保持联系,以确保组装设备能够高速生产出曲线更圆滑的新设计的产品。为了让新产品投放市场,支持这些设备的技术必须完全与设计改进相匹配。在这方面,具有造纸厂背景的金佰利有一定的优势,它拥有世界上最大的无纺材料专利资产。

对设计团队而言,最困难的环节是把裆部做窄。过去的几年里,研发人员一直在设法解决这个难题,但都没有成功。"冒犯"物一接触到纸尿裤,金佰利公司专门开发出的吸水层就能迅速接住它,而下面一层超强吸水聚合物随即开始吸收所有水分。新的设计纳入了更多聚合物,它们的吸水率也提高了10%。因此,吸水层的宽度得以减少16%到28%,从而实现了该团队努力追求的贴身效果。其他重大的改变还包括增加后部松紧带的弹性,这样腰贴和与腰背部相接触的整个区域之间可以始终保持弹性。另外,还有一个小变化,"好奇极致自然"把迪士尼授权的小熊维尼图案做得更生动了,因为公司从对消费者的研究报告中发现,母亲在换纸尿裤时,通常得用另一片纸尿裤上的卡通图案来转移婴儿的注意力。

单元五　产品组合与消费者行为

教学案例使用说明

【教学目标】

理解并能掌握新产品开发与设计过程中需要了解消费者的真正需要并准确地利用消费者的心理设计生产出满足消费者需要的产品。

【讨论问题】

1. 金佰利消费者具有怎样的特殊性？
2. 金佰利如何了解其消费者的心理？
3. 金佰利在产品开发设计过程中怎样满足消费者的心理进而影响消费者的购买行为？

【分析本案例所运用的理论和方法】

新产品开发与设计的心理策略

应用案例

麦当劳口味本地化

千万别在麦当劳的老家美国点浓汁大汉堡，因为在那里没有卖的。其实，这种汉堡虽然在麦当劳出售，但已经很难称其为美国货了。它是在德国一家分店的实验厨房里设计出来的，几经调整配和试销，最后于2003年8月在瑞典正式上市。由于它在瑞典十分畅销，很快就在欧洲其他国家的分店推广开来，拉丁美洲和澳大利亚的分店也纷纷效仿。

浓汁大汉堡虽然没有在美国获得成功，但是，产自离伊利诺斯州奥克布鲁克公司总部数千里之外的大量点子却已经在美国大行其道。如麦当劳将在美国国内分店推出宣传其产品质量的新型包装纸、包装盒和外卖袋。想出这个点子并大力推行的是公司欧洲业务主管，而对这些设计最终成形有决定权的则是他手下的设计师。跨越大西洋进入美国的还有"脆皮面包"——这种棍状三明治已经在法国和意大利的麦当劳里销售多年。如今，公司将把它作为优质产品在美国推出。像许多全球业务进退维谷的公司一样，麦当劳逐渐发现自己的老一套根本不能适应新的挑战。在包括法国和英国在内的一些主要海外市场，它的品牌地位摇摇欲坠，形象每况愈下。它在美国的境况也不出色。于是，麦当劳改变了经营思路，一个新的箴言产生了——"大框架内的充分自由"，即给予在各地区和各国的分部比以前大得多的决策权。

随着努力调整的进行，麦当劳成为一家不错的公司。麦当劳靠的是各地管理人员之间的正式交流及经常性的非正式沟通。该公司澳大利亚分部总裁彼得·布什说，麦当劳的做法与拒绝外来点子的所谓"不是我们发明的"综合征完全相反，"管理人员都毫不脸红地盗用最好的点子"。

走出伦敦坎农大街地铁站向右拐，来到圣保罗大教堂前，你会看到一家麦当劳分店，店里浅绿色的百叶隔板把店堂分成几个进餐区，柱子是橙黄色的，墙上挂的是时髦的壁画，背后是红绿条纹相间的壁纸。这里离芝加哥超过4 000英里（约6 437.38千米），但风格与麦当劳沿用已久的标准装潢——红黄两色塑料座椅和桌面贴板相差甚远。假如大门上没有那个金色双拱标志,你也许第一眼看不出来,它竟然是一家麦当劳。其实,这些东西来自另一种风格的产品目录,是麦当劳在巴黎的一组设计人员在一位建筑师的协助下设计出来的。在公司内部,坎农大街分店的风格被普遍称为"简单即复杂"式装潢,由麦当劳英国公司迅速在全国推行开来。仅仅在两年时间里,它就把多半位于城镇中心的分店中的至少四分之三的店铺重新装修了一遍。变化的不仅仅是装潢。麦当劳英国分部去年还在菜谱上增添了现磨现喝、加有机牛奶的平价咖啡。英国分部当然也卖麦当劳的传统产品,如巨无霸、快乐套餐、双层芝士堡等。此外,顾客还可以在吃早餐时点麦片粥和其他适合英国人口味的各种东西,包括各色各样的法式鸡肉三明治,再抹上点墨西哥萨尔萨酱。这些新品种成了主打产品,背离了麦当劳作为在全世界销售标准产品的美国大型公司的形象。法国如今成了麦当劳旗下业绩最佳、业务最忙的外国分部,麦当劳欧洲分部总裁埃内坎也已把开放性文化推广到了整个欧洲业务范围中。当然,各界对麦当劳的批评从没有停止过。麦当劳仍然是一家快餐连锁企业,尽管埃内坎喜欢讨论"快速提供好食品"的话题。不过,就连麦当劳的意识形态宿敌也调低了批评的语气。例如,环保组织"绿色和平"2006年在欧洲组织的一场反对使用来自亚马孙雨林地区非法开垦土地的豆油运动中,把矛头指向了麦当劳。"你每次买炸鸡块,就等于咬了一口亚马孙。"绿色组织这样警告,并且在英国的许多麦当劳分店里张贴麦当劳叔叔挥舞电锯的宣传画。麦当劳在20世纪90年代经常采取与环保主义及其他批评者针锋相对的立场。如今,它改变了对待绿色和平组织的态度,承认问题,并请求帮助解决问题。"我们终于看到了一家不再一意孤行的公司。"绿色和平组织英国执行主任约翰·索文说。

教学案例使用说明

【教学目标】

通过案例掌握企业在全球化进程中根据不同地区消费者的特点满足其需要,进而使企业成功地开拓市场。

【讨论问题】

1. 麦当劳获得其创意的途径有哪些?
2. 在全球化进程中,麦当劳如何使其品牌得以创新?
3. 分析消费者对像麦当劳这样的快速消费品的心理需求。

【分析本案例所运用的理论和方法】

产品开发、包装使用的心理策略

模块三 技能训练

实训任务: 产品策略分析

【任务要求】

回忆自己最近购物经历中一件令你印象深刻的产品,并和同学进行讨论。

【完成任务的方法】
收集此产品的详细信息,以及竞争产品的资料,分析产品的设计、功能、品牌等吸引你的地方。

【完成任务所需的资料】
产品设计的心理策略、产品品牌心理策略。

【评价办法】
从分析讨论中能细致地应用产品心理策略知识进行全面概括。

模块四　单元测试

【思考题】
1. 新产品购买者一般具有哪些心理?
2. 品牌命名的作用和心理策略都有哪些?
3. 产品包装的功能是什么?
4. 包装设计的心理策略有哪些?
5. 产品服务为何重要?
6. 产品在不同的生命周期应分别采取怎样的心理策略?

【填空题】
1. 整体产品包括五个层次,分别是(　　)、(　　)、(　　)、(　　)、(　　)。
2. 新产品采用者一般会经历以下五个阶段:(　　)、(　　)、(　　)、(　　)、(　　)。
3. 品牌的功能有(　　)、(　　)、(　　)。
4. 包装策略类型有统一包装策略、类似包装策略、配套包装策略、差别包装策略、(　　)、(　　)、(　　)。
5. 新产品购买者的五种类型有(　　)、(　　)、(　　)、(　　)、(　　)。

单元六

价格组合与消费者行为

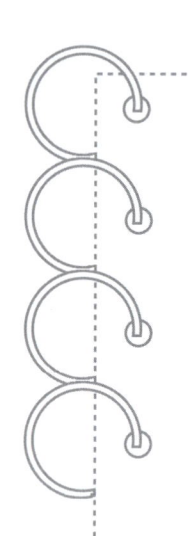

教学目标

1. 了解影响消费者价格判断的各种因素
2. 能阐述价格制定的各种策略，定价技巧的运用
3. 能阐述折扣价格的种类以及制定折扣价格的心理策略
4. 掌握消费者对调整价格的心理反应，并能制定相应的策略

素养目标

培养学生的诚信意识与企业责任感

引 例

一个汉堡包的价值为多少，现在越来越难以估计。大多数的西方人只要花0.5美元以下的钱，即可得到一个可口的汉堡包，少数人会花1.5美元买一个大麦或加奶酪的汉堡包，然而，这些都是过时的风尚了。当今，随着人们生活条件的改善，越来越多的人情愿花4美元买一个豪华餐厅出售的新近流行的汉堡包，即所谓的美食汉堡。

为什么美食汉堡要卖4美元一个呢？在顾客的心目中，它不但比较大，而且是现做现卖，更重要的是这类餐厅提供一些较为舒适的软硬件设备。在一般的汉堡包店，使用的是塑料椅，服务也是一般，而在出售美食汉堡的餐厅里，不但桌椅比较舒适，而

单元六　价格组合与消费者行为

且兼卖酒水,有时还提供点菜送到桌上的优良服务。

如顾客到一个豪华餐厅,购买美食汉堡外加薯条和饮料,花费6美元,而同样的食品,一般汉堡包只收2.5美元。但是对有些顾客来说,舒适的环境、豪华的设备、优雅的氛围加上美食汉堡,付6美元完全合理,比到麦当劳和汉堡王等店更合算。在实际营销活动中,商品价格是具有某些心理功能的,它在一定程度上会影响消费者的购买动机和购买行为。

汉堡包在不同的地方售价不同,给消费者的心理感受也不同;消费者在购买活动中,通常把商品的价格看成是衡量商品价值和商品品质的重要标准。而且一些有一定社会地位的人,同样的商品也愿意选择价格高点的,以显示自己的社会地位和经济实力,通过价格的比较来满足社会心理需要和自尊心理需要。

价格具有重要的杠杆作用,通过影响人的心理,调节着消费需求。因此,一个成功定价的关键点在于迎合人们的消费心理。本单元重点讨论价格组合中的心理策略,从消费者对价格的心理表现及运用定价技巧来制定价格策略;企业在经营过程中会采用折扣价格来吸引消费者的购买,如何制定相应的心理策略使折扣价格达到目的;企业在面对产品价格调整时如何利用消费者的心理反应顺利地进行调整,并达到促销的目的。

微课:价格组合与消费者行为

模块一　基础知识

一、消费者的价格心理

价格心理是指消费者在购买过程中对价格刺激的各种心理反应及其表现,它是由消费者自身的个性心理和对价格的知觉判断共同构成的。消费者的价格判断既受心理因素的制约,也受销售场地、环境和产品等客观因素的影响。消费者价格心理是影响消费者购买行为的重要因素。

(一)产品价格与消费者心理行为的关系

1. 价格是消费者衡量产品价值和品质的直接标准

消费者在对产品品质、性能知之甚少的情况下,主要通过价格来判断产品品质。许多人认为价格高表示产品质量好,价格低则表明产品品质差,这种心理认识与成本定价方法以及

121

价格构成理论相一致。所以,便宜的价格不一定能促进消费者购买,相反可能会使人们产生对产品品质、性能的怀疑。适中的价格,可以使消费者对产品品质、性能有"放心感"。

2. 价格是消费者社会地位和经济收入的象征

一些人往往将某些高档产品同一定的社会地位、经济收入和文化修养等联系在一起,认为购买高价格的产品,可以显示自己优越的社会地位、丰厚的经济收入和高雅的文化修养,可以得到别人的尊敬,并以此获得满足;相反,使用价格便宜的产品,则感到与自己的身份地位不符。

3. 价格直接影响消费者的需求量

一般来说,价格上升会引起需求量下降,抑制消费;价格下降会增加需求量,刺激消费。但也有相反的情况,各种产品价格普遍上升时,会使消费者预期未来价格将继续上升,增加即期需求量;反之,预期未来价格将继续下降,减少即期需求量,产生"买涨不买落"的心理。造成这种情况的原因是消费者的生活经验、经济条件、知觉程度和心理特征等存在不同程度的差异,他们对价格的认识及心理反应千差万别。

(二)消费者价格心理的特征

1. 习惯性

反复的购买活动会使消费者对某种产品的价格形成大致的概念,这种价格也叫习惯性价格。消费者判断频繁购买的产品价格高低时,往往以习惯性价格为标准。在习惯性价格以内的价格,就认为是合理的、正常的。消费者心中对多数产品的价格存在一个心理上限和下限,价格超过上限则认为太贵;价格低于下限则会对质量产生怀疑。消费者的价格习惯心理一旦形成,短期内较难改变。当产品价格变动时,消费者会有一个打破原有习惯,产生由不适应到逐步习惯,最后到适应的心理接受过程。为此,企业必须认识到价格习惯心理对消费者购买行为的影响。对那些超过习惯性价格的价格进行调整,一定要慎重;必须调整时,要把价格限定在消费者可接受的范围内,并做好宣传解释工作,以使消费者尽快接受并习惯新的价格。

2. 敏感性

由于产品价格直接关系到消费者的生活水平,因此消费者对价格变动具有敏感性是合理的。消费者对产品价格的心理反应程度的强弱与该产品价格变动幅度的大小通常按同方向变化。但违反这种心理变化的情况也经常发生,有些产品即使价格调整幅度很大,消费者也不会产生强烈的心理反应。造成这种差异的原因是消费者对各种产品价格变动的敏感性不同。一般来说,消费者对经常购买的日用品价格变动很敏感,对购买次数少的高档消费品价格变动则比较迟钝。

3. 感受性

价格感受性是指消费者对产品价格及其变动的感知强弱程度。消费者对产品价格高低的判断并不完全以绝对价格为标准,还受其他因素的影响,主要有产品轻重、大小、商标、包装、色彩;产品的使用价值和社会价值;货位摆放、服务方式、售货场所的气氛等。由于这些因素造成的错觉,有的产品绝对价格相对高一些,消费者也会觉得便宜;有的产品绝对价格相对低一些，消费者却会觉得很贵。

4. 倾向性

倾向性指消费者在购买过程中对产品价格选择表现出的倾向。消费者对产品价格的选择倾向或为高价，或为低价。前者多为经济状况较好，怀有求名、显贵动机及炫耀心理的消费者；后者多属经济状况一般，怀有求实惠动机的消费者。

（三）消费者的价格判断

1. 消费者价格判断的途径

（1）与市场上同类产品的价格进行比较

这是普遍使用的、最简单的判断产品价格高低的方法。

（2）与同一售货区中的不同产品价格进行比较

消费者在考虑产品价格时会受周围产品价格的影响而产生一种错觉。如液晶电视机和普通电视机摆放在一起，液晶电视机价位明显高出许多，消费者通过比较会认为普通电视机便宜。

（3）通过产品的外观、品牌、产地、包装、使用特点和使用说明比较

价格判断也是产品特性的比较。如产品外观是否新潮、品牌知名度如何、产自何地、产品是否精良、产品是否易于使用、各个附件是否完备等。

（4）通过消费者自身的感受来判断

消费者在服务产品上多使用这种判断方法，通过接受服务过程中的心理体验来衡量它的价格。这些体验还来自服务设施、服务设备、服务人员服务水平、场所布局等一切可传达服务特色的有形展示。

2. 影响价格判断的主要因素

（1）消费者的经济情况

消费者的经济情况是影响价格判断的主要因素。如同样一件标价为300元的衣服，月薪6 000元的消费者和月薪2 000元的消费者对价格的感受和判断是完全不同的。前者会认为价格并不高，而后者则相反。

（2）消费者的价格心理

习惯心理、敏感心理、倾向心理及感受心理都会影响消费者在购买产品时的价格判断。

（3）产地和出售场地

同类产品由于产地不同，消费者对价格的判断也不尽相同。消费者一般认为原产地生产的优质产品所定价格高是合理的，而对其他产地产品的高价则难以接受。此外，同样产品以相同价格分别在高档商场和超市里出售，消费者往往感到后者的价格过高。因为一般情况下，消费者对超市出售的产品价格判断标准较低，而对高档商场出售的产品价格判断标准较高。

（4）产品的类别

同一种产品因不同的用途，可归入不同的产品类别。消费者对不同类别的产品评价

标准不同,因而对产品价格的感受也不一样。

(5)消费者对产品需求的紧迫程度

当消费者急需某种产品而又无替代品时,即使价格再高,消费者也会接受。如柯达冲印店的快速冲印,若要半小时内取到冲印的照片,需收加急费,价格一般比平常冲印贵20%以上,即使如此,对于那些急等照片的消费者而言,也是可以接受的。

(6)购买的时间

在一些特定的时间里购买某些产品,价格可能高,也可能低。对于换季打折的衣服,消费者认为低价是应该的;而对于具有节日意义的象征性的产品,消费者即使要承受比平时高许多的价格也会接受,如在情人节,玫瑰花价格比平时贵好几倍,但仍然卖得很快;对于一些刚处于产品生命周期的引入期的产品,制造商为了支付大量促销费、弥补研发费,产品比较贵,而随着产品逐渐进入成熟期,价格会有所下降,对于追求新鲜、时髦的年轻人来说还是乐此不疲,如新上市的手机往往处于最高价位,而后会逐步降价。

> **小 案 例**
>
> **星巴克的价格歧视是正当的商业行为吗**
>
> 星巴克在中国的定价远高于在国外的定价,有媒体认为其在中国市场的行为已违背了WTO的公平贸易原则,对中国消费者构成了价格歧视。但实际上,价格歧视作为一种正常的经济现象,并未侵犯消费者的公平权,也不是欺骗行为,而是企业合理的商业定价机制。
>
> 所谓价格歧视,其实是企业根据市场的供求状况,针对不同的消费者需求而实施的弹性定价策略。根据价格差别的程度,价格歧视可分为三个等级,其中一级价格歧视比较少见,"多买多送""团体票"等根据购买量来区分定价的行为属于二级价格歧视,根据地区实行差别定价的行为属于三级价格歧视。三级价格歧视是最常见的差别定价,比如半价学生票、网上优惠券等,而星巴克的定价行为也属于该范畴。价格策略不是单独行为,定价除成本因素外,还要结合产品定位、消费者需求等,在不同地区采取不同的策略,不能简单地因为高于原产地价格就认定星巴克是歧视中国消费者。事实上,星巴克的价格差异原因之一便是为配合其在中国市场上有别于本土的中高端品牌定位,迎合中国消费者的消费心理。

二、价格制定的心理策略

(一)价格的心理功能

1. 衡量尺度

消费者把产品价格当作衡量产品价值高低和品质优劣的尺度,认为价格高的产品价值高、品质优秀；价格低的产品价值低、品质也差。这样就使得价格具有衡量产品价值和品质的功能。

2. 认同

消费者在购买过程中，通过联想把购买产品的价格同个人的愿望、情感和人格特点联系起来，让价格成为反映其经济实力、社会地位、文化水平、生活情趣和艺术修养的工具。

3. 调节消费需求

一般情况下，价格上涨需求量下降，价格下降需求量上升。但是，价格与需求量之间这种向相反方向变化的现象也不是普遍的、绝对的。在有些情况下，如在消费者购买时的紧张心理或购买前的迫切期待心理的影响下，价格与需求量之间这种反向变化的倾向也会出现例外，即出现涨价抢购、降价观望不买的现象。

(二)价格制定的心理策略

价格对消费者的购买行为有明显的影响，因此，制定合理的价格是产品成功走向市场、取悦消费者的重要前提。在产品定价时，企业通常要考虑三个基本因素：生产成本、市场需求和同业竞争。但仅仅以这三个因素为依据是不够的，当产品处于生命周期的不同阶段时，消费者具有不同的消费心理。考察产品生命周期各个阶段中消费者不同的心理特点，在此基础上对产品进行合理的市场定价，对于企业而言是至关重要的。

1. 产品生命周期各阶段的消费者心理

(1) 引入期

引入期意味着消费者面对的是新产品。与市场上原有产品相比，任何一种出现创新、变革、调整的产品即被称为新产品。引入期的产品以全新的形象出现，一般只有少数消费者购买，这一部分消费者以求新、求异、好奇的消费心理为特点，乐于接受新鲜事物，有鲜明的个性，一般不受群体的影响。对于大多数消费者来说，他们对产品信息了解很少，了解该产品主要依靠以往的消费经验。因此，大多数消费者处于继续了解它、认识它，继续收集产品详细信息的阶段。在没有得到比较充足的信息之前，他们是不会轻易改变消费习惯的。

(2) 成长期

产品进入成长期后，购买人数大为增加，已购买者及准备购买者信息交流相对较多，人们获得产品信息也相对容易，了解产品的兴趣及愿望更加强烈。在产品成长期开始购买的消费者，一般具有好胜、求新的心理需要，愿意赶时髦，他们是产品信息的主要传播者。

(3) 成熟期

产品进入成熟期后，市场上新产品的特点已经非常突出，新产品的优越性已经得到消费者的普遍认可，对产品的认知度已经很高，购买人数日益增加，销售量大大增加。该产品已经形成稳固的市场，在竞争品牌中，占有较大的市场份额。在产品成熟期进入购买行列的消费者，一般具有随和、从众等心理特点，以模仿性的消费动机为主，他们对产品的情绪性反应一般不强烈，购买时较多参考周围人们的意见和评价，一般愿意采纳服务人员的意见和建议，广告等促销手段对他们的影响较大。

(4) 衰退期

产品进入衰退期，其功能和特点已经落后于大部分消费者的需求。大部分消费者已经失去对原有产品的新鲜感，购买人数日益减少。大部分消费者期待更适合他们需要的新产品的出现，或者已经将消费兴趣转移到其他产品上去了。少数消费者由于产品价格低廉、长时间形成的消费习惯、对该产品的情感性忠诚等原因，仍然购买该产品。

2. 产品生命周期各阶段的定价策略

在产品生命周期的不同阶段，消费者的心理也呈现不同的特点。但是，不管在哪个阶段，消费者都对产品的价格定位十分关注。因此，根据不同阶段消费者的心理变化来制定合适的价格，对于企业来说十分重要。

(1) 引入期

在全新产品或换代新产品上市之初，消费者对其尚无理性的认识，此时的购买动机多属于求新求奇。利用这一心理，企业通过制定较高的价格，以提高产品身份，创造高价、优质、名牌的印象。新产品上市之初，将价格定得较高，在短期内获取厚利，尽快收回投资。这一定价策略就像从牛奶中撇取其中所含的奶油一样，取其精华，所以称为撇脂定价策略。一般而言，对于全新产品、受专利保护的产品、需求价格弹性小的产品、流行产品和未来市场形势难以测定的产品等，可以采用撇脂定价策略。例如，圆珠笔在1945年发明时，属于全新产品，成本为0.5美元一支，可是发明者却利用广告宣传和消费者求新求异的心理，以20美元销售，仍然引起了人们的争相购买。利用消费者求新求异的心理，通过高价产生的厚利，使企业能够在新产品上市之初迅速收回投资，减少投资风险，这是使用撇脂定价策略的优势所在。但是撇脂定价策略毕竟是一种追求短期利润最大化的定价策略，若处置不当，则会影响企业的长期发展。因此，在实践过程中，特别是在消费者日益成熟、购买行为日趋理性的今天，采用这一定价策略必须谨慎。

产品处于引入期时，除了可以采用撇脂定价策略外，还有两种定价策略可以采用，即渗透定价策略和适中定价策略。适中定价策略主要适用于一般的日用生活必需品和重要的生产资料。渗透定价策略是与撇脂定价策略相反的一种定价策略，即在新产品上市之初将价格定得较低，以吸引大量的购买者，提高市场占有率。采用渗透定价策略的前提条件有两个：一是新产品的需求价格弹性较大；二是新产品存在着规模经济效益。日本精工手表就是在具备这两个条件的基础上，采用渗透定价策略，以低价在国际市场上与瑞士手表角逐，最终夺取了瑞士手表的大部分市场份额。采用渗透定价策略的企业无疑只能获取微利，这是渗透定价策略的薄弱之处。但是，由低价产生的两个好处是：首先，低价可以使产品尽快为市场所接受，并借助大批量销售来降低成本，获得长期稳定的市场地位；其次，微利阻止了竞争者的进入，增强了自身的市场竞争力。

对于企业来说，撇脂定价策略和渗透定价策略何者为优，不能一概而论，需要综合考虑市场需求、竞争、供给、市场潜力、价格弹性、产品特性、企业发展战略等因素才能确定。撇脂定价策略与渗透定价策略的对比见表6-1。在定价实务中，往往要突破许多理论上的限制，通过对选定的目标市场进行大量调研和科学分析来制定价格。

表 6-1　　　　　　　　　撇脂定价策略与渗透定价策略的对比

策略	撇脂定价策略	渗透定价策略
优点	企业能尽快收回成本、研究开发费用和投资； 能迅速获得大量利润，利润可用来改良产品，当竞争者进入市场时，还可以支持其他各种营销活动； 高价可以提高新产品身价，塑造其优质产品的形象； 扩大了价格调整的回旋余地，提高了价格的适应能力，有助于增强企业的赢利能力	能迅速将新产品打入市场，吸引倾向低价位的消费者，使现有消费者增加使用量，提高市场占有率； 物美价廉的产品有利于在消费者心中树立良好的形象； 低价薄利不易诱发竞争，低价可阻止实力不足的竞争者进入市场
缺点	如果价格定得太高，则顾客利益损失较大； 在新产品尚未被消费者认识之前，不利于开拓市场； 如果产品容易被模仿、复制或缺乏专利保护，还会因高额利润吸引其他竞争者进入，加剧竞争； 市场销售量和市场占有率可能无法相应提高，除非产品有绝对优势且迎合目标市场的需要，才能快速赚取暴利，提升市场占有率	投资回收期长，而且价格变动余地小，难以应付在短期内突然出现的竞争或需求的较大变化； 逐步提高价格，消费者会产生抵触心理，消费者可能会寻找替代品
前提	当企业的产品缺乏价格弹性时，高价造成的需求或销售量减少的幅度很小； 企业重视利润胜过销售量，希望获得较高的单位利润率； 产品或服务处在引入期，企业希望通过高价策略多获得利润； 对于产品生命周期短、周转慢、销售与成本较高的特殊产品、耐用品，产品价格也可定高些	价格弹性大的产品，低价会促进销售，虽然单位利润低，但销量的增加会提高利润总额； 竞争策略，有助于夺取市场占有率； 在成熟的市场上竞争，往往会采取这种策略，以便和竞争者保持均势； 如果消费者对产品价格敏感，众多竞争对手降低价格，而且企业的主要竞争对手提供了本企业无法提供的附加价值时，企业只能随之降价； 对于购买率高、周转快的产品，如日常生活用品，适合采用这种定价策略

（2）成长期

在成长期加入购买行列的消费者大为增加。一般采用可以取得利润的定价方法。产品进入成长期后，销量迅速增加，成本不断下降，产品质量提高，竞争者相对减少，这时是经营者实现目标利润的最佳时期。

（3）成熟期

成熟期一般采用降低价格，或者维持原价的策略。当产品进入成熟期时，消费者对于产品的选择能力增强。同时由于生产能力过剩，市场竞争激烈，市场份额趋于下降，因此，采取低价或原价不动的策略为宜。

（4）衰退期

衰退期一般采用接近成本的价格。当产品进入衰退期，大部分消费者已经失去对原有产品的新鲜感，购买人数日益减少。激烈的市场竞争已迫使市场价格接近成本。此时，只要有剩余经营能力，就应把变动成本作为价格的最低限度。如果价格高于变动成本，就表示通过这种产品销售可为经营者带来利益，弥补一部分固定成本。有时，为维持经营者的生存或尽快地把多余库存材料用完，也可直接采用变动成本定价的方法。

3. 价格制定的其他心理策略

（1）满意定价策略

满意定价策略即介于撇脂定价和渗透定价之间的策略，也称温和定价策略，价格水平适中,一般是处于优势地位的企业为了在消费者心目中树立良好的形象,主动放弃一部分利润,既能保证企业获得一定的初期利润,又能为消费者所接受。应该说这是一种双赢的策略。其优点是价格比较平衡,在正常情况下赢利目标可按期实现;有利于企业在市场上树立良好的企业和产品形象。这种策略适合于那些市场供求平衡,供需水平和供求结构相对稳定,企业又注重长期利益,希望维护长期稳定的产品。

(2)非整数定价策略

非整数定价策略是一种典型的心理定价策略,在定价时取尾数而不取整数。这种定价方法可以使消费者产生价格非常便宜的错觉而刺激购买。它会让消费者感到价格是经过精细核算制定的,而不是随意定的,认为这种定价合理,这就增强了消费者的信任感。非整数定价策略适合于价格低廉的日常生活消费品的定价。

> **小链接**
>
> **价格尾数的心理效果**
>
> 心理学家的研究表明,价格尾数的微小差别能够明显影响消费者的购买行为。一般认为,5元以下的产品末位数为9最受欢迎;5元以上的产品末位数为95效果最佳;百元以上的产品末位数为98、99最为畅销。尾数定价法会给消费者一种经过精确计算的、最低价格的心理感觉;有时也可以给消费者一种是原价打了折扣,产品便宜的感觉;同时,顾客在等候找零期间,也可能会发现和选购其他产品。如某品牌的电视标价2 998元,给人以便宜的感觉,其实它比3 000元只少了2元。价格尾数还给人一种定价精确、值得信赖的感觉。在欧美及我国常以奇数为尾数,如0.99、9.95等,这主要是因为消费者对奇数有好感,容易产生一种价格低廉,价格向下的概念。

(3)整数定价策略

整数定价策略是指把产品的价格定为整数,不带尾数,这种策略又叫方便价格策略。适合于高档消费品,也适合于价格比较低廉的产品的定价。这种定价方法对消费者来说具有两种心理效果:一是可以提高产品形象。对于一些质地好、款式新、具有特色的新产品,如高档时装、家电等,企业可把基础价格略作变动,凑成一个整数,如将1 998元定为2 000元,去掉尾数提高价格,相应提高了产品身价,吸引高收入阶层的购买者,同时也满足了消费者的炫耀心理。如果价格定得较低,购买者会觉得价低质次,不愿购买。如一件实际价值为980元的装饰品定为1 000元,有能力购买者多付20元钱也不会在意,但价格提高20元却使这件产品的声望价值从三位数上升到四位数,给消费者带来极大的满足,而且企业还会赢利;二是方便购销双方的交易与结算。很显然,整数定价可以为消费者和商家的交易带来极大的方便,特别是对于那些价值低的小产品更是如此。如定价为0.20元相对于0.18元,对消费者而言在结账时更为方便。

(4)习惯定价策略

有些产品在消费者心目中已经形成了某种习惯的价格,这种产品的价格有变动消费者就会非常敏感,甚至产生不满。厂家宁肯在产品的内容、包装和分量上进行调整,也要保持习惯的价格。这种定价策略适合于为消费者广泛接受的、销售量大的产品。

(5)折让定价策略

折让定价策略是指为争取消费者,在产品的价格上给消费者以优惠的定价策略。对于季节性强的产品,可以在淡季销售时打折优惠。

(6)威望定价策略

威望定价策略是把产品价格定得较高,让产品的价格在消费者心目中享有很高声望的定价策略。

(7)招徕定价策略

企业有意将少数几种产品的价格降至市价以下,甚至低于成本,以招徕顾客,增加其他产品的连带性购买,达到扩大销售的目的。采用招徕定价策略时,用来招徕顾客的"特价品"应该是消费者熟悉的、质量为公众所认同的或容易鉴别的日常用品或生活用品,这样才能使消费者知道该产品的确低于市价,从而招徕更多的顾客。而且,"特价品"的数量必须有一定的限额,数量过大将影响企业利润,过小又会使顾客购买不到而失望。一些超市经常使用这种定价策略,如每天开张销售的前50台电视机以超低价出售,这样每天可以吸引大批消费者,这些消费者即使最终并没有购买电视机也会顺带购买其他产品。

小案例

招徕定价吸引客流

北京地铁有家每日商场,每逢节假日都要举办1元拍卖活动,所有拍卖产品均以1元起价,报价每次增加5元,直至最后定夺。但这种由每日商场举办的拍卖活动由于基价定得过低,最后的成交价就比市场价低得多,因此会给人们产生一种卖得越多,赔得越多的感觉。岂不知,该商场用的是招徕定价策略,它以低廉的拍卖品活跃商场气氛,增大客流量,带动整个商场的销售额上升。这里需要说明的是,应用此策略所选的降价产品,必须是顾客都需要的,而且市场价是为人们所熟知的才行。

三、折扣定价的心理策略

折扣定价是在产品正式价格的基础上进行适当的打折的定价策略。其目的是通过让利于消费者来鼓励购买。价格折扣包括数量折扣、现金折扣、功能折扣、季节折扣、回扣与津贴等形式。

(一)数量折扣的心理策略

数量折扣又称批量作价,是指企业根据购买者购买量的不同给予相应的价格折扣。

一般情况是购买量越多,折扣越大,以鼓励购买者增加购买量。数量折扣又可分为累计数量折扣和一次性数量折扣两种。

1. 累计数量折扣

累计数量折扣是在一定时期内累计购买超过一定数量或金额时,就能享受相应的折扣优惠。如规定购买量累计达到 10 000 件,价格折扣 6%;达到 20 000 件,折扣 8%;超过 30 000 件,折扣 10%。如果某商家第一批购货 12 000 件,企业给予其 6% 的折扣,第二批又购货 19 000 件,那么企业就应该按累计量 31 000 件标准,给予其 10% 的折扣。累计数量折扣的目的在于鼓励消费者与企业建立长期稳定的产业关系,减少企业的经营风险。这种折扣适用于长期交易的、大批量销售的以及需求相对稳定的产品。

2. 一次性数量折扣

一次性数量折扣又称"非累计数量折扣",是对一次性购买或订货达到一定数量或金额时,给予折扣优惠。与累计性数量折扣不同的是,这种方法只考虑当次购买量,而不管累计购买量。一次性数量折扣比较适用于短期交易的产品、季节性产品、零星交易的产品,以及过时、滞销、易腐、易损产品。这种折扣方式的目的是鼓励顾客大批购买,促进产品多销、快销,从而有利于企业批量生产、降低成本。

(二)现金折扣的心理策略

现金折扣又称付款折扣,是指企业根据买主支付货款的期限给予一定的价格折扣的策略。其主要目的是鼓励买主在规定的期限内早日付款,尽早回收资金。这种折扣方式一般在生产厂家与中间商之间使用。折扣的大小一般根据付款期间的利息和风险成本等因素确定。采用现金折扣有利于加快企业的资金周转速度,减少利率变化给企业带来的风险。

(三)功能折扣的心理策略

功能折扣又称"交易折扣",是指生产企业根据中间商在产品分销过程中所承担的功能、责任和风险,对不同的中间商给予不同的折扣。功能折扣的比例,主要考虑中间商在分销渠道中的地位、对企业产品销售的重要性、购买批量、完成的促销功能、承担的风险、服务水平、承担的商业责任,以及产品在流通领域中所经历的环节多少和产品在市场上的最终售价等因素。功能折扣将形成购销差价和批零差价的结果。通常给批发商的折扣较大,给零售商的折扣较小,而承担功能多的中间商的折扣最多。

功能折扣的目的是鼓励中间商大批量订货,扩大销售,争取顾客,并与生产企业建立长期、稳定、良好的合作关系,同时对中间商经营有关产品的成本和费用进行补偿,并让中间商有一定的赢利空间。

(四)季节折扣的心理策略

季节折扣是指对一些季节性较强的产品,给予那些在淡季购买的顾客一定的价格折扣。如服装生产经营企业,对不合时令的服装,给予季节折扣,以鼓励中间商和用户提前购买、多购买。折扣的优点是降低仓储费用、减少资金占用、加速资金周转和调节淡旺季节之间的销售不均衡等。如不少羽绒服厂家,在夏季以6折或7折出售存货,夏季服装在秋季实行4~5折特价销售。民航、旅游饭店为了调节淡旺季客源,也在非节假日实行季节折扣。

(五)回扣、折让和津贴

在现实社会经济活动中,回扣、折让和津贴的运用也非常普遍。回扣是企业按照一定的标准,从货款中返还一部分给顾客的折扣定价方法。如企业规定,达到一定的购货量或购货额,企业按5%的回扣标准将货款返还给顾客。

折让通常是指直接减少目录价格的数额。如产品标价125元,去掉5元,顾客只需支付120元。此外,以旧换新的产品,将旧货折算成一定的价格,在新产品的价格中扣除,顾客只支付余额,也是一种折让方式。

津贴是企业为特殊的目的,对特殊顾客以特定形式所给予的价格补贴或其他补贴。如中间商为企业产品做了广告,企业为表示酬谢,而给予一定数额的资助和补贴,或分担一部分广告费用。这实际上也相当于对产品价格打了折扣。

四、价格调整的心理策略

企业在经营活动中,产品价格的变动与调整是经常发生的。调价的原因除了生产经营者自身条件变化以外,还受市场供求状况、产品价值变动、产品属性、产品的需求弹性、竞争对手的价格政策、市场货币价格与货币流通量的变动、国际市场价格波动和消费趋向变化等多方面因素的影响。企业在调整产品价格时,既要考虑这些因素的影响,又要考虑消费者对产品高价的心理反应。

(一)消费者对价格调整的心理反应

价格调整分为两种情况,一种是降低价格,另一种是提高价格。但无论企业怎样调整价格,总会影响消费者的利益。当然,由于消费者对不同的产品的敏感度不同,有些产品调价会引起消费者的剧烈反应,而有些则不会。此外,由于市场信息的不对称性,消费者对企业调整价格的动机、目的的理解程度不同,也会做出不同的心理和行为反应。消费者对价格调整的心理反应见表6-2。

表 6-2　　　　　　　　消费者对价格调整的心理反应

产品降价的心理反应	产品涨价的心理反应
(1)消费者由"便宜—便宜货—质量低劣""便宜没好货""好货不便宜"等一系列联想而引起心理不安 (2)消费者往往对自身的消费水平有一个定位,购买便宜的低档货,有损自尊心和满足感 (3)消费者猜测调低价格的原因是将有新产品问世,所以就抛售老产品;当新产品上市后,老产品就会被淘汰,企业可能也不再对老产品有很好的售后服务 (4)降价产品可能是过期产品、残次品、库存品或低档品 (5)产品价格可能会进一步的下降,等待新一轮的降价	(1)产品可能是因为具有某些特殊的使用价值,或具有更优越的性能才涨价,应该赶快购买 (2)产品涨价可能会持续下去,应尽快抢购 (3)产品涨价可能是限量发行,具有升值潜力,购买回来囤积以待增值 (4)产品供不应求导致涨价,尽早购买
产品降价可能导致的不利之处	产品涨价可能导致的两种情况
调低价格通常会对消费者有利,激发其购买欲望,促使其大量购买。但现实生活中,消费者会做出与之相反的各种心理和行为反应,往往"持币待购","越降越不买"	一是抑制消费者的购买欲望,影响销售;二是激发消费者的购买热情。企业在涨价过程中如何准确把握消费者的心理反应,以达到期望的效果,是企业在做出涨价决策时应认真考虑的问题

(二)产品价格调整的心理策略

1. 产品降价的心理策略

(1)把握降价的条件

企业如果想达到预期的降价目的,降价产品应具备与消费者心理要求相适应的特征。

(2)把握降价的时机

把握降价的时机会大大刺激消费者的购买欲望;反之,则会适得其反。根据营销活动的实际,降价时机要视具体产品和企业的具体情况而定。值得注意的是,产品降价不能过于频繁,否则会造成消费者对降价不切实际的心理预期或对产品的正常价格产生不信任的负面效应。

(3)把握降价的幅度

降价幅度要适宜,以达到吸引消费者购买的目的为佳。幅度太小,不能刺激消费者的购买欲望;幅度太大,企业可能会亏损,而且消费者也会对产品质量产生怀疑。

(4)把握降价的技巧

企业在使用降价策略时可以使用一些技巧加强效果。

2. 产品涨价的心理策略

(1)把握涨价的条件

通常消费者会对产品提价持消极的心理反应,从而会影响产品的销售。但企业在实际经营活动中由于各种因素不得不涨价,如通货膨胀、物价上涨、原料供应价格相应上涨,导致成本上升,企业不得不涨价;产品供不应求,市场需求强劲,涨价是一种市场调节手段;资源稀缺或劳动力成本上升造成产品成本提高;经营环节增多,费用相应增加,利润分配的环节也增多了。

(2)把握涨价的时机

为保证涨价策略收到良好的效果,应选择好的涨价时机。

(3) 把握涨价的幅度

涨价幅度并没有统一的标准，一般要视消费者的心理承受能力而定，但应尽可能避免大幅涨价的情况。

(4) 把握涨价的技巧

企业在涨价技巧与方式上，有直接涨价和间接涨价两种。为使消费者能接受价格上涨，企业应针对不同的提价原因，采取相应的心理策略。如通过各种渠道向顾客说明提价的原因；帮助顾客寻找节约途径，组织替代品的销售；提供周到的"增值服务"，尽量减少消费者的损失，以求得消费者的谅解和支持，提高消费者信心，刺激需求和购买行动等。

产品价格调整的心理策略见表 6-3。

表 6-3　　　　　　　　　　产品价格调整的心理策略

产品降价的心理策略	产品涨价的心理策略
产品降价的条件	产品涨价的条件
消费者是价格敏感者，并不会对产品的品牌十分在意，主要是根据价格来决定自己的购买行为； 消费者对产品的质量和性能非常熟悉，如某些日用品和食品，降价后仍对产品保持足够的信任； 企业向消费者说明降价的原因，并使其接受； 制造商和其品牌拥有相当高的美誉度，消费者在购买后觉得物超所值	消费者的品牌忠诚度很高，是品牌偏好者，不会因为涨价而轻易改变购买习惯； 消费者相信产品具有特殊的使用价值或具有更优越的性能，是其他产品不能替代的； 消费者有求新、求奇、追求名望、好胜攀比的心理，愿意为自己喜欢的产品付出更多的价钱； 消费者能理解产品涨价的原因，容忍价格上涨带来的消费支出的增加
产品降价的时机	产品涨价的时机
时尚性产品，在竞争者纷纷进入模仿的后期时应降价； 季节性产品，应在换季时降价； 一般产品，进入成熟期的后期就应降价； 如果是市场追随者，当市场领导者率先降价后，采取跟进降价策略； 重大节日可降价促销，如"五一""十一"等节假日； 庆典活动降价，如新店开张、开业周年、店庆等； 其他特殊原因降价，如拆迁、改变经营方向、柜台租赁期满等	产品在市场上处于优势地位； 产品进入成长期； 季节性产品达到销售旺季； 一般产品在销售淡季； 竞争对手产品涨价，采取跟随策略
产品降价的幅度	产品涨价的幅度
降价幅度在10%以下时，几乎收不到促销效果； 降价幅度在10%甚至30%以上时，会产生明显的促销效果； 降价幅度在50%以上时，必须说明充分的降价理由，否则消费者会有很强的疑虑，不会购买产品	国外一般以 5% 为提价幅度界限，认为这样符合消费者的心理承受能力； 我国某些产品以 30%、50% 甚至更高的提价幅度销售，也能使消费者购买； 涨价幅度应根据市场情况和消费者的反应灵活制定，但应尽可能避免大幅涨价的情况
产品降价的技巧	产品涨价的技巧
少数几种产品大幅度降价，比起多种产品小幅度降价的促销效果要好； 降价标签直接挂在产品上，这会最大程度地吸引消费者立刻购买。因为顾客看到降价前后的两种价格，通过比较会使其做出购买决策	直接涨价是以一定幅度提高原有产品的标价； 间接涨价是产品的市面标价不变，通过产品本身的变动，实际提高价格； 企业通常更换产品型号、种类变相涨价，这种方法多用于家用电器，如减少一些不必要的产品功能； 减少产品数量而价格不变，这种方法多用于食品上，如减少食品净含量

消费者行为分析

单元小结

　　价格是消费者衡量产品价值和品质的直接标准;价格是消费者社会地位和经济收入的象征;价格直接影响消费者的需求量。价格具有衡量尺度、认同和调节消费需求的心理功能。因此,成功定价的一个关键点在于迎合人们的价格心理。

　　价格心理是指消费者在购买过程中对价格刺激的各种心理反应及其表现,它是由消费者自身的个性心理和对价格的知觉判断共同构成的。消费者的价格判断既受其心理因素的制约,也受销售场地、环境、产品等客观因素的影响。消费者价格心理是影响消费者购买行为的重要因素。消费者具有习惯性、敏感性、感受性和倾向性的价格心理特征。企业必须掌握产品生命周期各阶段的消费者心理,并据此制定价格的心理策略。

　　产品价格的变动与调整是经常发生的,企业应该正确把握消费者对价格调整的心理反应并制定相应的价格调整的心理策略。

核心概念

　　价格与消费者心理行为、消费者价格心理特征与价格判断、价格的心理功能

　　撇脂定价策略与渗透定价策略、满意定价策略、非整数定价策略与整数定价策略、习惯价格策略、折让价格与折扣定价策略、威望价格策略、招徕价格策略

　　价格调整的心理反应与价格调整的心理策略

模块二　应用分析

应用案例

　　泰国曼谷有一家专门经营儿童玩具的商店,有一次购进了造型极为相似的两种玩具小鹿,一种是日本生产,一种是中国生产,标价都是3.9元。出乎意料的是,两种造型可爱的小鹿就是卖不动,店员们认为,定价太高,纷纷建议降价促销。可是,精明的老板经过一番思考,不仅没有采纳大家降价促销的建议,反而做出将中国生产小鹿的售价提高到5.6元的决定,并让店员们把它与日本生产的3.9元小鹿一起卖。光顾这家商店的顾客看到两种相似的小鹿,价钱相差如此悬殊,就忍不住询问,此时,售货员按老板的安排,告诉顾客:价钱不同是因为产地不同、进货渠道不同,其实质量并没有什么区别。

　　经过仔细比较,顾客发现两种小鹿玩具确实差不多,自然觉得买日本生产的就特别合

算,产生一种买了便宜、得了实惠的心理。不出半个月日本产的小鹿就卖完了。这时,老板又让售货员把中国产的小鹿玩具标上原价5.6元,现价3.9元,减价出售。光顾这家商店的顾客看到减价,又以为买了便宜、得了实惠,成了人们茶余饭后津津乐道的话题,其广而告之的效果可想而知,不久,这些中国生产的小鹿也卖光了。

教学案例使用说明

【教学目标】

定价策略制定的正确与否关系到销售的成败,通过案例中的定价策略掌握企业在定价过程中考虑的因素。

【讨论问题】

1. 请分析本案例中为什么能够产生这样的效果。
2. 本案例中,根据消费者的价格心理,采取了哪些有效的价格策略?

【分析本案例所运用的理论和方法】

定价的心理策略定价技巧

模块三　技能训练

实训任务:价格分析

【任务要求】

选择一超级市场和一高档百货商场,对其促销定价策略进行分析。

【完成任务的方法】

对选择产品的特征进行分析,并对光顾这两个不同市场的消费者购买心理进行分析,结合不同的促销手段,说明其是否能达到既定的价格促销目的。

【完成任务所需的资料】

消费者价格心理、价格制定心理策略、折扣价格制定策略。

【评价办法】

充分考虑两种市场定位的差异、消费者购买心理的区别,结合两者制定的价格促销策略,考虑其中存在的区别,并考察其效果。

模块四　单元测试

【思考题】

1. 针对不同的折扣价格,消费者具有哪些心理要求?
2. 消费者对调价有什么心理反应?企业可采取哪些策略,运用什么技巧?

【填空题】

1.消费者价格心理特征包括（　　）、（　　）、（　　）、（　　）。
2.价格的心理功能有（　　）、（　　）、（　　）。
3.折扣价格包括数量折扣、现金折扣、（　　）、（　　）和（　　）。
4.采用渗透定价策略的前提条件：一是（　　）；二是（　　）。
5.整数定价策略又叫方便价格策略。既适合于（　　），也适合于价格低廉的产品的定价。其心理效果：一是（　　），二是（　　）。

单元七

分销组合与消费者行为

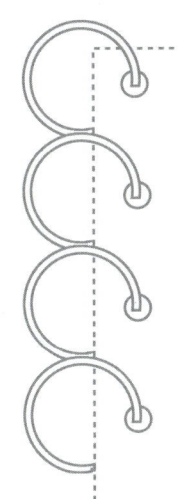

教学目标

1. 能阐述批发商具备的独特功能
2. 正确把握批发商在采购时的心理需求
3. 了解零售商的各种形式，掌握零售商的进货心理
4. 掌握终端市场的含义，并熟悉终端促销与终端支援的内容
5. 熟练运用终端市场进行设计，以迎合消费者的心理

素养目标

培养学生敢于拼搏、敢为人先、勇于超越的竞争意识

引 例

戴尔在华直销模式彻底变阵 全面进入分销时代

依靠着直销模式，戴尔曾经稳居全球 PC 厂商老大的位置多年，然而坚持直销的最终结果却是戴尔连续几个季度被竞争对手超越。为此戴尔不得不"穷则思变"，最终放下身段，走入广大 PC 厂商的分销阵营。

与分销相比，直销是一种更古老的销售方式。多年前，戴尔在缺乏核心技术和研发积累的情况下，让直销这种传统方式大放异彩，并借助直销登上了行业第一的宝座。采用电话和互联网订货的直销模式曾经是戴尔攻城略地的法宝,使其成为PC业的巨人,但固守一成不变的销售模式,就会束缚发展。事实上,戴尔的直销模式已经在很多国家遭遇了水土不服。

戴尔公司总裁罗林斯曾表示,在中国业务中,戴尔的首要目标是抢占政府部门以及电信、教育等行业的市场。在进入中国的头几年,戴尔借着直销的低成本运作,在中国市场不断创下销售纪录,但近几年来,戴尔在中国的前进步伐明显迟缓下来。

熟谙中国市场的柳传志曾说过:"中国消费者看到实实在在的东西才会购买。"在中国市场,人与人之间沟通所建立起来的信任在商业活动中非常重要,大多数消费者习惯眼见为实、一手交钱一手交货的消费方式,对先付钱后拿货的消费方式相当陌生。电话和互联网销售使人们失去了见面沟通的信任基础,给人以冷冰冰、没有人情味的感觉。很多消费者认为,从分销商处购买戴尔产品反倒更有保证。

如今,戴尔已进驻苏宁电器在全国的300多家门店,其中100多家门店设立了戴尔的品牌专厅,其他200多家门店则设立了戴尔专柜。相比较而言,目前这种"看得见摸得着"的"体验营销"方式更适合于国内当前的PC消费国情。这也是戴尔不得不颠覆自己多年来直销模式的根本原因。

<u>微课:分销组合与消费者行为</u>

分销渠道是用来向消费者提供形态、时间、地点及占有效用的方式。渠道的畅通与否直接关系到企业的产品能否顺利地到达消费者手中。渠道的畅通与否要看企业如何与中间商或中介机构建立关系。本单元重点讨论分销组合中的批发商、零售商的采购心理,以及零售环节与消费者的感知、认知和行为之间的关系,即在终端市场上如何把握消费者的心理。

模块一 基础知识

一、了解批发商的采购心理

(一)批发商的基本知识

1. 批发商的功能

批发商是介于制造商与零售商之间的中间商。批发商具有一些相对于零售商的独特功能:

(1)推销和促销。批发商提供推销队伍,使制造商能以较小的成本接近许多小顾客。批发商的接触面比较广,常常比遥远的制造商更多地得到买方的信任。

(2)采购和置办商品种类多样化。批发商能够选择和采购顾客所需要的商品种类和款式,这样就能减少顾客的大量工作。

(3)整买零卖。批发商通过采购运载的货物,把整批货物分解成较小单位,为顾客节省费用。

(4)存货。批发商具备一定的存货能力,这样就能减少供应商和顾客的仓储成本和风险。

(5)运输。批发商可向买方快速地送货。

(6)融资。批发商为其顾客提供财务援助,如赊购等;同时也为供应商提供财务援助,如提早订货,按时回款等。

(7)承担风险。批发商由于拥有所有权而承担了若干风险,同时还要承担由于偷窃、危险、损坏和过时被弃等造成损失的风险。

(8)市场信息。批发商向他们的供应者和顾客提供有关竞争者的各种活动、新产品、价格变化等方面的情报。

(9)管理服务和建议。批发商经常帮助零售商改进其经营活动,如培训他们的推销员,帮助商店内部布置和商品陈列以及帮助建立会计制度和存货控制系统,还可通过提供培训和技术服务,帮助产业客户。

2. 批发商的类型

批发商可分为两大类:制造商控制的批发商和独立批发商。

(1)制造商控制的批发商

制造商控制的批发商一般指制造商自设的批发机构和股权控制的批发机构。制造商自设批发机构,常见于木材、汽车设备和配件等,分销机构承担征集订单、储存、运输等业务,而销售办事处只是收集传递订单的公司职能部门。

(2)独立批发商

独立批发商也称商业批发商,他们买下所经销商品的所有权,然后出售。在不同的行业其称呼有所不同,如分销商。商业批发商还可分为两大类,一是完全服务批发商,它提供存货、推销队伍、顾客信贷、负责送货以及协助管理等服务。二是有限服务批发商,他们只向其供应者和顾客提供极少的服务,一般是针对自己的资源优势提供专业性服务,如卡车批发商,主要负责执行销售和送货职能,用卡车将一些易变质的商品送到超级市场、小杂货店、旅馆等;自理批发商只经营一些周转快的商品,卖给小型零售商,收取现款,一般不负责送货。

(二)批发商的采购心理

批发商采购行为的特点是购买规模较大、购买对象比较稳定、购买频率比较均衡、购买的理智性较强。针对这些特点,可以看出批发商的采购心理。

1. 零风险心理

批发商由于拥有商品的所有权,对商品进行自主经营,而且其购买规模较大,其承担的风险也是很大的。因此,批发商在心理上想尽量规避风险,追求零风险。具体表现在其对交易方式的选择上,力求规避风险,保证自己获取较好的经济效益。批发商对销售前景看好的商品,愿意采取经销方式,当某种商品的销售有巨大的市场潜力时,则希望获得这种商品的总经销权,以争取该商品向其他经销商转批的垄断权;而批发商对自己看不清销售形势的商品,则希望采取代理的方式,既不承担经营风险,也不会占用资金。为此,制造商需根据批发商的这种追求零风险的心理,采取合适的交易方式,在心理上使其稳定,同时也能保持长久的合作关系。

2. 高质量心理

商品的质量高低直接关系到销售情况的好坏,而批发商作为中间商,销售情况的好坏关系其切身利益,因此批发商必然要求销售质量好的商品,否则批发商会遭受其他中间商的退货,甚至会引起纠纷、冲突,造成经济损失和名誉损失。为此,批发商不仅要求制造商的商品质量达标,而且要保持稳定。由于批发商是中间商,不参与商品的生产制造,因而无法从生产环节对质量进行控制,但可以从其经手的环节加以控制,如要求商品包装用材合理、坚固耐磨,在商品多次运输、装卸、保管过程中能真正保护商品。为此,生产企业可针对批发商的这种要求,提供高质量的包装,同时严控商品质量关,取得批发商的支持和信任。

3. 低价格心理

批发商通常在货物成本上,按传统的比率加成(如20%)以支付自己的开支,其中17%为可能的开支,剩下的3%就是批发商的利润。杂货批发商的利润一般在2%以下。批发商为赢得重要客户,有时甚至会减少某些产品的毛利。批发商作为供应链上的中间环节,为了其生存、经营的需要,必然会向制造商要求尽可能低的供应价格,如果制造商适当降低其供应价格,对批发商的吸引力是相当大的。

4. 名牌商品心理

名牌意味着高质量、高服务,在消费者心中具有相当高的知名度和影响力,经营名牌商品也是对其自身形象的提升,因此,批发商也会比较注重经营商品的品牌形象。批发商会关注商品广告和其他促销活动等影响商品品牌的一些措施,故企业如能制订一系列促销方案,在广告、推广等方面投入资金,来树立企业的良好形象和商品的品牌,会受到批发商的欢迎。

5. 货源稳定心理

批发商的交易量大、次数少,因此,为保证正常的经营运转,批发商除了注重商品质量、包装、品牌、价格等方面的因素外,还非常看重供应商的供货能力,是否能满足其数量要求、时机要求、供货的运输方式要求等,以及是否有稳定的货物供应,因为缺货会使客户转向竞争产品的采购,给企业的声誉造成不良的影响。

二、了解零售商的进货心理

(一)零售商的基本知识

零售是产品流通的最后一个环节,产品分销渠道的出口。其基本任务是直接为个人消费者提供便利的购买服务,零售可以创造价值。零售商是指把产品或服务直接出售给终端消费者的商业机构或个人。当然零售商也会经营批发业务,但如果其出售给最终消费者的销售额占全部销售额的半数以上,就认定它是一个零售商。零售商为消费者提供了一个丰富多彩、品种齐全的商品范围,可以帮助形成地点效用、时间效用和所有权效用。现代零售企业类型众多,按经营商品的种类,可以分为综合商店、专卖店;按经营方式可以分为百货商场、超级市场、连锁商店、货仓式商店、便利商店;按经营商品及购物环境的档次可以分为现代化的综合商场、高档精品店、中低档大众商店等。现代消费者的需要复杂多样,对商店类型的要求和选择也呈现出不同的心理趋向。

1. 大型百货商场

大型百货商场一般选址于繁华的商业中心,商店规模大,营业面积大多在5 000平方米以上,采取柜台销售与自选(开架)销售相结合的方式。大型百货商场经营门类广泛,品种齐全,商场设施一流,服务周到,拥有良好的信誉,具有较强的综合功能,可以满足消费者的求全心理、选择心理、安全心理及享受心理等多方面的心理需要,同时适应各种职业、收入、社会阶层消费者的心理特性,因而对大多数消费者具有较大的吸引力,是消费者集中选购多种商品、了解市场信息、享受购物乐趣的主要场所。一些知名度较高的大型百货商场,如北京王府井百货大楼、上海第一百货商店、巴黎春天商店、东京西武百货公司等,都成为当地消费者和旅游者购物的选择目标。

2. 专卖店或专业店

专卖店是指以专门经营某一品牌或某一大类商品为主,配有丰富专业知识的销售人员和适当的售后服务,满足消费者对某大类商品选择需求的零售业态。具体类型有品牌专营的专卖店,如"耐克"专卖店、"皮尔·卡丹"专卖店等;以产品链为经营特色的专卖店,如眼镜专卖店、皮鞋专卖店、饰品专卖店等。专卖店以其专业化程度高而见长,能更好地满足消费者对某种特定商品的深层需要,因而在选购单一商品如汽车、电器、钟表、体育用品时,经常成为消费者首先选择的商店类型。近年来,专卖店的发展很快,成为零售业的一种主要业态,尤其是品牌专卖店,与超市一起成为我国近年零售业态发展中的重要趋势。品牌专卖店之所以被消费者认同,主要是基于以下几种消费心理:首先,专卖店中同一品牌的商品门类齐全,购买方便,并且有完善的售后服务;其次,专卖店中的商品正宗,杜绝了假冒伪劣现象,使消费者购买时有安全感;最后,品牌专卖店,特别是一些高档品牌专卖店,其出售的商品及店内的环境本身就显示了一种消费层次,可以满足消费者自我定位和社会形象认同的需要。

3. 超级市场

超级市场指采取自选的销售方式,以销售食品、生鲜食品、副食品和生活用品为主,满足顾客每日生活需求的零售业态。其主要特点有以下几个方面:

(1) 购物便利

超级市场经营商品的种类齐全,以食品和日用消费品为主,拥有消费者最常购买的种类,方便了消费者的日常购物。另外,其选择的便利性大大节省了消费者的购物时间,适应了现代社会快节奏的生活方式。据一项调查表明,在超级市场购物要比到其他商店购物节省近30%的时间。

(2) 环境舒适

超级市场采用开架式销售,顾客自己挑选商品的经营形式,为消费者提供了更为自由、宽松的购物环境,减轻了柜台式销售的购物压力,使购物成为一种享受。

(3) 为消费者提供自我满足感

超级市场采取消费者自选商品的方式,使其更多地参与购买过程,为消费者提供了较多体现自身能力的机会,满足消费者在购买过程中的参与感,以及发挥主动性、创造性的心理需要。同时,超级市场采取的开架式销售,减少了顾客与售货人员产生人际摩擦的可能性,改善了商家与消费者之间的关系。

4. 连锁商店

连锁商店是零售企业扩张的一种重要形式,因其实行统一的经营方式,具有统一品种、统一价格、统一服务、统一标识、分布广泛、接近消费者等特点,所以在众多商店类型中独具特色,受到消费者的青睐。在连锁商店购物,可以使消费者消除风险防御心理,减少比较选择时间,缩短购买过程。尤其是一些便利店、连锁快餐店(如麦当劳、肯德基、永和豆浆、真功夫等)以其方便、快捷、舒适、便于识别等优势,充分适应了现代消费者求快、求便的心理需要。

5. 便利商店

便利商店相对较小,位于住宅区附近,营业时间长,几乎终年无休,经营周转快的方便商品,但品种有限,主要是人们生活必需、基本的商品和服务,如加工食品、日用杂货、报纸杂志等。由于便利商店经营的商品主要为满足顾客的不时之需,因此商品的价格相对高些。

6. 货仓式销售

货仓式销售是指将零售、批发和仓储各个环节合而为一的经营方式。货仓式销售的特点是批量销售、价格低廉,一反传统销售方式,采用小批量的形式,如成盒、成打地出售商品,因而可以最大限度地节约仓储、包装、运输等流通费用,进而大幅度降低商品的零售价格。尽管这类商场环境设计简单,服务设施较少,但因价格低廉,迎合了中低收入阶层求廉、求实的心理需要,因此对多数消费者有强大的吸引力。

7. 无店铺零售店

无店铺零售店有自动售货、直销、邮购三大类。其中邮购和自动售货发展很快。自动售货多用于带有很大方便价值的冲动型商品和其他商品的销售。在日本,自动售货机能售出珠宝、冰冻牛肉、鲜花、威士忌酒,甚至未来约会伙伴的姓名。自动售货机遍及工厂、办公室、大型零售店、加油站、旅店等,向顾客提供24小时销售、自我服务和未被触摸过的商品。

> **小链接**
>
> 随着大数据、物联网等科技技术的崛起,各种基于这些新技术的智能购物车等智能化产品也陆续出现在了市场上。
>
> 那么,零售行业现状到底如何?面临哪些痛点?在零售圈频频引起热议的"智能购物车"能改变这一现状吗?
>
> **1. 零售商超行业发展现状总结**
>
> 随着信息技术和互联网的发展,零售行业主要呈现以下变化:三四线以下地区市场红利凸显;随着线上线下融合以及消费升级的带动,消费者的地位大幅提高;随着线上和线下数据的贯通,新零售门店快速崛起;随着生育率及结婚率下降,老龄化趋势和家庭小型化趋势明显,使得小型和社区类零售业态开始取代大卖场,逐渐兴起。
>
> **2. 零售行业普遍面临的痛点**
>
> 中国零售行业目前普遍面临着一些痛点,包括:数字化程度低、众多环节效率低下,具体表现在:中小型零售商超对会员系统、进销存系统、POS系统等基础数据和系统的数字化改造投入少,无法有效提升企业资源配置效率;还有一些零售企业开始布局数字化转型,但是数字化经营建设能力较弱,没有取得明显的效果。
>
> **3. "智能购物车"能否解决痛点**
>
> 技术创新驱动"人""货""场"的重构,人工智能在消费者需求挖掘、产品生产、物流配送、商品自动识别结算等环节实现有效替代传统人工,因此,人工智能产品逐渐成为解决零售行业痛点,提振零售行业消费,促进零售行业数字化升级转型的利器。
>
> 目前,智能购物车因其易于在零售门店进行部署,无需对门店进行基础设施等布局的更改,并且非常方便消费者使用,在零售行业频频掀起热议。那么,智能购物车能否解决零售行业的这些痛点呢?
>
> 智能购物车通常与零售超市的ERP系统实现链接,消费者可以通过智能购物车的PAD屏幕,获取门店内商品的实时信息,包括价格、促销优惠信息等。而智能购物车本身基于AI、深度学习、多传感器图像处理、多重摄像头等技术,可以采集到用车顾客从进店到离店的所有消费行为数据,形成进入门店的线下零售客户的清晰用户画像,并通过智能购物车系统,对用户进行基于千人千面的精准营销,从这个点来讲,智能购物车可以很好地助力商超进行数字化转型。此外,智能购物车支持用户自助扫码购物,自助在智能购物车上完成结算,避免了用户在收银台的排队等待,大幅提升了用户的购物体验。从这两点来看,智能购物车无疑可以解决零售行业的这些痛点。

(二)零售商的进货心理

零售商直接将商品卖给消费者,对消费者的影响最直接也最大,它在商品销售系统中是数量最多的中间商,而且地理分布比较分散,商品储存能力和检验能力比批发商弱,因此,零售商购买与批发商相比,具有商品购买次数多、品种多、数量小、周期短、变化性强等特点。

1. 注重商品的特色

零售商一般讲求商品的"新""特""精""专""全",零售商直接面对的是消费者,而消费者的规模庞大,消费习惯、需求、偏好等都千差万别。随着商品品种越来越多,消费者对商品的选择性也越来越大,这要求零售商经营的商品必须和消费者不断变化的需求相适应,而零售商如能按照"新""特""精""专""全"来采购,则能在最大限度上满足消费者的要求。

2. 注重商品的包装,尤其是中包装和内包装

零售商购进商品后,摆放在柜台内或货架上进行销售。为了便于消费者的挑选,并引起他们的注意,零售商进货时,对商品的中包装和内包装很注重,不仅希望商品的包装便于携带与保管,而且重视包装的促销作用,以及增加商品价值的作用。

3. 注重供应商的供货方式,讲求"勤进快销"

零售商是直接和消费者接触的中间商,它的销售很大程度上取决于消费者的需求变化。因此,其必然要求供应商的供货方式方便、灵活,也要求供应商的供货数量能适应零售购买的特点。

4. 注重商品的季节性

零售商由于没有强大的销售网络、良好的仓储设备,因而对商品的季节性要求很高,对于应季的商品会积极进货,而对于快过季或已过季的商品则缺乏积极性。

5. 注重商品交易的实际利益

零售商和批发商一样,在交易方式上追求零风险,以保证自身的经济利益,但两者采用的方式有所区别。零售商对于销售前景看好的商品,愿意经销;如果十分看好该商品,会采用包销的方式;而对那些认为较难销售的商品,希望代理销售;如果销售发展良好,则会要求独家代理。

6. 注重供应商的促销活动

零售商一般以经营日用消费品为主,而广告和营业推广对这类商品最有效。许多中小零售商由于经营规模小、资金限制,不会去促销商品,因此如果供应商能提供优质商品,同时又能提供广告和营业推广措施,会受到零售商的欢迎。

单元七　分销组合与消费者行为

> **小链接**
>
> **零售商怎样和批发商打交道**
>
> 零售商不仅要打开货源渠道,同时还要满足批发商对零售环节的心理要求,所以必须懂得怎么和批发商打交道。有的零售商到处抱怨批发商服务态度差,其实,送上门来的财神爷,生意人怎么会怠慢呢?凡事都是有因果关系的,为什么有些零售商能讨批发商的喜欢,拿到较为有竞争力的价格,得到独家的商品信息呢?站在批发商的角度,试着去分析一下,批发商都喜欢什么样的零售商呢?
>
> **走量高手**
>
> 走量很大的零售商在哪里都受欢迎。批发商也爱听,"我全包了""我要多少""这批直接拉到我车上"……
>
> **拿货从来不调换者**
>
> 大部分批发商都很忙,非常希望发出去的货不要再返回来麻烦自己处理。能够有渠道自己处理的零售商非常受欢迎,因为省事。一个好办法是,即使万一要换,也要在补其他货的时候同时进行,那样,反正要做生意,给调换也就不算是个麻烦了。
>
> **补货永远很多**
>
> 这点说得有点贪婪,但确实是所有批发商所希望看到的。
>
> **永远让账面上多钱**
>
> 这个是心理作用,对批发商没什么好处,对零售商比较容易操作。零售商每次多余一点小零头,就大方地让他们记住,下次一块算,这样会使批发商以为不久就会再来补货。
>
> **善于交朋友**
>
> 任何一个生意人都喜欢诚信和好说话的合作伙伴,所以不要因为一件货物不给调换或者一点小利益就跟别人翻脸。好人缘绝对能带来更多的利益。
>
> 上面的五点完全站在批发商的利益角度说话,所以非常片面。但所有批发商确实都喜欢五点能够全部做到的零售商,其也是上游心目中最理想的渠道。一般的零售商,可以用来参考一下,货源打开了,生意自然也会因此好起来。

三、了解终端市场与消费者心理

(一)终端市场的基本知识

消费者的购买行为通常是在一定的购物场所或环境中实现的。购物环境的优劣对消费者购买过程中的心理感受具有多方面的影响。因此,适应消费者的心理特点、提供良好的购物环境是终端销售必不可少的条件,也是消费者心理与行为研究的重要内容之一。

1. 终端市场

终端市场是指消费者购买商品或服务的终端场所。终端销售是商品经流通领域进入消费领域的关键环节。企业针对消费者心理与行为特点所采取的产品设计、商标命名、包装、定价调价、广告宣传等各种心理策略能否发挥效用或效用大小,最终体现在终端销售过程中。

2. 终端市场促销

终端市场促销包括商场外部促销和商场内部促销两方面。商场外部促销主要有商场的选址、商店招牌、商店门面设计、橱窗设计;商场内部促销包括商场设施、商品陈列等。具体表现为终端观察与终端支援两方面。

(1)终端观察

终端观察是要观察消费者在店里的购买活动、零售店员工对各品牌产品的态度以及各竞争厂家的终端市场促销活动,以便收集充分的信息,制定营销对策。终端观察的内容包括:观察了解消费者生活形态的变化对购买行为及商品选择的影响;观察了解竞争厂家(或零售店)的活动对零售店与消费者的影响;观察了解零售店的场地条件、照明、路线规划、服务态度及商品组合等。总之,凡是与消费者购买行为及零售店运作有关的信息,都应包括在终端观察的范围之内。

(2)终端支援

终端支援包括店外支援和店内支援两类。

①店外支援

店外支援是指厂家提供给零售店员工的各种信息资料,如消费者资料、商圈动态资料、商品信息等;经营上的知识,如销售计划、促销计划、存货控制等;金钱上的奖励,如业绩竞赛、销售奖金等,以提高零售店的经营效率。

②店内支援

店内支援的内容包括商品展示与陈列。强化品牌在终端的展露度,以增加销售。如争取更大、更好的陈列位置,在销售点做特殊陈列、改变品牌的陈列方式,使消费者易拿、易看。

(二)终端市场与消费者心理

1. 商场选址与消费者心理

商场选址对消费者心理与商场的经营业绩有极大的影响。通常,顾客对商店的地址有一些心理上的倾向。

(1)倾向著名商业街区购物的心理

一般大中城市都有若干个著名的商业街区,这些商业街区中汇集了许多著名的百货商店、专卖店等,这里的商品不仅质量好、品种全,而且领导流行趋势、购物环境优美、配套设施齐备,因而吸引许多顾客前去购物、观光。如上海南京路、淮海路。这些商业街区的商场租赁费、装潢、广告等费用都会比较贵,但还是有许多厂家选择在这儿设店,因为它可以满足消费者追求高尚购物环境、享受配套设施的需求,而且在著名商业街区设店也可以提升企业商品的形象。

(2)追求购物方便的心理

消费者购买的产品已经同质化,不讲究其品牌,购买频率较高,如日常生活用品中的普通消费品、副食品等商品,消费者会就近选择商店购买,一些便利店抓住了这种心理,把商店设在居民小区内,满足顾客求便利的要求。

(3)喜爱到专业商品销售汇集的市场购物的心理

在我国大中城市的周边地区形成的专业商品销售集散地,也吸引许多消费者前去购物。如江苏常熟的服装市场、浙江义乌的小商品市场等,这些市场汇集了相当多的同类商品,兼营批发和零售,可以进行价格磋商,这些商品质量、款式各不相同,顾客需具有一定的商品知识及购物经验。

(4)喜欢在交通方便的地区购物的心理

交通条件的优劣影响着消费者能否顺利地到达商店进行购物。顾客一般喜欢在交通方便的地区购物,可以是车站附近、地铁路口等。因此商店地址的选择必须对地段的交通条件进行认真的分析,如公共汽车的路线、车站的位置、有无停车场及行人的行走路线等。

> 小链接
>
> ### 麦当劳和肯德基的选址之道
>
> 麦当劳和肯德基能够成为全球连锁快餐店的领跑者,除了经营有道之外,在店铺选址的策略上他们更是自有一套标准。
>
> **麦当劳选址的五项标准**
>
> 1. 针对目标消费群
>
> 麦当劳的目标消费群是年轻人、儿童和家庭成员。所以在布点上,一是选择人潮涌动的地方;二是选择年轻人和儿童经常光顾的地方。
>
> 2. 着眼于今天和明天
>
> 麦当劳布点的一大原则是二十年不变。所以对每个点的开与否,都经过三个月到六个月的考察,再作决策评估。重点考察是否与城市发展规划相符合,是否会出现市政动迁和周围人口动迁,是否会进入城市规划中的红线范围。进入红线的,坚决不碰;老化的商圈,坚决不设点。有发展前途的商街和商圈、新辟的学院区和住宅区,是布点考虑的地区。纯住宅区则往往不设点,因为纯住宅区居民消费的时间有限。
>
> 3. 讲究醒目
>
> 麦当劳布点都选择在一楼的店堂,透过落地玻璃橱窗,让路人感知麦当劳的餐饮文化氛围,体现其经营宗旨——方便、安全、物有所值。布点醒目,便于寻找,也吸引顾客。

4. 不急于求成

黄金地段、黄金市口,业主往往要价很高。当要价超过投资的心理价位时,麦当劳不急于求成,而是先发展其他地方的布点。通过别的网点的成功,让"高价"路段的房产业主感到麦当劳的引进有助于提高身价,于是再谈价格,重新布点。

5. 优势互动

麦当劳开"店中店"选择的"东家",不少是品牌信誉较高的。知名百货店为麦当劳带来客源,麦当劳又吸引年轻人逛商店,起到优势互补的作用。

肯德基的选址步骤

第一步:划分商圈——用数据说话

肯德基计划进入某城市,首先通过有关部门或专业调查公司收集这个地区的资料,有些资料是免费的,有些资料需要花钱去买。把资料买齐了,就开始规划商圈。商圈规划采取的是计分的方法,例如,这个地区有一个大型商场,商场营业额每1 000万元算1分,5 000万元算5分,有一条公交线路加多少分,有一条地铁线路加多少分,这些分值标准是较准确的经验值,通过打分把商圈分成好几大类。

第二步:选择地点——在最聚客的地方开店

商圈的成熟度和稳定度也非常重要。例如,规划局说某条路要开,在什么地方设立地址,将来这里有可能成为成熟商圈,但肯德基一定要等到商圈成熟稳定后才进入。肯德基开店的原则是:努力争取在最聚客的地方和其附近开店。过去古语说"一步差三市",开店地址差一步就有可能差三成的买卖。这跟人流活动的线路有关,可能人流走到这个地方会拐弯,则这个地方就是客人到不了的地方,差不了一个小胡同,但生意差很多,这些在选址时都要考虑进去。人流活动的线路是怎样的,在这个区域里,人流从地铁出来后是往哪个方向走等,这些都派人去测量,有一套完整的数据之后才能据此确定地址。选址时一定要考虑人流的主要路线会不会被竞争对手截住。人流是有一个主要路线的,如果竞争对手的聚客点比肯德基的选址更好,就有影响,如果是两个一样,就无所谓。

2. 商店招牌与消费者心理

招牌是商店的名字,是用以识别商店、招揽生意的牌号,具有明显的指示功能。顾客对商店的认识,最初是从商店的招牌开始的,顾客通过商店招牌可以了解商店的性质、经营商品的范围等。一方面,设计精美、具有高度概括力和吸引力的商店招牌,不仅便于消费者识别,而且可以形成鲜明的视觉刺激,给顾客留下一个深刻的印象。对消费者的购买心理产生重要影响。另一方面,一个深受消费者信赖的商店招牌相当于对消费者做出的一种承诺,使消费者在购买时有安全感、信赖感。消费者在购物时通常会选择具有一定知名度和美誉度的商场,以求减少购物风险。

(1)招牌命名的心理要求

招牌的首要问题是命名。好的招牌命名要便于消费者识别、注意、上口易记,要适应和满足消费者方便、信赖、好奇、慕名、吉利等心理需要,以便吸引更多的消费者。具体做法有:

①以商店主营商品命名,有直观明了的感觉。如"东方眼镜店""亨得利钟表店"等。

②以商店经营特色命名,唤起顾客的依赖感。如"精时钟表店"使人联想到钟表的精确和准时。

③采用寓意深刻、别开生面的方式命名,激发顾客的好奇心。如广州的"避风港咖啡屋","避风港"三字给人以"休闲宁静"之感。

④以传统老字号命名,展现民族文化特色。如北京"同仁堂药店""全聚德烤鸭店"等,这些具有百年或数十年历史的老店,不仅能给人以怀旧的联想,而且使人感受到浓郁的传统文化气息。

⑤以名人、名牌商标或吉祥的事物命名,满足顾客求名、炫耀的心理。如"希尔顿酒店""皮尔卡丹专卖店""王府井百货商店"等。

(2)招牌的艺术表现形式

商店名字确定后,下一步是怎样把它有效地向消费者展示出来,以达到最佳的效果。招牌的艺术表现形式相对于名字而言对消费者具有更强的冲击力,因此要十分重视招牌设计。招牌形式的艺术表现方法,常见的有以下几个方面:

①请名人或书法家题写店名。一方面可以提高商店的知名度;另一方面,书法家题写的店名带有较强的艺术性,会赢得顾客的欣赏。

②悬挂方式。根据商店的类型及所处的商业环境、地理位置来决定以何种方式悬挂商店招牌。如在繁华的商业街,商店鳞次栉比,可以采用商店单方面设置侧向招牌,能更好地吸引消费者的注意;如横置招牌,一般装在商场正面,是商场的主力招牌,以各种装饰如霓虹灯、彩灯、泛光灯加以装饰,吸引顾客。

③凸显特色,保持独特风格。有些商店不走寻常路,在招牌表现方式上大胆创新,以凸显商店独特的风格,这种方式吸引了不少年轻人或追求新奇的消费者。

④招牌放置位置。根据招牌的大小、招牌上文字的书写形式、色彩等因素,选择适当的位置放置,才能最好地吸引消费者。专家们认为,眼睛与地面垂直距离为1.5米左右,以该视点为中心上下25度~30度为人的最佳视觉范围。

小链接

店名冠上"老妈"魅力加分

在大都市打拼的人,有多久没和母亲相聚、没尝到母亲做的菜肴了。以"妈妈"命名的餐馆,在台北愈来愈多,而且大展"妈妈"的魅力,不惧激烈的竞争,屹立不倒。

这些"妈妈"餐馆,有的雍容华贵,有的慈祥和蔼,有的热情无比。一些大企业的老板除了到高级餐厅吃饭外,也经常到这些以家常菜为主的中小餐馆用餐,去回味儿时的"眷村味",或者在这些充满家庭温馨气氛的地方回想"妈妈"的味道。

从开业当天菜单上只有六道菜,经过七年的努力,"老妈的菜"主人翁林妈妈如今已能做出100多道菜。百吃不厌的"老妈招牌卤肉"、五彩金针鸡柳等家常菜,不分祖籍、不分族群,都能有重温旧梦、回到家的满足感。"皇城老妈"开了六年,丝毫未受经济不景气的影响。自幼在眷村长大的郑老板,非常佩服"眷村妈妈"们化腐朽为神奇的厨艺,同时喜爱祖籍四川成都母亲的手艺。她还特地到成都学了两年的菜,从韭菜花、豆豉、辣椒炒肉糜的"苍蝇头"到炸蒸蛋的"老皮嫩肉",都是叫好叫座的菜。豆豉、花椒等都从四川购买,够香够麻。

(3)商店标志设计的心理策略

商店标志是以独特造型的物体或特殊设计的色彩附着于商店的建筑物上而形成的一种识别载体。如麦当劳快餐店上方的金色"M",肯德基快餐店门前的"山德士上校塑像"等,都是其商店标志。商店标志具有多方面的心理功能,消费者通过标志即可辨认和区别各种商店;标志是商店或企业形象的物化象征,商店标志往往具有丰富的文化内涵,是商店经营宗旨、企业精神、经营特色、代表色等理念与形象的高度浓缩和象征;标志还是一种特殊的"广告",其独具特色、醒目鲜明,是一种良好的户外广告。商店标志设计中应体现消费者对其的心理要求,体现独特、统一、鲜明、醒目等特色。

3. 门面装修与消费者心理

商店门面是指商店出入口及相关设施,包括招牌、店门及橱窗三部分。它是商店的外部装饰,是给顾客第一印象的重要部位。商店门面常常对顾客产生极大的影响,门面设计中通常应考虑的几个功能如下:

(1)满足顾客进出方便

百货商场、大型超市的门面应宽敞,能满足数量众多的顾客方便出入。通常采用"大招牌""大店门""大橱窗"设计,能给顾客留下"大店""实力雄厚"的印象。

(2)商店门面造型、装潢、用材等应体现时代气息

商店门面应尽可能设计得新颖别致、高雅豪华,采用透光好的玻璃门,配以不锈钢或艺术造型的金色把手和各种必要的装饰。

(3)门面设计应与所经营的商品特点相协调

门面设计应与商店所经营的商品特点相协调,针对商品的特色及消费者选购这类商品的心理要求进行设计,如小酒吧、小餐厅等,其门面可以设计得高雅、有情调、清新、舒适,可用小门、小橱窗、大招牌;同样经营古玩、首饰的商店也可使用这种设计;而经营农副产品、水果店、食品的商店,其门面装潢不用十分在意,可用大通道、敞开式的店门设计,有的甚至可以无店门、无橱窗,只设一个大招牌,这样既方便顾客挑选商品,又能满足顾客求实、求便、求廉的购买心理。

(4)门面设计可突出民族特色或地方特色

中国民族文化悠久深远,其中许多形式都被商家用来作为门面设计的灵感,既显示了文化内涵,又表现了商店的特色,如中国的对联、书法、题词、绘画等纷纷出现在门面装饰中。如某商店挂了一副对联:"为公忙,为私忙,忙里偷闲拿杯茶来;劳力苦,劳心苦,苦中作乐喝杯酒去",人们一看便知是餐厅。各种商业对联妙趣横生、雅俗共赏,不但为商店增添文化氛围,而且使顾客得到艺术享受,成为商家与顾客喜闻乐见的广告形式,为人们增添了不少情趣。

4. 橱窗设计与消费者心理

橱窗是商店对外展示商品的场所,也是商店门面总体设计的一个重要组成部分。商场橱窗中展示的商品能给路过的行人以极大的视觉冲击,是商场的一种强有力的对外宣传方式,也构成了繁华城市的景观。橱窗设计是商品、技术、艺术三者的完美结合,是应用艺术的一部分。商店橱窗以销售的商品为主体,运用光、电、机械等相关技术,用布景、道具,配以色彩灯光、文字说明等,对商品进行展示、宣传,进而吸引顾客进入商店购买商品。

这种方式通常为大型百货商店、临街的各类商店所采用,而大型超市却较少采用。橱窗为吸引顾客的驻足,其设计要符合消费者购买的心理过程,即引起注意—激发兴趣—促成购买的步骤。具体可采用以下设计思路:

(1)精选陈列样品,引起消费者兴趣

商店橱窗位于闹市马路两边,过往行人最易见到。多数消费者通过橱窗可以了解商店信息,这是他们获得商品资料最直接的方式之一,了解商店是否属于自己的消费范围,商品是否符合自己的购物风格,商品传递的价格、质量信息是否符合自己的要求等。商店橱窗应体现潮流,并随季节变化而调整。

(2)巧妙运用技术,动静结合

商店橱窗可以采用激光、电子、机械技术等,使原来静态的商品、模型富有动感,可旋转、上下或水平移动,配以彩色灯光的照射,使展示商品显得更有生气,也可向顾客展示商品的各个方面。借用一定的技术可以突显商品的特色,使商品的某一方面在视觉上得到放大,增强对顾客的冲击力。

(3)营造适当的意境,体现艺术性

除了运用技术手段使橱窗陈列商品富有特色外,还可以营造一种艺术性的氛围来展示商品,将商品作为整体设计的一部分,利用色调、摆放位置、道具等,巧妙构思,使之富有艺术感染力,同时激发人们丰富的想象力,进而对商品产生需求的欲望。有些橱窗还根据商品功能设计了情景,把小橱窗装饰成一种舞台剧形式,以此来吸引过路行人驻足观赏。

> **小链接**
>
> ### 橱窗设计
>
> **橱窗设计——设计要素**
>
> 橱窗设计的灵感主要来源于三个方面:第一,直接来源于时尚流行趋势的主题;第二,来源于品牌的产品设计要素;第三,来源于品牌当季的营销方案。
>
> **橱窗设计——表现手法**
>
> 1. 直接展示
>
> 道具、背景减少到最低程度,让商品自己说话。运用陈列技巧,通过对商品的折、拉、叠、挂、堆,充分展现商品自身的形态、质地、色彩、样式等。
>
> 2. 寓意与联想
>
> 寓意与联想可以运用部分象形形式,以某一环境、某一情节、某一物件、某一图形、某一人物的形态与情态,唤起消费者的种种联想,产生心灵上的契合与共鸣,以表现商品的种种特性。
>
> 3. 夸张与幽默
>
> 合理的夸张将商品的特点和个性中美的因素明显夸大,强调事物的实质,给人以新颖奇特的心理感受。贴切的幽默通过风趣的情节,把某种需要肯定的事物,无限延伸到漫画式的程度,充满情趣,引人发笑,耐人寻味。

橱窗设计——橱窗布置

1. 综合式橱窗布置

综合式橱窗布置是将许多不相关的商品综合陈列在一个橱窗内,以组成一个完整的橱窗广告。这种橱窗布置由于商品之间差异较大,设计时一定要谨慎,否则就会给人一种"什锦粥"的感觉。它又可以分为横向橱窗布置、纵向橱窗布置和单元橱窗布置。

2. 系统式橱窗布置

大中型店铺橱窗面积较大,可以按照商品的类别、性能、材料、用途等因素,分别组合陈列在一个橱窗内。

3. 专题式橱窗布置

专题式橱窗布置是以一个广告专题为中心,围绕某一件特定的事情,组织不同类型的商品进行陈列,向大众传输一个诉求主题。专题式橱窗布置可分为:节日陈列——以庆祝某一节日为主题组成节日橱窗专题;事件陈列——以社会上某项活动为主题,将关联商品组合起来的橱窗;场景陈列——根据商品的用途,把有关联性的多种商品在橱窗中设置成特定场景,以诱发顾客的购买行为。

4. 特定式橱窗布置

特定式橱窗布置指用不同的艺术形式和处理方法,在一个橱窗内集中介绍某一产品,例如,单一商品特定陈列和商品模型特定陈列等。

5. 季节性橱窗陈列

根据季节变化把应季商品集中进行陈列,如冬末春初的羊毛衫、风衣展示,春末夏初的夏装、凉鞋、草帽展示等。这种手法满足了顾客应季购买的心理特点,可用于扩大销售。但季节性陈列必须在季节到来之前的一个月预先陈列出来,向顾客展示,才能起到应季宣传的作用。

5. 店内设施的心理分析

商场设施对顾客购物的心情和满意程度有很大影响。因此,商场内设施要尽可能地使顾客感到舒适、方便。店内设施主要包括柜台设置、通道、楼梯、灯光、色彩、音乐及其他设施的安装、设置等方面,具体可从以下几个方面考虑:

(1)商场内设施体现整体协调性

尽管各个商场经营范围、经营特色各不相同,但商场内的设施要体现协调性。商场内各个部分及过道空间都要整体规划,在对商场经营特色或经营商品按区划分后,在过道处尽量减少门柱之类,商场中部或侧面可设置自动电梯方便顾客上下。商场内部通道需有足够的宽度,一般根据客流量来设计,以方便顾客行走,给顾客留下明亮、宽敞的印象。商场内空气流通要保持顺畅,通风设备是大中型商场必不可少的设施。

（2）店内设施体现人性化

商场内设施应满足顾客现实的和潜在的需求，为顾客创造一个良好的环境。灯光、色彩的运用可为顾客营造某种氛围，增强对顾客的吸引力。音乐对商店环境有很大的影响。研究表明，音乐对消费者在商店或餐馆中逗留的时间、消费者的情绪以及对商场的整体印象都会产生一定的影响。商场内顾客流动的速度在慢节奏音乐中较慢，而在快节奏音乐环境中则较快。选择慢节奏音乐可以提高销售额，因为在慢节奏环境中，消费者在商场内浏览时间更长，进而能购买更多商品。考虑到顾客在商场内长时间行走后，往往会觉得疲乏，商场会设置一些娱乐、休闲区，如电影院、咖啡屋等，并提供休息的设施，如椅子等，这样不仅能使顾客在商场内停留的时间延长，还会带动其他部分的销售，并给顾客留下良好的印象。

（3）满足不同消费者的需求

综合性商场的目标顾客是很广泛的，男女老少都会是其消费者，因此，在店内设施的布置、设计上尽可能满足更多消费者的需求。如一些商场为了吸引儿童的注意，以及为了使带儿童前来购物的家长安心购物，专门开辟了儿童游乐场所。

6. 商品陈列的心理分析

商品陈列是指柜台及货架上商品陈列物位置、搭配及整体表现形式。它是商场内部环境的核心内容，也是吸引顾客购买商品的主要因素。商品陈列是一种广告，琳琅满目的商品，摆放科学美观，符合消费者的购买心理，会激发消费者的购买欲望。国外的成功经验表明，通过对顾客购买行为的调查，按照需求取向灵活配置商品布局比例，是目前最有效的办法。不同的零售业因其经营特点、销售商品和服务对象的不同，在商品陈列上也表现出不同的形式，但总体上要做到醒目、便利、美观、实用。

（1）商品陈列的心理作用

① 优先效应

人们进入商场后，面对五花八门的商品，往往会无从选择，而又往往会对其最先接触的事物形成较为深刻的印象，即第一印象。因此，商场陈列商品时，应对顾客进入商场最先接触到的商品或是同类商品中最先陈列的商品进行认真的设计。

② 近因效应

近因效应指人们完成某种行为时，最后接触到的事物也会给人留下深刻的印象。这种效应运用到商场陈列中，即在商场出口处的商品陈列要合理、科学，使顾客在离开商场时留下良好的印象，以吸引其再次前来购物。

③ 晕轮效应

晕轮效应是指人们会通过对某一事物的印象来推断整体的心理效应，即以点及面效应，反之，也会因一方的缺陷而对整体加以否定。顾客常常根据自己某一方面的感觉来判断商场的整体优劣。因此，商场的商品陈列应十分注意这种效应对顾客的影响，力求每个局部陈列都能给顾客留下良好的印象。

④ 定型效应

定型效应是指人们在观察事物时常把某种事物归纳到其头脑中已形成的固定模式中的效应。顾客对商场陈列的商品常常会有一种既定的判断准则。商场应了解消费者心中对商品陈列的判断标准，使商品的陈列与之相一致。

> **小链接**

小型超市的商品陈列

商品的特点不同,陈列的位置也有差异。货架的最上层和最下层是人们观看和拿取商品比较费力的地方,因此,货架最上层和最下层应陈列毛利率低、销售慢、外包装体积较大的商品。最上层可以陈列重量较轻、不易碎的商品,如大包装的营养品,最下层可以陈列比较重、不方便拿取的商品,如大瓶包装的饮料。在与大部分顾客的视线平行的货架上,可以陈列一些畅销商品、主推商品,方便顾客选购。

在同一层货架上,一定要使放在货架外沿的东西比放在里面的东西更容易拿到手。为使里面的商品容易拿,常用的办法是架设阶层货架,如果空间够的话,也可以将后面的货物整齐地摆起来。

分类陈列,协调搭配

按商品的特征分门别类地进行陈列,可以让人一目了然。摆放商品时要力求朝向一致,色彩搭配协调,尽可能归类摆放,可以在不影响美观的前提下将滞销商品搭配在旺销的商品中,以带动销售。

标价清楚,及时补货

小型超市的销售方式是开架自选,标价一定要清晰。有些商品销售得较快,这就需要及时补货,避免畅销商品从货架上"消失",顾客找不到想要的商品。

位置相对固定

小型超市一般都有相对固定的顾客群,对于这部分顾客来说,固定商品的摆放位置可以方便他们购物。

但由于受供货情况、换季等因素的影响,商品的陈列位置往往难以保持长久不变。这时,要尽量保持同种类商品分区的稳定。一旦商品的分区有较大的改变,可以在店内设置指示牌等向顾客说明。

生动化陈列

普通的商品陈列方式往往平淡无奇,如果动脑将商品进行生动化陈列,则可以吸引顾客的目光,促进销售。另外,巧妙地使用一些辅助工具可以使商品陈列更加立体、生动,使卖场更加个性化。

收银台设置

收银台一般设于店门口附近,其颜色可以鲜艳、醒目一些,以引起顾客的注意。收银台旁可以放置一些畅销的高毛利小商品,顾客在等待结账时可以顺便浏览这些小商品。

如果店铺空间较小,可以将卷烟柜台设在店门口,与收银台组合在一起,既方便店主取货,又能吸引顾客的目光,方便消费者购买卷烟。

(2)商品陈列的方式

①醒目陈列法

商品陈列力求醒目突出,以便迅速引起消费者的注意。具体应从以下几方面加以把握:

a.商品陈列的高度应适宜

顾客进入商店后首先会根据商店的布局产生初步的印象,然后才进入自己感兴趣的区域。在顾客对整个商店形成初步印象时,商品陈列对其影响最大,而商品陈列的高度是重要的方面。瑞士专家认为,顾客进店后无意识展望高度为0.7米～1.7米,上下幅度为1米左右,与人的视线约成30度角以内的物品最容易被感觉到。一般而言,从人的腹部到头顶的高度范围是商品的最佳陈列位置。

b.商品的数量力求充足

数量充足给消费者的感觉是可挑选的余地较大,如果数量稀少,消费者决定购买时在现有摆放商品中挑选不到合适的,可能会放弃购买。据一项市场调查显示,有明确购买目标的消费者占25%,而75%的消费者属于随机购买和冲动型购买。因此,及时补给商品的数量,给消费者一种实际存在感,伸手可得,吸引消费者更长时间的停留,最终实现购买。

c.突出商品的特点

把消费者的注意力集中在商品的功能、款式、特点上,可以有效地刺激消费者的购买欲望。在商品陈列上,可以把最具特色的商品摆在最前列,以吸引消费者的视线。

②重点陈列法

现代商店经营的商品种类繁多,从几千种到上万种不等,因此,在商品陈列中必须突出商店销售的重点。一般把消费者大量需要的商品作为陈列重点,并辅以一些周转缓慢的商品,使消费者的注意顺序从重点商品自然过渡到次要商品,利用重点商品的辐射作用带动周围商品的销售。

③同类商品的垂直陈列法

同一类型或同一种类的商品,可以在货架上一层层上下垂直陈列。如服装类可以按其型号从上至下分别摆放,把最大购买量的型号摆放在消费者最易看到、拿到的位置。这种陈列法既便于消费者挑选,又提高了货架的利用率。

④季节陈列法

不同季节消费的商品,应按季节的变化及时调整陈列。将应季的商品摆放在最显著的位置,以吸引消费者的注意,而对于落季的商品应暂停上架或放置在不太引人注意的位置。随着季节的变化,商品陈列必须要随之变换,常随季节变化给消费者带来新鲜感。

⑤相关商品陈列法

把关系密切的、在使用效用上具有连带性的商品以及使用价值相同的商品一起陈列,以刺激消费者的购物需求。如鞋类柜台,可以同时陈列出售鞋垫、鞋油、鞋刷等。

⑥专题陈列法

专题陈列法是结合某一事件或节日,集中陈列应时适销的商品及与之相关的商品。如开学时集中陈列学生的学习用品,中秋节开设月饼专柜等。

单元小结

　　分销渠道被认为是用来向消费者提供形态、时间、地点及占有效用的方式。渠道的畅通与否直接关系到企业的产品能否顺利地到达消费者手中。因此,掌握分销组合中的批发商、零售商的采购心理,以及零售环节与消费者的感知、认知和行为之间的关系,具有十分重要的意义。

　　批发商的特殊地位和承担的功能决定其在采购商品中表现出零风险、高质量、低价格、名牌商品和货源稳定的心理需求。

　　零售商的购买次数多、品种多、数量小、周期短、变化性强等特点,决定了其进货时注重商品的特色、商品的包装、供应商的供货方式、商品的季节性、商品交易的实际利益和供应商的促销活动等心理需求现象。

　　终端市场是指消费者购买商品或服务的终端场所。终端市场销售是商品经流通领域进入消费领域的关键环节。企业针对消费者心理与行为的特点所采取的产品设计、商标命名、包装、定价调价、广告宣传等各种心理策略能否发挥效用或效用大小,最终体现于终端市场的销售过程。终端市场销售必须在商场选址、商店招牌、门面装修、橱窗设计、店内设施、商品陈列等各个环节的设计上与消费者的心理需求达成有效契合。

核心概念

批发商的功能、批发商的类型、批发商的采购心理

现代零售企业类型、无店铺零售

零售商的进货心理

终端市场、终端促销、终端观察、终端支援

商场选址与消费者心理、商店招牌与消费者心理、门面装修与消费者心理

橱窗设计与消费者心理、店内设施的心理分析、商品陈列的心理分析

单元七　分销组合与消费者行为

模块二　应用分析

应用案例

瓦尔斯太太最近特意去伊利诺斯州逛了一趟美尔罗兹公园的 Cub 超市，Cub 超市不是一般意义的杂货店。看着各种各样的 Cub 食品，以及高达 30% 的价格折扣，瓦尔斯太太花了 76 美元买了一堆食品，比预算多花了 36 美元。Cub 的执行经理分析说："瓦尔斯太太被规模宏伟这一视觉优势所征服，规模宏伟的优势就是货物花样繁多，加之价低所带来的狂热的购物欲，这正是 Cub 仓储式超市所期待的效果，并且成功地实现了这个效果。"

Cub 公司是食品工业的领导者，它使许多同行不得不降低价格，提高服务质量，甚至有些超市在竞争中被淘汰出局。当 Cub 超市和许多其他仓储式超市在全美雨后春笋般地出现后，消费者购物习惯被改变。一些购物者不再像以前一样在附近的杂货店购物，而是开车超过 50 英里（约 80.47 千米）到一个 Cub 超市，并且把购物袋填得满满的。他们享受的好处是在一个地方可以买到他们想要买的任何东西，并且价格比别的超市便宜。Cub 超市的低价促销手段和规模宏伟等优势吸引了购物者在此大把大把地花钱，其开支大大超过在别的超市所花的钱。

当购物者跨进 Cub 超市的那一刻，便感觉 Cub 超市与其他超市的不同之处，宽阔的通道两端堆满了两层高的各种各样的食品，如 2 美元 1 磅的咖啡豆、半价出售的苹果汁等。往上看，天花板上暴露的托梁，给人一种雄伟宽阔的感觉，这显示了大批买卖正在里面进行着，反映在购物者头脑里的意思是，可以省一大笔钱。

Cub 超市的购物车出奇的大，显示着大量购物的情景，并且可以很轻易地通过宽大的走廊，使购物者很容易进入高价区，也使人忍不住想去食品区。总之，整个商场给人一种吸引人的感觉。Cub 超市的顾客普遍批量购物，来一次花 40 美元到 50 美元不等，比在别的超市的开支多大约 3 倍。Cub 超市的销售额是每星期 80 万美元到 100 万美元，大约是一般超市的 4 倍。

Cub 超市对零售杂货有一个简单的方法，通过严格压低成本和薄利多销的方法低价售货。对于农林牧产品和肉类保证高质量和多品种。这些食品需求者通常愿意开着车多走几个地方，当这些食品在干净的、比仓库式加工场大 1 倍、比一般超市大 3 倍的区域被包装，增加了消费者的购买欲望。一个 Cub 超市通常有 25 000 种货物，是一般超市的 2 倍，从必需品到奢侈品，到稀有的不容易找到的食品，样样俱全，这使得货架令人叹为观止。88 种热狗和主餐用香肠，12 种品牌的墨西哥食品，成吨的鱼肉和农林牧产品。

商场有导购图引导购物者购物。即使没有导购图或无目的地闲逛，购物者也会被宏伟宽大的走廊牵着鼻子走。宽阔的通道从农林牧产品区开始，延伸到高价的环形区域，这里出售肉、鱼、烧烤食品、冷冻食品,高价食品被放在新鲜肉类之前的区域,目的是使顾客将家庭预算开支花在必需品之前购买那些忍不住想买的高价品。

总的说来,Cub超市的利润率,即买进价与卖出价之间的差别是14%,比一般超市低6～8个百分点。但是,由于Cub超市主要依靠顾客的口头宣传,因此其广告预算开支比其他连锁店低25%。

教学案例使用说明

【教学目标】

深入体会渠道策略与消费者购买行为之间的密切关系。深入理解消费者心理对品牌渠道决策的影响。

【讨论问题】

1. 列出至少5种Cub超市用以提高顾客购买可能的技巧。
2. 是什么因素促使Cub超市在提高销售额方面如此成功?
3. 如果有些商店具有Cub超市那样的低价、高质量、地点好、货物摆设合理的优势,但顾客仍然不喜欢在这些商店购物的话,你能找出原因吗?

【分析本案例所运用的理论和方法】

营销策略、分销渠道、终端市场、消费者心理分析

模块三 技能训练

实训任务:调查商店环境。

【任务要求】

设计一张调查问卷测试一家商店的形象及店内设施。

【完成任务的方法】

选择一家便利店、书店、面包店或超市,对商店的形象进行观察,并设计一张调查问卷,了解消费者对店内设施包括陈列区、店内环境等情况的评价,根据收集到的问卷整理分析做出书面报告。

【完成任务所需的资料】

商场外部环境、商场内部环境实地考察;二手文献资料。

【评价办法】

报告应客观全面了解消费者对商场外部和内部购物环境的评价,对消费者消费心理产生的影响,提出积极的方面,同时指出需要改进的地方。

模块四　单元测试

【思考题】
1. 批发商采购时具有哪些心理?
2. 零售商进货时会考虑哪些因素?
3. 终端市场从哪些方面对消费者心理产生影响?
4. 选择一个商场进行观察,其商场内的设施如何满足消费者的需求?
5. 顾客对商场内商品陈列有哪些心理要求,可采取哪些陈列法?

【思考题】
1. 零售商类型有专业商店、百货商店、(　　)、(　　)、(　　)、(　　)。
2. 终端市场促销包括(　　)和(　　)两方面。
3. 商场外部促销包括(　　)、(　　)、(　　)、(　　)。
4. 商场内部环境应体现人性化,主要包括商场内商品陈列、(　　)、(　　)、(　　)等。
5. 橱窗布置的主要方式有(　　)、(　　)、(　　)、(　　)、(　　)。
6. 商店标志往往是商店(　　)、(　　)、(　　)等理念与形象的高度浓缩和象征。
7. 零售商进货心理表现在注重(　　)、(　　)、(　　)、(　　)、(　　)。
8. 商品陈列可以起到的心理作用有(　　)、(　　)、(　　)、(　　)。
9. 门面设计中通常应考虑的几个功能有(　　)、(　　)、(　　)、(　　)。
10. 大型百货商场经营品种齐全,设施一流,服务周到,拥有良好信誉,具有较强的综合功能,可以满足消费者的(　　)、(　　)、(　　)、(　　)等多方面的心理需要。

单元八

促销组合与消费者行为

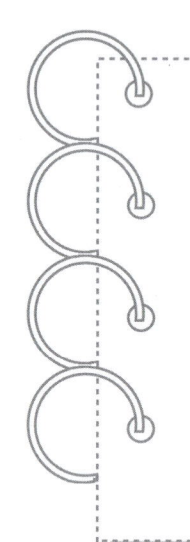

教学目标 >>>

1. 了解各种广告媒体的心理特征
2. 理解广告的心理策略
3. 在人员推销的各个步骤中能应用消费者心理成功推进
4. 能运用公共关系进行成功的心理营销
5. 能运用营业推广心理策略针对不同的对象进行营销
6. 能撰写完整的促销方案

素养目标 >>>

1. 培养学生的创新思维、发散思维
2. 增强学生对社会主义核心价值观的理论认同、情感认同

引 例

飘柔洗发水的故事性广告

一个冬天,男主角和女主角在滑雪场,他拿着她的滑雪板回头看她的时候,发现她不见了。他紧张的开始寻找,滑雪场的人很多,他看到一个背影跟她很相似的人,但头发干枯、毛躁,一点也不顺滑,他知道这个肯定不是她。他继续寻找,看见一个女子正把帽子摘下来,头发一下子滑了下来,不仅垂顺还很亮丽,这个就是她!

广告词:尽管冬天,垂顺依然。

飘柔的产品定位是令秀发垂坠顺滑,含胶原蛋白组成因子,养护二合一的大众化品牌。所以这个广告的卖点就是垂坠顺滑,即使是在冬天,垂顺依然是可能的。

单元八　促销组合与消费者行为

> 　　飘柔的诉求对象是年轻的、现代的、追求完美的自信女性。要想打动消费者就必须从了解消费者的心理出发,对消费者进行情绪、愿望等情感上的把握,用感性诉求来激发消费者的情感,进行"情感投资",从而激发消费者的购买动机,促成消费者的情感消费。在冬天,天气比较干燥,女性可能会面临头发干枯的尴尬情况。飘柔从情感的层面发掘消费者与产品的连接点,与消费者进行深度沟通。
> 　　飘柔广告的风格始终如一,表达的信息简洁、健康、亲切、自然,有种小幸福在里面,这对品牌积累十分有利。飘柔在广告上表现出的亲和力,让消费者产生了强烈的品牌信任感。毫不做作、细致入微的细节描写展现了生活品质和形象,没有浮躁之意,更无虚伪表情,想做的只是帮你在冬天也可以找到属于自己的自信,解决你的烦恼。

微课:促销组合与消费者行为

　　产品和企业形象的建立与系统的公关宣传和市场促销活动密切相关。企业在塑造品牌形象的过程中往往会综合运用广告、人员推销、公共关系、营业推广四种手段,每一种手段都有其各自的优势。本单元重点讲述促销组合的四种手段,分析各自的优劣和它们所具有的心理效应,以及怎样运用这些心理效应来使其达到最佳的促销效果等。

模块一　基础知识

一、广告与消费者行为

　　广告是由广告主发起,通过付费的任何非人员介绍和促销其创意商品或服务的行为。广告主不仅包括商业性公司,而且包括慈善组织和政府机构,它们对各种目标公众进行广告宣传。不管是为企业树立品牌,还是教育公众尊老爱幼,广告都是一种经济有效的传播信息的方法。

(一)广告的特点

　　广告作为促成企业与消费者之间联系的重要媒介,具有如下重要的心理功能:认知功能、诱导功能、教育功能、便利功能和促销功能。广告如想发挥以上的诸多功能必须借助一定的媒体,才能达到向消费者传递产品与服务信息的目的。广告媒体的种类很多,各有其特点和使用途径。为了达到广告最佳的宣传效果必须了解和比较各种广告媒体的特点与差异。

1. 报纸广告的特点

报纸是最古老的媒体,但它的影响力却依然很大。由于它传播速度快、覆盖面广、权威性高,能传播各种广告,因而受到广告主的重视,现在仍是使用最普遍的广告媒体。报纸是一种印刷广告,它具有以下几方面的特点:

(1)广泛性

报纸发行量大、传播广泛、覆盖面宽,不仅可以全国发行,还可在世界其他国家发行。而企事业单位、家庭、个人都会是各类报纸的订阅者,因此,报纸是人们重要的信息渠道与精神食粮,人们可以从报纸上了解社会动态、国际局势、商品知识、市场行情、生活方式等。

(2)可信性

许多报纸报道准确及时、立场公正,在广大读者心中拥有极高的可信度和很强的信赖感,在报纸上刊登的广告也给读者带来一定的可信度。

(3)消息性

报纸以报道各行各业的最新消息为主,由于电脑、卫星通信技术为报纸编辑、排版、传递提供了高效、现代的工具,因此,报纸的效率大大提高,可以迅速、及时地传播各类新闻和企业与商品促销活动的最新消息。

(4)方便性

报纸价格低廉、携带方便、阅读灵活,既可作旅行途中的消遣,也可成为茶余饭后的选择。它不受时空的限制,能极大地丰富人们的业余生活。

(5)保存性

报纸有保存原型的特性,具有保留价值、不易消失、便于消费者反复阅读且不受时间限制的特点。所以报纸广告对商品的描述可以较为详尽细致,利于企业及商品在消费者心目中树立整体的形象。

(6)经济性

由于报纸具有售价低、发行量大、传播范围广的特点,制作报纸广告的成本也相对低廉。广告费根据版面大小和刊登日期长短不同而有所不同,但相对于其他媒体而言仍然低廉,因而报纸广告具有一定的经济性。

报纸广告对读者产生的是一种视觉刺激,而读者对报纸广告信息的接受常常表现得较为主动,读者在翻阅报纸时,广告会自动进入读者的视线,会引起读者的心理反应,对有兴趣的广告或与某些商品较密切的广告便会仔细阅读,这样就给读者留下深刻的印象,形成持久的记忆。报纸广告的不足之处在于,由于报纸内容庞杂、烦琐、次要版面的广告不能吸引读者的注意。有的报纸整版刊登小字商业广告,读者往往会产生反感,从而拒绝阅读;而有的广告刊登过于频繁,也会使读者产生厌烦心理。

2. 杂志广告的特点

杂志是仅次于报纸的第二大纸质广告媒体。我国杂志种类繁多,发行量大,且大多数杂志都以兼营广告业务作为重要的收入来源。杂志广告与报纸广告同属印刷类图文视觉广告,它们有许多共同之处。杂志广告的特点主要有以下几个方面:

(1)针对性强

杂志的读者阶层极其明确,许多杂志属专业性杂志,拥有一批较为固定的读者群体,

单元八　促销组合与消费者行为

这使它成为各类专用商品广告的主要媒体,可以针对特定消费者的兴趣爱好、个性特点、教育水平和生活方式等进行有效的广告宣传。如美容美发、珠宝饰物广告常刊登于时尚类杂志上;体育用品广告多刊登在专业体育杂志上;而一些相对大众化的商品则选择综合性杂志刊登广告。

(2)宣传效率高

杂志广告一般印刷精美、色彩艳丽、形象生动、设计新颖,通过多种广告表现手法展示商品的品牌、特点,在吸引消费者注意方面具有一定的优势。

(3)保存期长

杂志一般出版周期长,其时效性较长,且内容丰富,能够吸引消费者的长期注意。杂志的精彩内容会使读者反复阅读和相互传阅,而且杂志便于保存,优秀的杂志往往具有收藏价值,其刊登的广告也会具有长期影响。杂志广告通过视觉冲击引起顾客的注意,起到促销的作用。专业杂志由于具有较高的权威性,因此广告对消费者的影响也较大。但杂志广告制作周期长、价格较高、灵活性差,其阅读范围相对较小,广告的传播有一定的局限性。

> **小链接**
>
> **时尚类杂志广告的消费者接受特性分析**
>
> 时尚类杂志广告的消费者接受特性及其表现手法的一般规律可以用 AIDMA 法则(Attention 引起注意,Interest 引起兴趣,Desire 唤起欲望,Memory 留下记忆,Action 购买行动)来揭示,主要有以下五个方面:
>
> **1. 品牌个性**
>
> 明晰的品牌个性是 AIDMA 法则中至关重要的因素,它可以解释人们选择购买某个品牌产品的真正原因——以个性化的表达触发消费者的潜在动机。时尚杂志广告在塑造品牌个性中的贡献在于,时尚杂志广告在构成品牌整体形象和传达品牌个性中发挥了举足轻重的作用。此外,除了使用明星代言人以外,有将近三分之二的品牌利用女性形象来诠释其品牌的个性,对塑造卓尔不群的品牌个性起到了很好的效果。
>
> **2. 视觉形象**
>
> 视觉冲击力强、通俗易懂、简洁明快的图像语言,有助于受众对广告主题及商品品牌的认知、理解和记忆,而优秀的广告摄影作品更能激发消费者的购买欲望。文字的编排和设计则应具有动感和可视性,符合整个作品的风格倾向,避免繁杂凌乱,进行整体的协调和局部的对比,形成总体的基调和感情倾向,更有效地传达广告作品的设计主题和构思意念。
>
> **3. 广告文案**
>
> 广告文案应抓住"时尚的脉搏",以言简意赅的点睛之笔对画面信息作关键性的提示或说明,使之成为画面的组成部分,达到升华主题的效果。一方面,广告文案可遵循 USP 法则,为产品找准"卖点",紧紧抓住产品能够满足消费者需要的独特的利益点进行广告创意。另一方面,也可从寻找产品的附加价值着手,采用感性诉求的手法建立与品牌的情感关联,使消费者对企业产品或服务产生情感化的偏爱。

4. 软文

软文能有效降低广告投入和传播成本,弥补硬性广告无法达到的效果,更符合受众心理,对广告说服力产生信任,广告密度低,更容易被受众接受和理解。其形式大致分为三类:

(1)专栏类,即出现在同类产品介绍的专栏中,配以产品图片或模特儿特写照片,改变、影响消费者的观念和认识。

(2)专题类,多以介绍企业文化、核心人物或事件活动为主,可读性强,在建立大众信赖感和美誉度、促成整体品牌提升和企业成长上发挥着不容忽视的作用。

(3)生活建议类,媒体自发地发表的代表其"公正性"的文字,最常见的类型是帮助消费者解决生活中遇到的问题,或以生活概念的形式向读者提供各种产品或服务资讯。

5. 店铺 POP

POP 广告是一种与消费者接触和沟通极为有效的媒介,它以多种手段将各种商品信息、传播媒体的集成效果浓缩在销售现场中,对消费者的购买行为产生一定的激励作用,成为杂志广告的延续和终结,是 AIDMA 的最终体现。POP 与时尚类杂志广告的配合有以下三种规律:

(1)POP 广告与杂志广告发布时间的交替能唤起购买者的潜在意识,恢复对过去某一商品的记忆。

(2)POP 广告应与商品广告所表现的品牌形象统一起来,加深消费者对企业的印象,提高对企业的信任感和亲近感。

(3)POP 应与杂志广告相呼应,创造出足以吸引顾客的视觉兴奋点,增加消费者购买商品的心理提示。

综上所述,只有完全掌握消费者的心理,运用其对广告接受的一般规律 AIDMA;充分体现产品或服务的品牌个性;画面、文案具有视觉冲击力和震撼力却又不失简洁明了,才是时尚类杂志广告、商业广告追求的最终效果,使广告信息犹如被一只无形的手精确把握,穿越层层障碍,最终顺利到达消费者的心灵深处。

3. 广播广告的特点

广播广告是以无线电波为载体的大众传播媒体,它无处不在,是传播范围最广、速度最快的广告媒体之一。广播广告具有以下几个方面的特点:

(1)传播迅速及时

广播通过无线电波传播,可以在最短时间内把广告信息传递到千家万户和每个消费者,其广告具有很强的时效性,能灵活地适应市场环境的变化,方便顾客及时做出判断。

(2)覆盖面大

广播广告传播的空间范围非常大,目前我国广播电台的传播网络已遍及城乡各地,收音机也已经普及,这样广播广告能真正做到"广而告之"。而且一些电台已经拓展到海外,如中国国际广播电台在全世界大部分地区都能收到。

(3) 针对性强

广播常在特定的时间播送专题节目,拥有相对稳定的听众。广播广告可以根据特定听众的兴趣、需要、文化程度、年龄等特征,有针对性地进行广告宣传。

(4) 灵活性

广播内容用声音来传递,广播广告可以采用单播、对答、配乐以及情节处理等多种表现方式。某些广告词、广告音乐成为人们传诵的内容,增强了广告的传播效果。

广播广告是一种以语言、声音、音乐为表现形式的听觉广告,及时性、灌输性强。其不足之处在于其载体只限于声音,广告传递时间短,转瞬即逝,不易保留;同时由于不具备视觉效果,听众不能见到商品的模样,在消费者心中的印象不深刻,如果消费者不加注意,往往不能在短时间内完全抓住广告的要旨。

小链接

广播广告的三大优势

1. 广播广告的流动感与间作性

很少有人在大街上和商场里,边走路边拿着报纸看;也没有人在大街上和商场里,边走路边捧着电视瞧。但有人在大街上和商场里,边走路边听广播,这就是广播广告的流动感与间作性。广播广告之所以有其特有的流动感与间作性,是因为一方面收听设备携带方便;另一方面广播是传送声音的媒体,需要耳朵而不需要眼睛等器官来接收信息,人们可以在各种状态下接收广播的信息。

2. 广播广告覆盖的无限性与受众的全面性

广播覆盖按其功率来说,虽然有一定的范围和区域,但从实际的收听情况来看,广播的覆盖却无法划定明确的界限,加之地形、气候和磁场等方面的因素和作用,广播的覆盖以及延伸意义上的信息传送可以说是无限的。目前,广播技术的飞速发展,已经可以顺利地把广播信号直接传送到环绕地球的通信卫星上,而且一些发达国家还开发和研制出了一种可以直接接收卫星信号的收音机,所以,即使在最偏僻的地方发生的有价值的新闻或信息,也可以通过广播在最短的时间里迅速传播到地球上的任何一个地方。

3. 广播广告的低投入与高回报

广告有一条重要的作用就是传送信息,它的使命是将信息最终传送到消费者之中,当消费者接收到了信息,广告便完成了它应有的任务,发挥了它应有的作用。从这个意义上讲,广播与报纸、电视等各类媒介的广告作用是相同的。但是,广告主投入的费用在报纸、电视和广播中却是有着相当大的差别,所以,广播广告是一种低投入和高回报的广告媒体。

---

4. 电视广告的特点

电视可以把视觉、听觉刺激结合起来,因而具有强大的宣传魅力,很容易引起消费者的注意与兴趣。现代电视广告已成为广告宣传的主要媒体,同时也是最受消费者欢迎的广告传播形式之一。电视广告具有如下几个方面的特点：

(1)表现力强

电视广告的表现手法灵活多样、丰富多彩。它综合运用一切可以利用的艺术手段，如以感人的形象、优美的音乐、独特的语言、艳丽的色彩，设计情节、情景、气氛，不仅给顾客以较强的感染力，而且使顾客得到美的享受。

(2)传播面广

电视传播突破时空的限制，可以将信息传送到世界各地，全球收看电视节目的人数空前庞大。同时由于电视机迅速得到普及，电视节目和电视广告的制作水平也不断提高，电视广告的收视率越来越高，对消费者的吸引力也越来越大。

(3)重复性高

电视广告可以不断地重复播放，这种重复可以强化消费者的印象，对其进行潜移默化的诱导，使消费者不同程度地受广告内容影响。电视广告表现方法、方式灵活多样，创意也层出不穷，给观众娱乐、知识、艺术等多种感受。

电视广告的不足之处在于播放速度太快，许多广告播放时间短，仅有数秒钟，观众对其了解并不多。有些重复播放的广告频率过高，引起消费者的反感；而有些广告往往穿插在电视剧关键情节之中，造成电视剧情中断，使观众产生厌烦心理。电视广告的播出费用较高，有些企业为节约经费，广告制作粗糙，质量低劣，使观众难以理解、接受，结果反而对商品销售产生负面影响。

5. 直接邮寄广告的特点

根据美国直邮及直销协会定义，直接邮寄广告是对广告主所选定的对象，将印就的印刷品用邮寄的方法传达广告主所要传达的信息的一种手段。这种广告形式又称直接函寄广告或 DM 广告，在发达国家运用得非常多。直接邮寄广告具有以下几个方面的特点：

(1)针对性强

直接邮寄广告针对特定的收信人有选择性地诉求。可以对千差万别的消费者群体根据其特点对其进行细分，并选择部分进行投递。如超市可将广告送到周边一定范围内的消费者手中，而对距离较远的消费者就没有投送的必要了。

(2)具有亲切感

广告主可对顾客信息进行管理，根据顾客信息分析顾客需要，并进行细分，邮寄其感兴趣的广告，这样会给顾客一种受到重视的感觉，从而使顾客产生亲切感。

(3)排斥性小

由于邮寄广告一般是有针对性地投放，消费者重复收到的可能性较小，因而不会引起消费者的排斥或反感。直接邮寄广告的不足之处在于，广泛性差；反应不太敏感，消费者对广告的感觉无法得知；反馈时间长，其效果并不会立竿见影，有些消费者可能会在很长一段时间后才回应。

6. 网络广告的特点

随着信息技术的发展，网络作为一种新兴的媒体，在全世界范围内得到广泛普及。网络媒体的迅猛发展极大地改变着人们的生活，同时也对传统的广告媒体形式产生了深远的影响和巨大的冲击。网络广告现已成为欧美发达国家发展最快的广告形式，我国的广告公司和企业也开始涉足网络广告。网络广告有以下几个方面的特点：

(1) 信息容量大，传播范围广

在互联网上，广告主提供的信息容量是不受限制的。互联网由遍及世界各地大大小小的各种网络，按照统一的通信协议组成一个全球性的信息传输网络，因而，网络广告可以把广告信息24小时不间断地向世界各地传播。

(2) 信息传递的自由性

网络广告和报纸广告、杂志广告、电视广告、广播广告等广告媒体的一个不同之处在于其信息传递属于按需广告，它不需要消费者彻底浏览，消费者可以自由查询，将所需要的资讯集中起来，从而为消费者节省时间。

(3) 广告传递的准确性

网络广告的准确性体现在两个方面：一是广告主投放目标市场的准确性；二是广告受众的准确性。消费者在浏览站点时，只会选择其真正感兴趣的广告信息，所以，网络广告信息到达受众方的准确性高。

(4) 受众数量的可统计性

传统媒体广告很难准确知道接受信息的消费者数量，如报纸，虽然其发行量可以确定，但有多少读者阅读了广告却只能估计推测。网络广告却可以通过"访客流量统计"系统精确地统计出每个客户的广告有多少用户浏览过，以及这些用户查阅的时间和地域分布，从而有助于广告主正确评估广告效果，确定广告投放策略。

(5) 成本低

网络广告的收费标准主要有两种：一是以广告放在网站的时间来计算，二是按每千人次访问数为收费单位。无论采用哪种收费方式，都比传统媒体收费标准低。

(6) 实时性和持久性

网络媒体具有随时更改信息的功能，广告主可以根据需要随时对广告信息进行改动，将最新的信息传播给消费者。网络媒体还可以通过建立网站长久保存广告信息，吸引消费者的注意。

网络广告具有某些传统媒体难以达到的优势，但它也随着网络的发展而变动。如果网络发展受到波折，网络广告市场的增长速度也会放慢，这一变化也使人们注意到网络广告的局限性。网络广告的效果测定无法像传统媒体那样容易把握，由于网络广告浏览者的购买力等不确定性因素较多，企业在投放网络广告时难以有一个清晰的收支把握。一般而言，16～30岁的年轻人是网络媒体的主要浏览者，他们对家电行业的网络广告一般没有什么兴趣，如果这类企业在网络上做广告，那么效果将大打折扣。另外，网络广告的制作水平较低，缺乏专业的策划。

> **小链接**
>
> 《2021年中国网络广告年度洞察报告》表明,2020年中国网络广告市场规模达7 666亿元。根据数据显示,2020年中国网络广告市场规模达7 666亿元,同比增长率为18.6%,比2019年预计增长率低了4.1%。2020年中国网络广告市场规模的增速显著放缓,部分品牌方对网络广告预算进行了重新的配置与规划。随着品牌方的市场信心不断恢复,商业活跃度进一步提高,预计2021年中国网络广告市场将出现一定的回暖,同比增长率将重新提升至21.9%。未来几年,中国网络广告市场预计将继续以17%的年复合增长率保持稳定的增长态势,而品牌方对营销精细化、效率化和数智化的转型和追求,是网络广告市场产业链条中各方共同努力的方向,也是推动未来网络广告市场继续增长的核心驱动力。

7. 户外广告的特点

户外广告是针对街道行人或乘车、驾驶汽车的消费者而制作的,一般包括招贴广告、路牌广告、壁画、霓虹灯广告等。其特点有以下几个方面:

(1)形式多样

户外广告有静态的也有动态的,有些利用电脑特技的户外广告,富有动感,吸引众多观众的注意。

(2)传播面广

户外广告出现的频率是相当高的,适合的位置也相当多,如车站、码头、机场、闹市街头、交叉路口、高层建筑墙面、屋顶等,因而其受众是相当广泛的。户外广告的不足之处在于其宣传对象是经过广告牌的路人,因而具有不固定性,其广告效果也难以测评。

8. 其他新兴的广告媒体

微博广告是企业通过微博平台传播产品信息的一种方式。该方式注重价值的传递、内容的互动、系统的布局和准确的定位。微信是腾讯旗下的一款语音产品,支持发送语音短信、视频、图片和文字。微信作为一个点对点沟通的平台,越来越多的企业把微信作为广告和产品信息推送群发的工具。同时,微信也是很好的客户关系维护渠道。

> **小链接**
>
> "直播带货""美食探店""口碑推荐"正在成为一种新兴的广告方式,与其对应的"带货主播""探店达人"等也正在成为一种新兴的职业。现在,点开抖音这类的短视频平台,可以看到许许多多的探店视频;打开微博等社交媒体,可以看到许多明星、网络红人代言的广告;打开小红书等平台,也是随处可见店铺评价、美食景点推荐。先看评价,再进行消费,能给消费者带来极大的便利,新时代下的广告方式越来越转向"全民广告",即消费者利用媒体平台发表视频、文字评价来进行广告宣传,宣传的行为人是消费者而不是商家。

(二)广告的心理策略

广告要达到预期的效果,就必须在计划、设计、制作和播出的全过程重视对消费者心理活动规律进行研究,巧妙地运用心理学原理,增强广告的表现力、吸引力、感染力和诱导力。广告信息通过作用于消费者的听觉、视觉等感觉器官,在消费者的大脑中引起不同程度的反应,从而形成注意—兴趣—欲望—购买的一系列过程。广告引发消费者心理反应的过程具体有以下四个环节:

1. 引起注意

广告在消费者心理中起作用首先是要引起受众的注意。因此,在广告策划中运用心理学的原理向顾客传递对其消费心理产生较大刺激的信息,从而导致其以后的一系列心理活动,最终实现购买,这也是广告成功的关键所在。由于引起注意的因素不同,人的意识反应特点和反应时序也不同,从而形成了有意注意、无意注意及有意后注意。在广告制作中要考虑抓住人的无意注意,并将其迅速转化为有意注意,增强广告的效果。通常,引起顾客注意的策略有:

(1)增强刺激的强度

广告信息刺激强度越大,对顾客的影响力越大,越能引起其注意,并使其注意保持集中。刺激物的绝对强度和相对强度都具有这种作用。如在广告中运用独特的色彩组合、优美的文字、与众不同的画面、夸张奇特的表现方式等,这些都能引起受众的极大注意。

(2)增加刺激物的对比

刺激物的对比性强也容易引起人们的注意。在一定条件下,这种对比愈大,对人们的影响力也愈大。在广告策划中,有意识地增强各种刺激物的对比关系能引起人们的条件反射。如黑和白的搭配、动静比较、大小比例运用等,都可以使人们心理产生积极与兴奋的情绪,加深对广告的印象。

(3)增强广告的感染力

增加刺激物的强度和对比度可以吸引顾客的注意,而提高刺激物的感染力则可以维持和深化顾客的注意。采取多种艺术手段,增强广告各个部分的感染力,激发消费者对广告的兴趣,是维持与深化顾客注意的重要因素。增强广告感染力的途径主要有以下三种:

①构思新颖

运用新颖的表现形式,独特的标题,亲切生动、幽默诙谐与人格化的广告词等都能产生较强的感染力。

②精心加工

对广告进行艺术加工是激发兴趣的重要因素。可以通过广告画面的色彩、字体、造型,图案的布局,广告人物的包装等来增强广告的艺术性。

③选题好

选择社会较关心的题材,在消费者中具有强大的号召力,是维持顾客对广告主题与内容长期关注与形成深刻印象的重要条件。

2. 启发联想

联想是一种由当前感知的事物回忆起过去的某一事物,或者由所想起的某一事物联想起其他相关事物的一种神经联系。在广告宣传中,采用巧妙的象征、含蓄的语言、比拟

或暗示的方法,利用事物之间的内在联系激发顾客产生联想,常能收到很好的效果。启发联想的方法主要有:

(1)形象法

形象法是利用消费者所熟悉的某些形象来比喻和提高广告商品形象的方法。如广告人物一般由明星来担任,把明星的形象和广告商品的形象联系在一起,两者都会提升形象。

(2)暗示法

暗示法是通过语言或画面创造出一种耐人寻味的意境,给消费者留下联想空间的方法。如某皮鞋广告中,两个女孩赤脚走过小溪,每人手中提着一双鞋,字幕与画外音:"宁失礼不湿鞋",暗示皮革的珍贵,给人以回味的余地。

(3)反衬法

反衬法指广告宣传的商品并不直接对准目标传播对象,而是采用其他方式来表现商品,从而影响真正的传播对象的方法。

(4)讲述法

讲述法是利用文字或画外音来讲述一个传说或典故,来显示所宣传商品的名贵和历史悠久。一些名酒常用这种方法。

(5)比喻法

比喻法是利用恰到好处的比喻来宣传商品或服务的方法。

3. 增进情感

消费者的情感直接决定其购买行为。一般而言,积极的情感状态会增进消费者的购买欲望,而消极的情感状态则会抑制消费者的购买行为。好的广告应有助于促进消费者形成以下积极的情感:

(1)信任感

广告通过媒介行为激发消费者对所宣传商品的信任。消费者购买商品是建立在对广告的信任基础之上的,因此,实事求是、客观公正的广告,往往能达到增加消费者信任感的效果。

(2)安全感

消除消费者对商品的不安全心理,增强心理安全感是广告宣传的重要内容。尤其是一些关系消费者生命健康的食品、药品、保健品和电器类商品等,特别要注意在广告中让消费者感到产品安全可靠。

(3)好奇心

好奇心是人们认识新事物探求其原理的驱动力,是人们的一种普遍心理。广告宣传应结合产品的特点,设法激发顾客的好奇心,以便有效地吸引消费者的注意,强化宣传效果。

(4)亲切感

广告宣传要真正地为消费者着想,在广告中表达对消费者的关心、爱护或创造一种温馨的氛围,给人以亲切感,加深消费者的记忆,从而达到增加信任的目的。

(5)美感

爱美之心人皆有之,美好的事物总能使人心情舒畅、赏心悦目。广告策划中满足人们对美的追求心理是广告成功的一个重要因素。因此,在广告设计中应巧妙地运用画面构思,色彩与光线的艺术,以及新颖、亮丽、奇特的美学表现手法,使广告画面给受众以美感冲击。

4. 增强记忆

记忆是人脑对过去感知过的事物的反映,是对经历过的事物和感受由记到忆的一种心理活动过程。对广告信息的记忆是消费者认知、判断、评价商品以及做出购买决策的重要条件。因此在广告的设计与传播过程中,有意识地增强消费者的记忆是非常必要的。增强记忆的方法有:

(1) 适当重复

重复是加深记忆的重要手段。人们对事物的记忆往往不是一次就能完成的,它需要经历多次重复的过程。广告可以对有关信息中关键的部分加以重复,可以通过同一传播媒介反复播放同一广告,还可以通过不同媒介重复同一广告,以达到强化消费者记忆的目的。

(2) 减少材料数量

记忆的效果与广告材料的数量有一定的依存关系。在同样的时间内,材料越少,记忆水平越高。所以,广告文案力求扼要、精练,尤其是广告标题要短小精悍。

(3) 增进理解

理解是记忆的前提。通常情况下,人们对理解了的事物记忆深刻,所以广告要根据消费者记忆的特点,善于把事物形象化,尽量发挥形象记忆的优势。同时辅以深入浅出的说明解释,增进消费者的理解和记忆。

(4) 多种艺术表现法

广告中适当运用多种艺术表现方法,能够增强人们的记忆。如广告词可以是诗歌、顺口溜、对联等形式,说起来朗朗上口;还可以用成语、双关语、谐音等,说明商品的特性,语意双关;而运用相声、漫画、卡通等形式,则会令人开怀大笑。这些形式会使消费者对广告内容经久难忘。

(三) 广告心理效果的测定

广告心理效果是广告信息经特定的媒体传递给消费者后,对消费者心理活动的影响程度。它主要表现在对消费者认识过程、情感过程和意志过程的影响上,而消费者则表现出对广告内容的感知反应、记忆程度、思维活动、情感体验和态度倾向等。消费者的这些心理效应是相互联系、相互影响、相互促进的。广告心理效果的发展程序及相互关系如图8-1所示。

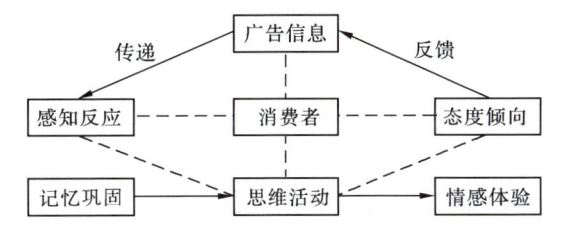

图 8-1 广告心理效果的发展程序及相互关系

1. 广告心理效果测定的内容和类型

广告心理效果测定主要是判定广告对目标市场消费者引起的心理效应的大小，包括对商品信息的注意、兴趣、情绪、记忆、理解、动机、行动等心理活动。广告的心理效应由于具有隐含性、滞后性等特点，不能直接通过市场上商品的销售量进行测定，但可以通过广告的收视率、收听率、商品知名度、注意度以及记忆度等来测定。因此，广告心理效果测定可以从以上几个方面来进行。

广告心理效果测定的类型主要有以下两种：

(1)事前测定

广告作品未做正式传播之前的预测，目的是收集消费者对广告作品的反映，以便修正广告作品，或者从多个广告作品中挑选最好的进行投放。事前测定可以避免因作品失败而导致经济上的损失。

(2)事后测定

广告作品正式向受众传播后，进行总结性的收集广告心理效果，以便为下一阶段的广告活动决策提供依据。

2. 广告心理效果测定的方法

(1)广告发布前的测定方法

①广告评分法

抽取或邀请一定范围、一定人数的视听读者或有关专家来评价广告内容。评分是将广告内容分为吸引力、可读性、认知性、亲热度、引起行动等项目逐一加以评估。

②组织测试法

在广告传播以前，预告加以测试，被测试者需从广告商品的消费者群体中选出。如测试化妆品的广告应以女性为主要对象。测试时将同一商品的多种广告样本交给被测试者看，并做一些询问，例如，"请问您认为哪一个广告最有趣味？""您最喜欢哪一个广告，为什么？""您认为这个广告所要宣传的商品的特点是什么？"等，这种询问方式，可以测试出哪一个广告最具有吸引力，广告的意图是否正确等。还可以将同一组广告样本交给被测试者多看几次，然后让其回忆所见过的广告，并对每一则广告的特点加以说明。

③实验室法

实验室法是以心理上的反应来测量广告潜在效应的方法。目前主要有两种：一是根据人的脑电波变化来判断是否对广告商品感兴趣；二是按照人的瞳孔的放大或缩小来判断对广告的反应。根据医学上的实验，当人们感觉对某种事物有兴趣时，瞳孔就会放大。

(2)广告发布后的测定方法

①回忆测试

回忆测试即找出一些接触到广告的消费者，请他们回想在接触的广告中，哪些广告曾引起他们的注意，其效果怎样。例如，"您看过这种标题的广告吗？""那是什么化妆品的广告，您知道吗？""哪些广告给您印象深刻，为什么？"等。这种测试最好定期且有计划地进行，如在广告发布三个月后进行测试。它对了解广告被人们注意和印象滞留的程度有一定作用。

②认知测试

认知测试是请某一媒体的受众回答一些有关广告的问题的测试方法，例如，"请问您看过这则广告吗?"被提问者可能有"看过""看过部分""粗略看过""没看过"几种回答。可按照几种答复的数量计算出广告的覆盖率。

二、人员推销与消费者行为

(一)人员推销的特点

人员推销是一种古老而且至今仍然非常重要的推销方法,是推销人员与顾客直接接触的一种推销行为。它是一种双向的直接沟通方式,与其他促销方式相比,具有以下特点:

1. 双向性

一方面,推销员可以向顾客介绍自己的企业及其产品信息,如企业的发展状况、产品的特征、性能、用途、使用方法、售后服务等;另一方面,顾客可以表达自己对企业及其产品的看法、意见和要求,以及他们对同类产品中某些品牌或特殊功能的喜好等。因此,人员推销是一个双向信息沟通的过程。

2. 灵活性

在人员推销的过程中,推销人员能与顾客保持直接的联系,可以根据顾客的愿望、需求和动机等,有针对性地进行推销。还可以及时了解顾客的反应,并据此适时调整推销策略和方法,解答顾客的疑虑,使顾客产生信任感。

3. 完整性

推销人员通过信息交流,满足顾客对产品信息的需求;通过交易的达成,满足顾客对产品使用价值的需求;通过提供各种顾客服务,如技术支持、维修服务等,满足顾客对产品附加价值的需求。即推销人员承担了整个销售过程中各个阶段的工作。

但是人员推销的各种开支比较大,会增加商品的成本,影响产品的价格竞争力。同时,人员推销对推销员的素质要求很高,企业在寻找优秀推销人才及对推销人员培训上要支付较高的费用。

(二)人员推销过程中的心理策略

人员推销的主要步骤是:寻找潜在顾客;接近顾客;洽谈;达成交易;售后服务。下面从销售的一般程序来详述销售人员在其中运用的心理策略。

1. 寻找潜在顾客

销售程序的第一步是寻找潜在顾客。潜在顾客数量的多少、潜在顾客的质量往往意味着销售业绩的高低,因此,销售人员应该随时随地挖掘潜在顾客。寻找潜在顾客的方法如下:

(1)向现有顾客询问潜在顾客的姓名。
(2)培养其他能提供线索的来源,如供应商、非竞争性的推销代表、贸易协会负责人。
(3)加入潜在客户所在的组织。

(4)从事能引人注意的演讲和写作活动。
(5)仔细阅读各种资料来源(报纸、指南)寻找潜在顾客的名字。
(6)通过电话和邮件寻找线索。
(7)未先通报偶然拜访各种办事处。

随着市场经济的发展,竞争日益激烈,市场上消费者的需求日益个性化和多样化,一个企业不可能满足市场上所有的潜在顾客,因而推销人员必须按照企业资源、产品的特性满足其中一部分潜在客户的需求,也即细分推销的对象。细分、选择推销的对象,可以利用有限的时间与费用,说服那些购买欲望强烈、购买量大、社会影响大的顾客购买,减少推销的盲目性,提高推销工作的成功率。

2. 接近顾客

接近顾客是推销过程中的一个重要环节,销售人员应该知道初次与客户交往时如何会见客户,使双方的关系有一个良好的开端。在推销实践中,成功地接近顾客,并不一定能带来成功的交易,但成功的交易则是以成功地接近顾客为先决条件的。

(1)准备工作

在确定推销对象后,销售人员应尽可能多地了解潜在客户的情况,如他需要什么,谁参与购买决策,以及采购人员的情况,如性格特性、购买风格等。然后决定采取哪种方式接近以及弄清何时接近是最好时机。最后,销售人员据此制定全面的销售战略。

(2)接近方法

在商品经济的早期,销售员多采用地毯式的推销方式,随时随地登门拜访,直接接近顾客,但随着生活节奏的加快、观念的变化,人们对不速之客产生一种抵触心理,不欢迎这种方式。因此,随着推销环境的变化,推销手段、推销方式也要随之改变,接近顾客的方式也要相应做出调整,在这种情况下,约见就应运而生了。约见时应确定访问对象、访问事由、访问时间和访问地点。约见的方法一般有:当面约见、电话约见、信函约见和委托约见等。具体应用时应视不同顾客的情况做出适当的选择。

3. 洽谈

洽谈的最终目的是激发顾客的购买欲望,促使顾客采取购买行动。洽谈的目标既取决于顾客购买活动的心理过程,又取决于推销活动的实际发展过程。洽谈的具体目标是进一步发现和证实顾客的需要,向顾客传递恰当的信息,诱发顾客的购买动机,说服顾客采取购买行动。

在洽谈的整个过程中推销员应以产品性能为依据,着重说明产品给顾客带来的利益,如成本较低、节省劳力等。但要避免一个错误,即过分强调产品的特点,而忽视了顾客的利益。推销员向顾客推销时可按以下三种方式进行:

(1)固定法

固定法即将各个要点背熟的推销方法,它基于"刺激-反应"这一心理过程,顾客处于被动地位,销售员可通过使用正确的刺激性语言、图片、条件和行动等说服顾客购买,如百科全书的销售员可以说,这是"一生一次的购买机会",并把书中漂亮的四种彩色体育运动图片展示给对方,希望能引起他们购买百科全书的欲望。固定法主要用于上门推销和电话推销。

(2)公式化法

公式化法也是基于"刺激-反应"的心理过程,不同之处在于它要先了解顾客的需要和购买风格,然后再运用一套公式化的方法向该类顾客推销介绍。销售员要争取和顾客一起参加讨论,弄清顾客的需要和态度。然后再用一套公式化的讲解向顾客介绍,说明产品将如何满足顾客的需要。

(3)需要-满足法

需要-满足法是了解顾客的需要并满足顾客的推销方法。销售员应鼓励顾客多发言,这就要求销售员具有善于倾听别人意见并能解决实际问题的能力。此时,销售员扮演的是咨询角色,希望能帮助顾客省钱或赚更多钱。

销售员在洽谈中还必须对顾客提出的各种反对意见加以解决。顾客在产品介绍过程中,或在销售员要他们订货时,几乎都会表现出抵触情绪。这些抵触有些是心理的,有些是逻辑上的原因。销售员应采取积极的方法应付这些抵触情绪,如请顾客说明他们反对的理由;向顾客提一些他们不得不回答的他们持反对意见的问题,否定他们意见的正确性;或者将对方的异议转变成购买的理由。

> **小链接**
>
> ### 化解异议的做法
>
> 顾客异议在推销过程中是客观存在的,不可避免的。它是成交的障碍,但同时也是顾客对推销产品产生兴趣的信号。若处理得当,反而能使推销工作深入下去。推销人员在处理异议时应注意以下几点:
>
> (1)情绪轻松,不可紧张
>
> 推销人员要认识到异议是必然存在的,在心理上要有所准备。当听到顾客提出异议时,不可动怒,也不可采取敌对行为,要以笑脸相迎,并了解反对意见的内容、要点及重点。一般先用"我很高兴你能提出此意见""你的意见非常合理""你的观察很敏锐"等作为开场白。
>
> (2)认真倾听,真诚欢迎
>
> 推销人员听到顾客提出异议时,应表示对顾客的意见真诚地欢迎,并聚精会神地倾听,千万不可加以阻挠。
>
> (3)重述问题,证明了解
>
> 推销人员向顾客重述其所提出的反对意见,表示已了解。必要时可询问顾客,自己的重述是否正确,并选择反对意见中的若干部分予以诚恳地赞同。
>
> (4)审慎回答,保持友善
>
> 推销人员对顾客所提的异议,必须慎重地回答。一般而言,应以沉着、坦白及直爽的态度,将有关事实、数据和资料,以口述或书面方式告知顾客。回答的措施要恰当,语调要温和,并在和谐友好的气氛下进行洽商,解决问题。

(5)尊重顾客,灵活应付

推销人员切记不可忽略或轻视顾客的异议,以避免顾客的不满或怀疑。推销人员也不可粗鲁地直接反驳顾客。如果推销人员粗鲁地反驳顾客的意见,甚至指责其愚昧无知,那么其与顾客之间的关系将永远无法弥补。

(6)准备撤退,保留后路

应该明白顾客的异议不是能够轻而易举地解决的。不过,推销人员与顾客面谈时所采取的方法,对他们将来的关系有很大的影响。如果根据洽谈的结果认为一时不能与顾客成交,那就应设法使日后重新洽谈的大门敞开,以期再有机会去讨论这些分歧。如果推销人员胜了,那么便应"光荣地撤退",并且不可表露不快的神色。

4. 达成交易

推销人员成功经过上面的阶段后,就到了达成交易的时候了。有些销售员的推销活动不能达到这一阶段,或者在这一阶段的工作做得不好。原因在于他们缺少信心或对要求顾客订购感到于心有愧,或者不知道什么时候是达成交易的最佳心理时刻。因此,销售员必须从顾客那里发现达成交易的信号,一些表明顾客成交意愿的信号一般表现在三个方面:

(1)顾客的态度

在实际推销工作中,有些顾客态度冷淡或拒绝接见业务员,即使勉强接受约见,也是不冷不热,企图让推销员自讨没趣。推销员应坚持下去,一旦顾客的接待态度渐渐好转,这就表明顾客开始注意推销的产品了,并且产生了一定的兴趣,暗示顾客有成交意向,这一转变就是一种明显的成交信号。

(2)顾客的行为举止

在面谈过程中,顾客主动提出更换面谈场所,如从会客厅换进办公室;或者主动向推销人员介绍该单位负责采购的主管人员及其他人员,这表明决策人已做出初步的购买决策,有关具体事项留给相关业务人员与推销员进一步商谈,这是一种明显的成交信号;或者在商谈期间不再接待其他公司的推销人员。

(3)顾客的谈话内容

顾客不停地向销售员打听交货日期,要求提供详细的使用注意事项,了解产品价格并以各种理由要求降低价格,询问销售人员可否试用产品,详细了解产品售后服务情况等。销售人员也可以给予购买者特定的成交劝诱,如特价、免费赠送额外数量的产品和赠送礼物等方式来促使购买者做出最终的购买决策。

5. 售后服务

诚然,能够开发新客户非常重要,但能够维护好现有的客户,为其提供周到的服务是争取客户忠诚度的关键。销售员和顾客签订订购合同后,销售员应制定一个后续工作访问日程表,及时为顾客提供指导和服务。这种访问还可以发现可能存在的问题,使顾客感受到销售人员的关心,并减少可能出现的任何认识上的不一致。销售员还应该制订一个客户维持计划,以确保客户不会被遗忘或丢失。售后服务是保证顾客购买产品后感到满意并继续订购的必不可少的重要一环。售后服务的项目有：

(1) 送货服务

在消费者购买家具和家用电器等大件商品时，由于商品体积大，携带不方便，推销厂家和经营商店能提供送货上门服务则会受到消费者的欢迎。

(2) 质量保证服务

在实际推销活动中，一些价值较高的高档商品，顾客购买后特别关心产品质量问题。如果产品的质量问题得不到解决，会引起消费者对产品的投诉。面对这种情况，推销方应及时提供商品的质量保证服务，使顾客在遇到类似情况时能够得到及时的检修或退换。这不仅可以弥补由于个别质量原因造成的顾客抱怨和舆论压力，还可以塑造企业良好的公众形象。

(3) 技术服务

企业针对一些高新技术产品提供技术咨询或者对用户进行培训，通过培训不仅可以帮助他们增强使用产品的技术力量，同时也可以听取他们对产品的意见和建议，取得有价值的反馈信息。

(4) 网点维修服务

提供分布各地的网点维修是售后服务的一个重要内容。例如，奔驰汽车公司在德国各地就设有89个分厂，1 244个维修点，6万多名员工从事维修和保养工作。据调查，汽车一旦出了故障，用户不出28公里就可以找到公司设立的一个维修点，如果汽车抛锚，只要给附近的汽车维修点打个电话，维修点就会马上派车来修理。这种周全的网点维修服务提升了奔驰汽车在消费者心中的地位，使其品牌地位得到巩固。

三、公共关系与消费者行为

(一) 公共关系的特点

公共关系和广告、人员推销一样，也是一种重要的营销工具。公司不仅要建设性地与它的顾客、供应者和经销商建立关系，而且也要与大量的感兴趣的公众建立关系。公共关系包括设计用来推广和保护一个公司形象或它的个别产品的各种计划。公共关系作为一种促销策略，具有如下的特点：

1. 真实性

公共关系传播的信息，或借助于事实本身，让人耳闻目睹；或通过媒体来进行传播。公共关系可以避开人员推销和广告等手段，以公正的立场示人，能突破公众及顾客的防范戒备心理。

2. 新鲜感

在现代商业社会里，四处充斥着形形色色的人员推销和广告，人们被这种商业环境包围着，而公共关系手段则与其不同，不是直接劝诱购买，而是以新闻或其他方式传播信息，利用人们关心的社会热点，以新颖的方式出现，容易引起人们的好感。

3. 亲切感

公共关系传播的信息，重在表现企业的社会责任心，创造企业经营服务大众的形象，迎合了公众与顾客的感情。它有利于买卖双方之间建立长期的合作关系,形成顾客对企业、品牌的高度向心力。

(二)公共关系的对象

公共关系的对象主要是一个企业所面临的公共的、社会的关系。企业处在商业社会当中,必须认真分析和处理各种社会关系,为企业的发展创造最佳的社会关系环境。企业的公共关系的对象主要有:

1. 顾客

顾客是企业经营的出发点,企业应该在顾客心中塑造一个良好的形象。企业应始终坚持为顾客服务的价值观,与顾客进行有效的沟通,特别要处理好顾客的抱怨和纠纷。

2. 经销商

经销商销售企业的产品,与经销商关系的好坏直接影响其销售积极性。

3. 供应商

在企业整个供应链上,供应商占据着重要的位置,供应商的供应是企业正常经营的保证。

4. 社区

企业要与所在地的其他企业、机关、公益事业单位和居民等发生各种各样的关系。社区关系处理好,可为企业在当地树立良好的口碑,获得社区各方面的支持。

5. 政府

政府的各个职能部门的政策、法规会直接或间接地对企业产生影响。因此,企业需经常与政府有关部门进行沟通,及时了解相关政策、法规及计划,使之尽量有利于本企业的发展。

6. 媒介

企业的公共关系活动通常要借助媒介来进行。因此,企业要与媒介保持密切的关系,要正确处理媒介对企业的批评报道,既不应盲目接受,更不应拒不接受批评,而是要冷静地进行调查和分析,以重新树立企业的形象和信誉。

(三)公共关系决策的心理策略

公共关系部门进行决策时需确定营销目标,选择公关信息和公关媒体,谨慎地执行公关计划,并评估公关效果。

公共关系的营销目标一般有树立知名度、树立可信性、刺激销售队伍和经销商以及降低促销成本等。

公共关系活动的形式有很多种,其宗旨都在于协调企业与公众的关系,提高企业或品牌的知名度、美誉度,树立良好的企业形象或品牌形象,为产品的销售创造和谐的舆论环境。目前在采用主要公关工具时应考虑的心理策略有四个方面:

1. 公开出版物

公司依靠大量的各种传播材料去接近和影响其目标市场,如小册子、文章、视听材料以及公司的杂志等。这些资料应尽可能精美,图文并茂。在适当的时候,如企业的周年庆祝会、顾客答谢会、新产品发布会等,向公众散发,以提升企业的影响力。

2. 事件

公司可通过安排一些特殊的事件来吸引对其新产品和该公司其他事件的注意。这些事件一般有召开记者招待会、旅游、展览会、竞赛、周年庆祝和运动会等。如企业赞助北京2022年冬奥会,可以在全球树立企业关心体育事业的形象,这对企业来说是一次很好的宣传事件。

3. 新闻

专业公关人员的一个主要任务是发展或创造对公司和其产品有利的新闻。公关人员应运用营销技巧和人际交往技巧争取宣传媒体录用对其有利的新闻稿和参加记者招待会。

4. 公益活动

公司可以通过向某些公益事业捐赠一定的金钱,以提高其公众信誉。在公众心目中建立企业财富"取之于民,还之于民"的形象,博得公众的信任。

四、营业推广与消费者行为

营业推广的指利用各种短期性的刺激工具来刺激消费者和经销商较迅速或较大量地购买某一特定产品或服务的活动。营业推广的类型包括使用优惠券、临时减价、返款、小包装销售、有奖竞赛、有奖抽彩、印花有奖销售、现场销售展示会、购物指南展示、免费赠送样品、有奖销售和赠送礼物等。营业推广不同于广告,广告提供了购买的理由,而营业推广刺激了消费者的购买,是以改变消费者的现场购买行为为导向的。

(一)营业推广的目标

营业推广的目标是根据目标市场类型的变化而变化的。

(1)对消费者而言,营业推广目标包括鼓励消费者更多地使用商品和促使其大批量购买;争取未使用过的消费者试用;吸引竞争品牌的使用者。

(2)对中间商而言,营业推广目标包括吸引中间商经营新的商品种类和维持较高水平的存货;鼓励他们购买过季商品;鼓励贮存相关种类,抵消竞争性的促销影响;建立中间商的品牌忠诚和获得进入新的零售网点的机会。

(3)对销售人员而言,营业推广目标包括鼓励他们支持一种新产品或新型号,激励他们寻找更多的潜在顾客和刺激他们推销过季商品。

(二)营业推广的策略

营业推广的策略是指企业具体实施安排的营业推广活动,企业应根据不同的方式,以及市场的类型、竞争条件和各种方法的效益成本来确定其策略。

1. 面向消费者的策略

(1)样品

样品是免费提供给消费者或供其试用的产品,以建立顾客的信心。样品可以挨家挨户地送上门、邮寄发送、在商店内提供、附在其他产品上赠送,或作为广告品、赠送样品,这是最有效也最昂贵的介绍新产品的方式。

(2)优惠券

优惠券是证明持有者在购买某种特定产品时可少付若干费用的凭证。优惠券可以邮寄、包进其他产品内或附在其他产品上,也可刊登在杂志和报纸广告上。其回收率随分送方式不同而不同:用报纸刊登优惠券的回收率约为 2%,直接邮寄的回收率约为 8%,附在包装内的回收率约为 17%。优惠券可以有效地刺激成熟期产品的销售,诱导顾客对新产品的早期使用。一般认为,优惠券需提供 15%~20% 的价格减让才有效。例如,上海的时尚生活类报纸《申江导报》在生活类版面上刊登了一些餐厅的优惠券,剪下优惠券到指定的餐厅消费,就可享受相应面值的优惠,以此来吸引消费者光顾。

(3) 赠品

以较小的代价或免费向消费者提供某一物品,以刺激其购买某一特定产品。赠品附在产品内或包装上,还有一种是免费邮寄赠品,即消费者交还诸如盒盖之类的购物证据就可获得一份邮寄赠品。赠品通常带有广告性质,企业把公司名或产品名印在赠品上,或者赠送的就是企业的产品。赠品的作用一般是使消费者从竞争品牌改用本企业品牌;或是为了保持商品使用频率;或是促使消费者试用新产品、接受新品牌;或是用于测试广告活动效果;或是用于公司节庆活动扩大其影响力等。

(4) 奖品

奖品是指消费者在购买某物品后,向他们提供赢得现金、旅游或物品的各种获奖机会。

(5) 特价包装

向消费者提供低于常规价格来销售商品的一种方法,其做法是采取单独商品包装减价或组合商品包装减价,如把牙刷和牙膏放在一起减价销售。特价包装对于刺激短期销路甚至比优惠券更有效。

(6) 现金折款

消费者在购物完毕后将购物证明(如发票、商标标签等)寄回给制造商,制造商用邮寄的方式"退还"部分购物款项。

(7) 使用奖励

以现金或其他形式按比例奖励某一顾客的光顾。例如,许多航空公司为累积乘坐本公司飞机达到一定公里数的顾客提供免费机票,如南方航空推出的明珠累积卡。

(8) 售点陈列和商品示范

售点陈列和商品示范发生在购买现场,主要是为了吸引消费者的注意,增加消费者对产品的理解和购买兴趣,此方法尤其适合新产品的推广。

(9) 联合促销

联合促销指两个或两个以上的品牌或公司在优惠券、付现金折款和竞赛中进行合作,以扩大它们的影响力。双方或多方联合促销降低了彼此的销售成本,品牌可以相互提升,各自的分销渠道可以实现共享。

(10) 会员促销

会员促销最能体现促销的长期效果。消费者购物满一定金额或交纳一笔会员费即可成为会员,便可在一定时期内享受折扣。如许多商场都推出会员卡或贵宾卡,持卡消费享受一定的折扣或赠送小礼品。会员促销可使厂商建立长期稳定的市场,培养大批的品牌忠诚者。

2. 面向中间商的策略

(1) 价格折扣

在某段指定的时期内,每次购货都给予一定的折扣。这是鼓励中间商购买一般情况下不愿购买的数量或新产品的方法。

（2）折让

制造商提供折让，以此作为中间商同意以某种方式突出宣传制造商产品的回报。企业对中间商制定一些促销策略，有四个方面的目的：

①说服中间商经销制造商的品牌。通过折扣、折让等争取中间商的货架。

②说服中间商比平常分销更多。用数量折扣使中间商进更多的货，一旦其数量增加，中间商就会更加努力地分销。

③说服中间商通过宣传产品特色、展示以及降价来推广品牌。制造商可以要求在走道尽头展示产品，或改进货架的装饰，或张贴减价广告等方法来推广品牌，并根据中间商的完成情况向其提供折扣。

④刺激零售商和推销人员推销产品。制造商可通过促销资金、销售帮助、奖品和销售竞赛来提高零售商的推销积极性。

3. 面向销售人员的策略

企业对销售人员的促销主要为了达到下列目的：收集有关业务线索、加深顾客印象、奖励客户以及激励销售人员努力工作。企业可以通过销售竞赛、推销回扣、销售红利等方法来奖励推销人员，鼓励他们把企业的各种产品推荐给消费者，并积极地开拓潜在的市场。

（三）营业推广方案的实施

制订营业推广方案需要考虑六个方面的因素：推广的规模、推广的对象、推广的途径、推广的时间、推广的时机和推广的预算。企业必须对每一项促销工作制订实施计划。实施计划必须包括前置时间和销售延续时间。

1. 前置时间

前置时间是开始实施这种方案前所必需的时间，包括最初的计划工作、设计工作，以及材料邮寄或者分送到家、配合广告的准备工作和销售点材料、通知现场推销人员、购买或印刷特别赠品或包装材料、预期存货的生产、存放到分销中心准备在特定日期发放，最后给零售商的分销工作。

2. 销售延续时间

销售延续时间是指从开始实施优惠办法起到大约95%的采取此办法的商品已经在消费者手里结束为止的时间，这段时间可能是一个月或几个月，这取决于实施这一办法的持续时间的长短。

（四）营业推广的评估

促销结果的评价非常重要，营业推广的效果可用销售业绩、消费者调查和经验三种方法加以评估。

1. 销售业绩

销售业绩即对促销前、促销期间、促销后的销售数据加以分析，得出促销的效果。

2. 消费者调查

通过消费者调查可以了解消费者对促销的看法以及促销对于他们以后选择品牌行为的影响程度。

3. 经验

经验可随不同促销措施而异。如优惠券被送到一个小组中一半的家庭里，追踪优惠券是否使更多的人立即购买产品或在将来购买。

单元小结

企业在塑造品牌形象的过程中往往会综合运用广告、人员推销、公共关系、营业推广四种手段。

广告对于消费者具有认知功能、诱导功能、教育功能、便利功能、促销功能等重要的心理功能。广告媒体的种类很多，各有其特点和使用途径，为了达到广告的最佳宣传效果，必须了解和比较各种广告媒体的特点与差异。报纸广告具有广泛性、可信性、消息性、方便性、保存性、经济性的心理特征；杂志广告具有针对性强、宣传效率高、保存期长的心理特征；广播广告具有传播迅速及时、覆盖面大、针对性强、灵活性高的心理特征；电视广告具有表现力强、传播面广、重复性高的心理特征；直接邮寄广告具有针对性强、具有亲切感、排斥性小的心理特征；网络广告具有信息容量大、信息传递的自由性、广告传递的准确性、受众数量的可统计性、成本低、实时性和持久性的心理特征；户外广告具有形式多样、传播面广的心理特征。广告的心理策略主要包括：引起注意策略、启发联想策略、增进情感策略、增强记忆策略。

人员推销具有双向性、灵活性、完整性的特点，人员推销必须从寻找潜在顾客、接近顾客、洽谈、达成交易、售后服务几个方面寻求满足顾客心理的推销策略。

公共关系作为一种促销策略，具有真实性、新鲜感、亲切感的特点，公共关系活动在借助公开出版物、事件、新闻和公益活动时必须符合公众的心理特点才能发挥应有的作用。营业推广包括利用各种属于短期性的刺激工具，用以刺激消费者和经销商较迅速或较大量地购买某一特定产品或服务。

营业推广可面向消费者、面向中间商和面向销售人员制定具体的策略。

核心概念

广告的心理功能
报纸、杂志、广播、网络和电视广告的特点
直邮广告及其特点
广告的心理策略
人员推销及其特点
公共关系及其特点
公共关系的对象营业推广及其策略

模块二　应用分析

应用案例

网红经济

染衣、酿酒、织布、古法造纸、制作胭脂口红……一个中国姑娘把传统文化和田园生活拍成视频上传网络，引发海内外网友关注。随着她的走红火起来的，还有她所代表的一个互联网时代的独特群体——"网红"以及随之而来的"网红经济"。

网红经济是一种诞生于互联网时代下的经济现象，意为网络红人在社交媒体上聚集流量与热度，对庞大的粉丝群体进行营销，将粉丝对他们的关注度转化为购买力，从而将流量变现的一种商业模式。

作为互联网时代下的产物，中国的网红经济在发展中迎来了爆发点。"中国是全球网红经济的发动机，也是世界第一网红经济国。"德国自由大学网络经济学者特洛伊卡·布劳尔这样认为。在网红经济迅猛发展的背后，折射出的是中国经济发展带来的强大活力和中国市场的巨大潜力。

网红经济的规模效应

2019年，很多网络红人在经济上取得的成就，刷新了人们对"网红"这一概念的认知。"网红"的社会认同度也在进一步提升，许多网红"卖货主播"的身份更是得到广泛认可。

2018年网络购物用户规模达6.1亿，庞大的用户基础促使网红电商市场呈倍数级增长。2019年"双11"，网红直播异军突起，参与天猫"双11"的商家中有超过50%的收入都通过直播获得了增长，带动成交额近200亿元。

从目前的行业实践看，网红经济主要有3个盈利来源：直播平台上粉丝打赏、社交媒体上植入品牌商广告、电商平台上向粉丝销售商品。

诞生于2016年的淘宝直播，历经3年的迅猛发展已然在流量市场占据了不可低估的分量。据《2019年淘宝直播生态发展趋势报告》数据显示，淘宝直播平台2018年月活用户同比增长100%，带货超千亿元，同比增速近400%，且每月带货规模超100万元的直播间超过400个，已然创造了一个千亿元级的市场。淘宝直播不仅带动了女性、农民就业，还为各行各业创造了人人可参与的新就业模式。

目前，网红带货和网红自主电商已经覆盖服装、美妆、美食、母婴、汽车、日用品、数码等消费品类，越来越多的品牌开始和网红合作，甚至着力于培养属于自己的网红。通过网红推销自身品牌或产品的方式日趋受到各大广告主的青睐。愿意借助网红发布自身品牌的广告主已经从传统的美妆、服饰等行业扩展至汽车、金融等领域，广告主的预算也在不断提高。

网红经济为何走红

中国的数字经济发展、移动互联网发展等带来了宏观环境的变化。同时媒体沟通环境、企业广告、消费者也都发生了变化。有专家认为,网红经济重构了"人货场",从"人—货—场"变成"货—人—场(线上)";重构了需求路径,从"需求—产品—消费",到"内容—需求—消费";重构了商业逻辑,从"找对人""用对货""去对地",变成边看边买"所见所得";重构传播模型,从卖产品到卖信任。此外,还重构了营销模式,发展出"跟着买""种草"(向粉丝推荐产品)的营销。

合乎规矩才能长久发展

通过教育培训规范网红行为,是促进网红经济健康良性发展的举措之一。

2019年,哈尔滨一家高校开设"网红培训班"的新闻引发了关注。2019年12月21日,哈尔滨科学技术职业学院启动了"新媒体主播人才培训"项目,该培训通过政策法规、文化素养、专业技艺等综合素质的系统学习,提升新媒体主播的法律意识和规范意识。培训考试合格后,学员将获得由文化和旅游部人才中心颁发的合格证书。据了解,该校是黑龙江省第一家开展新媒体主播人才培训的院校。学校相关负责人表示,将利用此次机会和平台为净化网络环境、提升个人素质、促进职业发展贡献力量,共同推动新媒体主播行业的发展。

这并非文化和旅游部人才中心首次联合高校推出新媒体主播培训班。早在2018年6月,由文化部文化艺术人才中心(现文化和旅游部人才中心)联合中国传媒大学凤凰学院在上海开设了新媒体主持人(网络主播方向)培训班,包含电竞职业选手、主播、解说在内的专业人才及明星经纪、内容制作、主播运营等50余人参加了培训。

除了培训之外,加强内容监管和规范市场行为也是促进网红经济健康发展的应有之义。2019年1月9日,中国网络视听节目服务协会的官网上发布了《网络短视频平台管理规范》和《网络短视频内容审核标准细则》,进一步规范了短视频传播秩序。

2019年9月至2020年12月,最高人民检察院、国家市场监管总局、国家药品监督管理局在全国联合开展落实食品药品安全"四个最严"要求专项行动。在专项行动中,三部门对利用网络、电商平台、社交媒体、电视购物栏目等渠道实施的食品安全违法行为重拳出击。对受众广泛的食品,进行重点排查,发现不合格食品立即进行立案查处。处罚信息依法向社会公开,对有问题、有隐患的食品予以及时曝光,从而让每一个消费者都能心中有数,放心安全地享用美味。

当前,"网红经济"正在颠覆传统的消费场景,为消费者带来更为多元化和个性化的购物体验。不过,说到底,"网红经济"本质还是实体经济领域在互联网上的折射,不可能脱离市场规律而发展,当然也就不能少了完善的市场监管。因此,要实现"网红经济"的长远发展,还是要及时将其纳入法律法规的监管之中,以更好地发挥其对实体经济的带动作用。

教学案例使用说明

【教学目标】

未来,内容和消费将继续深入融合。一方面,内容越来越电商化。抖音、快手等短视频、直播平台的带货规模惊人,成交总额预计在千亿级别,平台也通过扶持主播和缩短交易链路等方式,持续助推转化的达成。

【讨论问题】
1. 田园牧歌式的生活视频,为何让数百万外国人爱上中国?
2. "网红经济"体现了怎样的文化传播规律?
3. "网红经济"给传统的消费场景带来了什么样的变化?

【分析本案例所运用的理论和方法】
新兴的广告媒体
网红促销

模块三　技能训练

实训任务: 拟定一则广告。

【任务要求】
从运动鞋、电脑、手机中选择一种产品品牌,针对一个特定的细分市场拟定一则广告,在广告中指出你的品牌将满足消费者哪些需要。

【完成任务的方法】
制作一份调查问卷,选择恰当的栏目对周围同学进行调查分析,在此基础上做市场细分并拟定广告。

【完成任务所需的资料】
调查问卷、市场细分、广告心理策略。

【评价办法】
准确抓住消费者的心理,并在广告中能准确地加以体现,同时讲究广告构思的精、巧、美。

模块四　单元测试

【思考题】
1. 报纸广告和电视广告的心理特征有何区别?请分别举例说明报纸广告和电视广告如何满足消费者的心理。
2. 比较营业推广和广告效果评估的异同。
3. 举例说明企业运用公共关系进行的成功营销。

【填空题】
1. 促销组合包括以下四种方式,分别是(　　)、(　　)、(　　)、(　　)。
2. 广告媒体中对消费者影响范围最广、最主要的媒体是(　　)。

3. 广告的心理策略有（　　）、（　　）、（　　）、（　　）。
4. 人员推销的特点有（　　）、（　　）、（　　）。
5. 公共关系的心理策略有（　　）、（　　）、（　　）、（　　）。
6. 营业推广中面向消费者的心理策略有（　　）、（　　）、（　　）、（　　）。
7. 杂志广告具有（　　）、（　　）、（　　）的心理特征。
8. 广播广告具有（　　）、（　　）、（　　）、（　　）的心理特征。
9. 广告心理效果测定的类型有（　　）、（　　）。
10. 网络广告具有（　　）、（　　）、（　　）、（　　）、（　　）的心理特征。

单元九

组织市场消费者行为

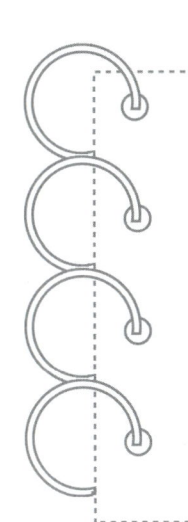

教学目标

1. 了解组织市场的含义与构成
2. 熟悉组织市场购买行为的特征
3. 掌握影响组织市场购买行为的主要因素
4. 分析组织市场购买决策的方式和过程
5. 掌握政府采购行为的主要特征

素养目标

培养学生的社会责任意识，具有肩负国家建设为己任的责任感

引 例

跨国零售商的购买行为

大型跨国零售企业(如家乐福、沃尔玛)近几年在中国的采购额逐年攀升，它们源源不断地从中国采购商品，输往其全球连锁店。这些跨国零售企业在选择供应商时往往都有自己的标准。要成为家乐福全球采购的供应商，必须具备以下条件：有出口权的直接生产厂商或出口公司；有价格竞争优势；有良好的质量；有大批生产的能力；有迅速的市场反应能力；有不断学习的精神；能够准时交货。在这些条件中，家乐福

尤其注重产品的质量。随着人们对环保的要求越来越高，家乐福在产品品质方面也对供应商有着更详细的要求。一旦通过家乐福的审核，家乐福将对企业在改进产品外包装和设计等方面给予指导和帮助。

沃尔玛新成立的全球采购办事处也列举了选择供应商的条件。例如，提供有竞争力的价格和高质量的产品、供货及时、理解沃尔玛的诚实政策、评估自己的生产和配额能力是否能接受沃尔玛的订单（因为通常沃尔玛订单的数量都比较大）等。此外，沃尔玛需要供货商提供其公司的概括，其中包含完整的公司背景和组织材料，以及供应商工厂的资料，包括每年的库存周转率、生产能力、拥有的配额、主要的客户等。

零售业的采购环节都有一个不可避免的问题，即有些供应商会想方设法通过一些"灰色手段"贿赂采购员。对此，家乐福（中国）公司的人士表示，即使产品通过"灰色手段"进入了家乐福全球采购系统，如果没有价格上的优势，也会被淘汰。家乐福会尽量与供应商建立健康的联系。而沃尔玛打算引进到中国来的技术中包括一套"零售商联系"系统，它使沃尔玛能够和主要的供应商实现业务信息的共享。

一切商业转售者市场及其购买行为和生产者市场及其购买行为具有相同的特点，所以在分析时，应该把它们视为同一种类型。另外还包括一些非营利性组织和政府市场。我们把这些市场的集合称为组织市场。本单元重点讨论组织市场购买行为的特征，影响购买者购买行为的因素及组织购买决策的过程。

微课：组织市场消费者行为

模块一　基础知识

一、组织市场概述

（一）组织市场的含义

组织市场是指由以赢利为目的而购买某种标的的个人和组织所构成的市场。也有学者将其定义为除了消费者市场以外的所有市场，这个定义强调组织市场与消费者市场的本质区别，即前者为赢利而购买，后者为个人消费和使用而购买。政府和大学等公共事业是一种特例。

(二)组织市场的分类

1. 生产者市场

在某些场合,生产者市场为亦可称为产业市场或工业市场。这部分市场是组织市场的主要组成部分。它主要由以下产业构成:农、林、牧、渔业;采矿业;制造业;建筑业;运输业;通信业;公用事业;银行、金融、保险业;服务业。以生产者市场为服务目标的企业,必须深入研究这个市场的特点,分析其购买行为,才能取得营销成功。

2. 中间商市场

中间商市场又称转卖者市场,它是由所有以赢利为目的而从事转卖或租赁业务的个体和组织构成的,包括批发和零售两大部分,它也是组织市场的一部分。

3. 非营利性组织

非营利性组织也称机构市场,主要是指一些由学校、医院、疗养院、监狱和其他为公众提供商品和服务的部门所组成的市场。它们往往是以低预算和受到一定的控制为特征的,而且一般都是非营利性的。

4. 政府采购市场

在大多数国家里,政府也是产品和服务的主要购买者。由于政府的采购决策要受到公众的监督,因此,它们经常会要求供应商准备大量的书面材料。此外,政府市场还有一些如以竞价投标为主,喜欢向国内供应商采购等特点。

(三)组织市场的特征

组织市场与消费者市场相比,具有一些鲜明的特征,组织市场与消费者市场的对比见表 9-1。

表 9-1　　　　　　　组织市场与消费者市场的对比

特　点	消费者市场	组织市场
需求单位	个人、家庭	主要是组织
采购规模	量小	量大
顾客数量	多	少
购买者地域	非常广泛	相对集中
需求波动	较小	较大
需求弹性	较大	较小
分销结构	着重间接销售	着重直接销售
购买的专业性	个人购买	专业购买
主要促销方法	广告	人员推销
交易磋商	简单	复杂
互惠购买	较少	密切
租售	很少	很多

二、组织市场购买

(一)组织市场购买行为的类型

组织市场购买行为的复杂程度和采购决策项目的多少取决于采购业务的类型。采购业务分为三种类型:直接再采购、修正再采购和新购。

1. 直接再采购

直接再采购指采购方按既定方案不做任何修订而直接进行的采购业务,这是一种重复性的采购活动,它按一定程序办理即可,决策的数量最少。

2. 修正再采购

修正再采购指组织购买者对以前已采购过的产品通过修订其规格、价格、交货条件或其他事项之后的购买。这类购买较直接再采购要复杂,购销双方需要重新谈判,因而双方会有更多的人参与决策。

3. 新购

新购指组织购买者第一次购买货品的购买行为。购买者必须决定产品规格、价格限度、交货条件与时间、服务条件、支付条件、订购数量、可接受的供应商以及可供选择的供应商。新购中组织所做的决策数量最多。

(二)组织市场购买的决策者

组织市场购买的决策者包括购买组织中的全体成员,他们在购买决策过程中可能会形成五种不同的角色。

1. 使用者

使用者指组织中将使用产品或服务的成员。在许多场合中,使用者首先提出购买建议,并协助确定产品规格。

2. 影响者

影响者指影响购买决策的人,他们协助确定产品规格,并提供方案评价的情报信息,作为影响者,技术人员尤为重要。

3. 决策者

决策者指一些有权决定产品需求和供应商的人。在重要的采购活动中,有时还涉及主管部门或上级部门的批准,构成多层决策的状况。

4. 购买者

购买者指正式有权选择供应商并安排购买条件的人。购买者可以帮助确定产品规格,但主要任务是选择卖主和交易谈判。在较复杂的购买过程中,购买者中还可能包括高层管理人员。

5. 信息把关者

信息把关者指有权阻止销售员或信息员与采购中心成员接触的人。他们主要是为了保护采购组织的一些信息不外露。

(三) 影响组织市场购买决策的主要因素

影响组织市场购买决策的因素可以归为四类:环境因素、组织因素、人际因素和个人因素。

1. 环境因素

营销环境和经济前景对企业的发展影响很大,因此必然影响企业的采购计划。环境因素包括采购的需求水平,这一般是同采购单位的经营计划相联系的。因此,了解采购单位的经营计划对做好营销工作非常重要。除计划的需求水平外,采购单位还会受到经济形势预期的影响。如果预期某种原材料会短缺,采购单位就有可能储备一定的存货,或同销售方签订长期的订货合同。

2. 组织因素

每一个采购组织都有具体的目标、政策、程序、组织结构及系统。奉行总成本领先战略的企业,视成本控制为第一要素,在这类企业中,采购方面有以下几种发展趋势:

(1) 采购部地位升级,采购管理的范围扩大。

(2) 与供应方建立长期关系。

(3) 采购绩效评估。

(4) 当采购单位采用新的革新性管理方法时,对采购也会提出新的要求。

3. 人际因素

采购中心通常包括一些具有不同地位、职权、兴趣和说服诱导力的参与者。一些决策行为会在这些参与者中产生不同的反应,如意见是否容易取得一致、参与者之间的关系是否融洽、参与者是否会在某些决策中形成对抗等,这些人际因素会对组织市场的营销活动产生很大影响。

4. 个人因素

购买决策过程中每一个参与者都带有个人动机、直觉和偏好,这些因素取决于参与者的年龄、收入、教育、专业文化、个性以及对风险的态度。因此,供应商应了解客户采购决策者的个人特点,并处理好个人之间的关系。

组织市场营销人员必须了解自己的顾客,使自己的营销策略适合特定的组织购买行为中的环境、组织、人际以及个人因素的影响。

(四)组织市场购买决策的过程

组织市场购买者与消费者市场购买者做出采购决策的过程有相似之处,但又有其特殊性。一般认为,组织市场购买者的购买决策过程可分为八个阶段。

1. 提出需要

当组织中有人认识到某个问题或某种需要可以通过获取某一产品或服务得到解决时,采购过程便开始了。提出需要由内部因素和外部因素两种刺激引起。就内部因素而言,下列因素是常见的原因:

(1)企业推出一种新产品,对原材料和设备产生新的需要。
(2)设备出现故障,需要更新或采购配件以修复设备。
(3)采购的产品不尽如人意,需要寻找新的供应商。
(4)采购负责人认为还有可能找到更质优价廉的供应商,需要进一步寻找。

就外部因素而言,采购者受到销售者的营销刺激,如展销会、广告和推销介绍等,也可能促使其产生购买的欲望。

2. 确定总体需要

提出了某种需要之后,采购者便着手确定所需项目的总特征和需要的数量。

3. 决定产品规格

采购组织要确定产品的技术规格,可能需要专门组建一个产品价值分析技术组来完成这一工作。

4. 寻找供应商

采购者利用各种媒体和信息渠道来寻找最佳供应商。

5. 征求供应信息

在这一阶段,采购者会邀请合格的供应商提交申请书。

6. 选择供应商

采购中心在做出最后选择之前,还可能与选中的供应商就价格或其他条款进行谈判。

7. 发出正式订单

采购者选定供应商之后,就会发出正式订单,写明所需产品的规格、数目、预期交货的时间、退货政策和保修条件等项目。

8. 绩效评估

在此阶段,采购者对各供应商的绩效进行评估。他们可以通过三种途径:直接接触最终用户,征求他们的意见;应用不同的标准加权计算来评价供应商;把绩效不理想的开支加总,以修正包括价格在内的采购成本。通过绩效评价,采购者将决定延续、修正或停止向该供应商采购。供应商则应该密切关注采购者使用的相同变量,以便确信为买主提供了预期的满足。

这八个阶段是一个组织在购买前所进行的,从组织产生需要到对即将购买的商品进行评估的一系列过程。但并非每次采购都要经历这八个阶段,需要依据采购业务的不同类型而定。

小案例

戴尔的采购

戴尔采购工作最主要的任务是寻找合适的供应商,并保证产品的产量、品质及价格方面在满足订单时,有利于戴尔公司。

1. 完善结构设置,提高采购效率

戴尔的采购部门有很多职位设计是做采购计划、预测采购需求、联络潜在的供应商,因此,采购部门安排了较多的人。采购计划职位的作用就是尽量把问题在前端解决。在所有的问题从前端完成之后,戴尔在工厂这一阶段很少出现供应问题,只按照订单计划生产高质量的产品就可以了。所以,戴尔通过完整的结构设置来实现高效率的采购。

2. 精确预测,实现供需平衡

完成用低库存来满足供应的连续性。戴尔认为,低库存并不等于供应会发生问题,但它确实意味着运作的效率必须提高。精确预测是保持较低库存水平的关键,既要保证充分的供应,又不能使库存太多。在部件供应方面,戴尔利用自己的强势地位,通过互联网与全球各地优秀的供应商保持着紧密的联系。这种"虚拟整合"的关系使供应商可以从网上获取戴尔对零部件的需求信息,也能使戴尔实时了解合作伙伴的供货和报价信息,并对生产进行调整,从而最大限度地实现供需平衡。

3. 严格考核供应商供货的准确、准时

戴尔对供应商供货准确、准时的考核非常严格。为了达到戴尔的送货标准,大多数供应商每天要向戴尔工厂送几次货。漏送一次就会让这个工厂停工。因此,如果供应商感到疲倦和迷茫,半途而废,其后果是戴尔无法承受的,任何供应商打个嗝就可能使戴尔的供应体系遭受重创。然而,戴尔的强势订单凝聚能力又使任何与之合作的供应商尽一切可能按规定的要求安排送货,按需求变化的策略调整生产。

4. 与供应商建立密切关系

戴尔很重视与供应商建立密切的关系。通过结盟打造与供应商的合作关系是戴尔公司非常重视的基本方面。每个季度,戴尔都要对供应商进行一次标准的评估。事实上,戴尔让供应商降低库存,他们彼此之间的忠诚度很高。

三、政府采购

(一)政府采购的含义与特点

1. 政府采购的含义

政府采购是指各级国家机关、事业单位和团体组织,使用财政性资金采购依法制定的集中采购目录以内的或者采购标准以上的货物、工程和服务的行为。

2. 政府采购的特点

同私人或企业采购相比,政府采购具有行政性、社会性、法制性和广泛性等特点。

(1)行政性

政府采购决策是一种行政性的运行过程,要严格遵守行政决策程序,要代表政府的意志,遵循组织原则,并非将经济利益作为唯一的评价标准。

(2)社会性

政府要承担社会责任和公共责任,其包括采购行为在内的所有行为不能只对政府机构负责,而必须要对全社会负责。所以其采购行为必然要综合考虑对环境、就业以及国家安全等各方面的影响。同时,政府采购行为本身也要接受社会的监督,与私人采购要接受董事会和股东的监督相比,其接受监督的范围要大得多。

(3)法治性

在法治国家中,政府行为的基本特征是必须在法律的范围内运行,所有行为必须符合法律的规范和原则。所以政府采购的对象、程序和操作都必须用法律的形式加以规定并严格执行。如我国自2003年1月1日起施行《中华人民共和国政府采购法》,2015年3月1日起施行《中华人民共和国政府采购法实施条例》。

(4)广泛性

政府是对国家和社会实行管理和服务的机构,涉及的范围极其广泛,政治、经济、军事、教育、医疗卫生、资源开发、环境保护,几乎无所不包。所以其采购的领域也必然十分广泛,涉及的货物、工程和服务会和众多的产业有关,从而也给各行各业创造了市场机会。

3. 政府采购的意义

(1)政府采购可以理解为政府受纳税人的委托,代表纳税人采购公共产品。这种采购行为应当符合广大公民(即纳税人)的利益。对其实行法制化的管理,可以使其受到必要的监督与控制,从而使广大公民(纳税人)的利益得到有效的保护。

(2)由于政府采购的数额巨大,其对国民经济的影响也是很大的。所以政府有可能通过调节采购的总量和结构,来达到调整产业结构和国民经济发展速度的目的。还可以对各类产业的发展方向实施有效的调控,如为了加强环境保护,政府可以扩大对低污染汽车等产品的采购,而对污染严重的汽车的采购进行控制。这样就能通过市场的手段,而非行政手段来引导汽车产业的发展方向。

(3)政府采购能在一定程度上起到稳定市场物价的作用。如政府通过对粮食等重要物资的采购与储备,就能在必要的情况下通过储备物资在市场上的吸纳和投放来调节市场的供求,起到稳定市场物价的作用。

(4)政府采购可在一定程度上起到保护国内企业和扶持民族产业发展的作用。许多国家通过立法的形式,强制要求政府购买本国产品以保护民族产业的发展。如美国1933年就颁布了《购买美国产品法》,以保证在政府采购中对美国自身的产业进行必要的保护。

(二)政府采购的方式和程序

1. 政府采购的方式

根据《中华人民共和国政府采购法》的规定,政府采购基本上采用公开招标采购、邀请招标采购、竞争性谈判采购、单一来源采购、询价采购等方式。其中公开招标是政府采购的主要方式。

(1)公开招标采购

公开招标采购就是不限定投标企业,按照一般的招标程序所进行的采购方式。这种采购方式对所有的投标者一视同仁,主要看其是否能更加符合招标项目的要求。但由于整个招标采购、评标过程会耗费大量的费用,所以公开招标采购一般要求采购项目的价值比较大。

(2)邀请招标采购

邀请招标采购是指将投标企业限定在一定的范围内(一般必须三家以上),主动邀请这些企业进行投标。邀请招标的原因一方面是由于所采购货物、工程或服务具有一定的特殊性,只能向有限范围内的供应商进行采购;另一方面是由于进行公开招标所需要的费用占采购项目总价值的比例过大,即招标成本过高。所以对于采购规模较小的政府采购项目一般会采用邀请招标的方式。

(3)竞争性谈判采购

竞争性谈判采购是指采购单位与多家供应商同时进行谈判,并从中确定最优供应商的采购方式。一般适用于在需求紧急的情况之下,如不可能有充裕的时间进行常规性的招标采购,或招标后没有合适的投标者以及项目技术复杂、性质特殊无法明确招标规格等情况。

(4)单一来源采购

单一来源采购即定向采购,虽然所采购的项目金额已达到必须进行政府采购的标准,但由于供应来源因资源专利、合同追加或后续维修扩充等原因只能是唯一的,就适用于采取单一来源采购的方式。

(5)询价采购

询价采购是指采购单位向国内外的供应商(通常不少于三家)发出询价单,让其报价,然后进行比较选择来确定供应商的采购方式。询价采购一般适用于货物规格标准统一、现货货源充足且价格变化幅度较小的政府采购项目。对于某些急需采购项目或招标谈判成本过高的项目,也可采用询价采购的方式。

以上采购方式主要适用于列入政府采购管理范围之内的采购项目。所谓列入管理范围主要包括两方面的含义:一是属于法定的"集中采购目录"之内的采购项目;二是达到所规定的采购金额标准以上的采购项目。规定的采购金额标准(通常也称为"门槛价")是由政府有关部门(一般必须由财政部门参与)根据实际情况所规定的。在采购金额标准以下的采购项目,一般不受政府采购有关程序的约束,但也要求采用比价择优的方式。

2. 政府采购的程序

政府采购的程序因采购方式的不同而不同。

(1)公开招标采购的程序

第一步是进行招标前的准备,如上报采购计划、确定招标机构、制作招标文件等。

第二步是发布招标通告,让所有的投标人知道招标信息。

第三步是进行资格预审,即对于供应商的资格和能力进行了解和审定。

第四步是发售招标文件，接受投标。

第五步是在规定的时间内接受投标之后，进行公开统一开标、评标、确定供应商。

第六步是同所有确定的供应商签订采购合同。

(2) 邀请招标采购的程序

同公开招标差不多，只是邀请招标采购对于投标的供应商有一定的限制，不是采用发布招标通告，而是采取发出招标邀请书的方式进行招标的。

(3) 竞争性谈判采购的程序

竞争性谈判采购的程序与一般商务采购的程序差不多，通常包括四个基本环节：

第一步是询盘，即向供应方提出关于采购项目的价格及其他交易条件的询问。

第二步是发盘，即由接到询盘的供应方发出价格或交易条件的信息，也称"报价"（但有时也可由采购方首先发盘，供应方若无条件接受，交易合同就可成立）。

第三步是还盘，即采购方对供应方的发盘（报价）提出一些修改意见，供应方修改后再向采购方还盘。此过程可反复进行，直至达成交易或拒绝交易。

第四步是接受，即采购方或供应方对对方提出的价格和交易条件表示同意，双方的交易合同即可成立。竞争性谈判的这一程序是同时对各供应商开展的，由供应商进行公平竞争，采购方在同各供应商的发盘和还盘的过程中去选择最合适的供应商。

(4) 询价采购的程序

询价采购的程序一般也分为四步：

第一步是选择供应商，一般应在三家以上。

第二步是发出询价单，询价单除询问价格之外还应包括其他交易条件。

第三步是评价和比较，由采购方对供应商报出的条件进行比较，然后做出选择。

第四步是签订合同，履行采购。

(5) 单一来源采购的程序

单一来源采购由于没有竞争，所以不需要进行广泛的招标和竞价，但一般也要经过提出采购要求，进行交易谈判以及签订、履行交易合同的过程。

实际上各种政府采购方式的基本程序还是相类似的，无非为五个基本步骤，即：确定采购项目、发出采购信息、接受供应信息、评价选择供应者和签订并履行合同。所不同的只是在发出信息和接受信息的方式和对象上有所不同。

(三) 政府采购的组织形式

国外政府采购一般有三种模式：集中采购模式，即由一个专门的政府采购机构负责本级政府的全部采购任务；分散采购模式，即由各支出采购单位自行采购；半集中半分散采购模式，即由专门的政府采购机构负责部分项目的采购，而其他的则由各单位自行采购。中国的政府采购中集中采购占了很大的比重，列入集中采购目录和达到一定采购金额以上的项目必须进行集中采购。政府采购一般涉及五个方面的机构和人员：

1. 采购人

采购人即货物、工程或服务的需求机构，采购人使用财政性资金进行采购并使用这些货物、工程或服务。

2. 采购代理机构

采购代理机构即专门设立的政府采购机构。在集中采购的情况下，由采购代理机构负责代理采购人履行采购业务。

3. 供应商

供应商即参与政府采购的投标、谈判并在中标后向采购方提供货物、工程或服务的企业。

4. 采购相关人员

采购相关人员即在政府采购过程中进行中介、参与评标或谈判的有关人员，也包括提供有关信息的机构和人员。

5. 政府采购监督管理部门

政府采购监督管理部门属于政府的职能部门，负责对政府采购活动依法实施监督和管理。

这五个方面的机构和人员的关系大体上是由采购人提出采购申请；由专门的政府采购代理机构向有关供应商进行采购；采购相关人员参与采购的有关活动；政府采购监督管理部门对采购全过程实施监督。

单元小结

组织市场是指由以赢利为目的而购买某种标的的个人和组织所构成的市场。组织市场与消费者市场的本质区别在于前者为获利而购买，后者为个人消费和使用而购买。组织市场包括生产者市场、中间商市场、非营利性组织和政府采购市场。组织市场与消费者市场相比，具有一些鲜明的特征。组织市场购买行为分为三种类型：直接再采购、修正再采购和新购。

组织市场购买决策过程中可能会形成五种不同的角色：使用者、影响者、决策者、购买者和信息把关者。影响组织市场购买的因素可以归为四类：环境因素、组织因素、人际因素和个人因素。组织市场购买者的采购决策过程可分为八个阶段：提出需要、确定总体需要、决定产品规格、寻找供应商、征求供应信息、选择供应商、发出正式订单和绩效评估。政府采购基本上采用公开招标、邀请招标、竞争性招标、单一来源采购、询价采购等方式，其采购的程序因采购方式的不同而不同。

核心概念

组织市场、生产者市场、中间商市场、非营利性市场、政府采购市场

组织市场购买行为

组织市场购买决策

直接再采购、修正再购买、新购

公开招标采购、邀请招标采购、竞争性谈判采购、询价采购、单一来源采购

模块二 应用分析

应用案例

推销员的困惑

推销员李宾销售一种安装在发电设备上的仪表,工作非常努力,不辞劳苦地四处奔波,但是收效甚微。请从李宾每次的推销过程中找出他失败的原因。

(1)李宾获悉某发电厂需要仪表,就找到该厂的采购部人员详细介绍产品,并经常请他们共同进餐和娱乐,双方关系相当融洽,采购人员也答应购买,但却总是一拖再拖,始终不见其付诸行动。李宾很灰心,却不知原因何在。

(2)在一次推销中,李宾向发电厂的技术人员介绍说,这是一种新发明的先进仪表。技术人员请他提供详细的技术资料并与现有同类产品做一个对比。可是他所带资料不全,只是根据记忆大致作了介绍,对现有同类产品和竞争者的情况也不太清楚。

(3)李宾向发电厂的采购部经理介绍了现有的各种仪表,采购部经理认为都不太适合本厂使用,说如果能在性能方面做些小的改进就有可能购买。但是李宾反复强调本厂的仪表性能优异,认为对方提出的问题无关紧要,劝说对方立刻购买。

(4)某发电厂是李宾所在公司的长期客户,需购仪表时就直接发传真通知送货。该电厂原先由别的推销员负责销售业务,后来转由李宾负责。李宾接手后采用许多办法与该公司的采购人员和技术人员建立了密切关系。一次,发电厂的技术人员反映有一台新购的仪表有质量问题,要求给予调换。李宾当时正在忙于同另一个重要的客户洽谈业务,拖了几天才处理这件事情,认为凭着双方的密切关系,发电厂的技术人员不会介意。可是那家发电厂以后购买仪表时转向了其他供应商。

(5)李宾去一家小型发电厂推销一种受到较多用户欢迎的优质高价仪表,可是说破了嘴皮,对方依然不为所动。

(6)某发电厂同时购买了李宾公司的仪表和另一品牌的仪表,技术人员、采购人员和使用人员在使用两年以后对两种品牌进行绩效评价,列举事实说明李宾公司的仪表耐用性不如那个竞争性品牌。李宾听后认为事实如此,也无话可说,听凭该电厂终止了与本公司的生意关系而转向竞争者购买。

单元九　组织市场消费者行为

教学案例使用说明

【教学目标】

生产者市场是组织市场最重要的组成部分,这个市场种类繁多,不同行业的消费者又具有自身的特点,因此掌握这个市场的特点、影响决策的主要因素以及采购决策程序对这个市场的营销至关重要。

【讨论问题】

1. 李宾面对的这个市场的采购具有怎样的特点?
2. 李宾对生产者市场推销失败的原因有哪些?

【分析本案例所运用的理论和方法】

影响生产者市场采购的主要因素

生产者、消费者采购的决策程序

模块三　技能训练

实训任务:访问组织消费者。

【任务要求】

结合本章所学知识,分析影响组织市场购买行为的因素,以提高对组织市场购买能力的判断水平。

【完成任务的方法】

分别访问一个生产者组织、政府机构,了解它们最近的购买行为,分析这两个组织在采购时具备的特点,归纳分析影响其购买决策的主要因素,并比较这些组织的购买决策有何异同。

【完成任务所需的资料】

生产者组织、政府机构采购的特点

影响组织消费者购买行为的主要因素

【评价办法】

根据访问内容能针对不同的组织进行有针对性的分析,并能归纳出不同组织的消费模式,为制订有效的营销计划提供依据。

模块四 单元测试

【思考题】

1. 组织市场同消费者市场相比,有哪些鲜明的特征?

2. 组织市场购买决策一般会有哪些主要角色参与?对于组织市场购买行为分别起到怎样的作用?

3. 组织市场购买决策的过程一般要经过哪几个主要阶段?

4. 什么是政府采购?其中会有哪些角色参与?

【测试题】

1. 组织市场的分类包括(   )、(   )、(   )、(   )。

2. 组织市场购买行为类型有(   )、(   )、(   )。

3. 影响组织购买者的因素归为四类:(   )、(   )、(   )、(   )。

4. 政府采购具有(   )、(   )、(   )和(   )等主要特点。

单元十 综合实训

素养目标 >>>

培养学生的创新多维性,树立专一、奉献、担当、务实的工匠精神和品质。

实训一　消费者购买行为分析

实训目的:

1. 理解气质、性格、能力对消费者购买行为的影响。
2. 掌握消费者需要、兴趣、信念、价值观、购买动机等方面的内容,它们共同构成了消费者行为选择的诱因系统。
3. 掌握消费者购买行为的模式。
4. 熟练掌握消费者购买行为的一般过程。

实训内容:

1. 到大商场现场观察顾客购买活动的全过程。
2. 分析自己最近一次购买商品的心理活动,理解购买行为的一般过程。
3. 针对某种商品或某类顾客的需求情况进行市场调查。
4. 针对某种消费流行现象进行社会调查,并写出调查报告。

实训二　推销实践

实训目的:

1. 掌握客户的心理类型。
2. 掌握客户对人员推销的心理反应以及采取的对策。

实训内容:

参加一次商品推销实践,掌握推销过程的心理对策与影响因素。

实训三　商场服务

实训目的：
1. 掌握消费者商场购买心理的影响因素。
2. 掌握消费者商场购买的心理特征。

实训内容：
1. 参与商场服务的实际操作，掌握柜台销售心理过程的特征。
2. 深入一家营销企业，调查顾客在接受服务过程中的心理状况，并写出分析报告。

实训四　营销场景观察

实训目的：
1. 掌握顾客对不同商场类型的需求心理。
2. 掌握营销场景与顾客心理需求之间的联系。
3. 掌握购物场所的环境设计心理。

实训内容：
1. 对本地药店、超市或者购物中心组织一次实地考察，找出其在门店设计过程中的特点和规律。
2. 针对总结出来的考察结果进行分析，总结门店设计与消费心理之间的关系，并形成报告。

实训五　商场商品调查

实训目的：
1. 分析心理方法在各种营销策略上的运用。
2. 掌握商品名称、商标、包装的心理功能。
3. 掌握商品定价的心理方法。

实训内容：
1. 利用周末到电脑商场进行调查，观察顾客选购电脑的情况，统计各种品牌电脑的日销售量，对销售量前三名的电脑品牌，从品牌名称、外形、基本功能、定价等方面进行比较。
2. 了解电脑吸引顾客的主要原因。
3. 了解顾客的购机品牌意向和心理价位，并对销量不佳的品牌提出改进意见。

实训六　广告策划与设计

实训目的：
1. 掌握广告心理过程的重要心理环节。
2. 掌握广告心理效果的测评方法。

实训内容：
选择几组你认为成功或者失败的商品广告,从广告的媒体、广告的功能、广告的心理策略方面进行分析,讨论成功的广告应该具备的条件,并为失败的广告分析原因和提出改进意见。

实训七　营销人员心理调查

实训目的：
1. 掌握营销工作心理的内涵。
2. 掌握顾客关系心理的内涵。
3. 掌握各类营销人员的心理素质。

实训内容：
1. 选择一家营销企业,对其员工的心理状况进行问卷调查。
2. 调查营销群体心理;营销组织心理;营销人员激励的方式和手段。

参 考 文 献

1. 冯丽云.营销心理学.北京:经济管理出版社,2004
2. 菲利普·科特勒.营销管理.北京:中国人民大学出版社,2012
3. 顾文钧.顾客消费心理学.上海:同济大学出版社,2011
4. 江林.消费者心理与行为.北京:中国人民大学出版社,2011
5. J.保罗·彼德,杰里·C.奥尔森.消费者行为与营销战略.大连:东北财经大学出版社,2010
6. 贾妍,陈国胜.消费心理应用.北京:北京大学出版社,2010
7. 孙肖丽.市场营销原理与实务.北京:清华大学出版社,2011
8. 斯塔尔博格,梅拉.购买者营销.北京:中国商业出版社,2012
9. 格雷夫.购物心理学.北京:中信出版社,2011
10. 刘军.消费心理学.北京:机械工业出版社,2009
11. 张丽莉,季常弘.消费心理学.上海:华东师范大学出版社,2010
12. 希夫曼.消费者行为学.北京:北京工业大学出版社,2011
13. 毛帅.消费心理学.北京:清华大学出版社,2010
14. 陈剑清.现代营销心理学.北京:首都经济贸易大学出版社,2010
15. 龚振.消费者行为学.广州:广州高等教育出版社,2011
16. 张晓其.营销心理学.北京:中国财政经济出版社,2007
17. 卢泰宏.中国消费者行为报告.北京:中国社会科学出版社,2005
18. 王雁飞,朱瑜.广告与消费心理学.北京:清华大学出版社,2011
19. 陈永东.企业微博营销.北京:机械工业出版社,2012
20. 胡卫夕,宋逸.微博营销.北京:机械工业出版社,2012